Vera Friedländer

Man kann nicht eine halbe Jüdin sein

Vera Friedländer

Man kann nicht eine halbe Jüdin sein

agimos

Die Deutsche Bibliothek – CIP-Einheitsaufnahme

Friedländer, Vera:
Man kann nicht eine halbe Jüdin sein / Vera Friedländer. –
Kiel : Agimos, 1998

2. Auflage
Gesetzt in der Garamond
ISBN: 3-931903-07-9

Vorwort

Mein Entschluß steht fest: Ich will notieren, was ich weiß. Das wird nicht einfach sein nach so langer Zeit. Von einer Familie will ich berichten, die mich mit ihrem Schutz umgab. Es war eine große Familie. Es gibt sie nicht mehr.

Ich sei es den Verschwundenen schuldig, meint Erwin. Wenn man dreißig Jahre miteinander lebt, weiß man, was der andere tun muß. Er hat recht, ich muß es aufschreiben. Denn nicht einmal ihm habe ich alles erzählt. Manches läßt sich eben nicht aussprechen. Ich habe es versucht, dann gezögert und es auf später verschoben. Das geht nun nicht mehr. Ich muß frei werden, indem ich berichte. Eher konnte ich es allerdings auch nicht, weil man Zeit braucht, um zu verstehen.

Also spanne ich ein Blatt Papier in die Maschine und beginne, Namen und Daten zu notieren. Ich nehme andere Blätter, um sie mit Erinnerungen zu füllen. Ich glaube, es geht. Das weiße Papier ist teilnahmslos.

„Was schreibst du denn da?“ fragt mich mein Sohn Ulli.

„Das sind doch nicht etwa die Geschichten von früher?“

„Doch die alten Geschichten“, antwortete ich, ein wenig ärgerlich über den Ton und über die Leichtigkeit, mit der er es so dahinsagt – die Geschichten von früher.

„Nun sei nicht gleich böse“, lenkt er ein, „ist ja nicht so gemeint.“ Er liest die Seite, greift nach den anderen, die nebender Maschine liegen, liest auch die.

Ich werte es als Anerkennung, und es macht mir Mut wieterzuschreiben. Er soll die Geschichten erfahren, und zwar alle, nicht nur die wenigen, die ich gelegentlich erzähle, wenn ein Name fällt, den er nicht einordnen kann, und wenn er fragt: „ Wer ist denn das nun wieder?“ und ich ihm sage: Na, das ist der, der nicht mitfuhr nach Lörrach, an die Schweizer Grenze.

Oder – die mit den Kindern auf Transport ging.

Oder – die die Karten aus Theresienstadt schrieb.

Oder – das war der Älteste, der noch die Sprüche kannte.

Die Geschichten, die dazugehören, hat er zur Kenntnis genommen: mit Spannung – das selten –, mit Gelassenheit, auch mit Verwunderung.

Kürzlich sind ihm die alten Familienfotos aus dem Nachlaß meiner Eltern aufgefallen. Er hatte mich beobachtet, als ich sie ordnete. Eins der Fotos hatte ich herausgesucht, eingerahmt und zu anderen gehängt, in eine Nische, wo Fremde nicht vorbeikommen.

„Gehört das dazu?“ fragte mich Ulli. Ich nickte.

„Das bist du ja!“

„Da war ich fünfzehn, gerade so alt, wie du jetzt bist.“

„Und wer ist das kleine Mädchen auf dem Bild?“

„Später erzähle ich dir ihre Geschichte“, wehrte ich ab. Wie so oft, wenn ich mich in der Vergangenheit bewege, war Bedrücktheit über mich gekommen. Ulli schaute von dem eben aufgehängten Bild zu den anderen und dann zu mir. Er sah mich an, als habe er mich so noch nicht gesehen.

Seitdem hat er ein paarmal nach dem kleinem Mädchen gefragt. Durch diese Fragen sind auch seine älteren Geschwister wieder auf die Bilder aufmerksam geworden – man geht ja oft an Vertrautem vorbei, ohne es zu bemerken. Aber weder der große Bruder Herbert, der sonst alles zu erklären weiß, noch Jutta, unsere Älteste, kennen sich so genau aus. Darum haben auch sie wieder zu fragen begonnen, und ich habe ihnen mal dieses, mal jenes erzählt.

Manchmal haben sie Erwin angesehen dabei: Wie gut, daß es alte Geschichten für sie sind. Wie gut, daß sie sie kennen.

Aber sie kennen ja nicht alle. Nur die freundlicheren unter den unfreundlichen. Nur die, die erzählbar sind, wenn dich teilnehmende Augen ansehen. Obwohl sie manchmal gern mehr gehört hätten.

„Wie war das mit deiner Großmutter?“

Das war eure Urgroßmutter, möchte ich sagen.

„Warum konnte sie sich nicht in Sicherheit bringen?“

„Es waren doch so viele, warum taten sie nichts?“

Ich darf die Antwort darauf nicht länger schuldig bleiben. Und wieder mahnt Erwin: „Schreib es auf.“

Nun schreibe ich. Ich werde berichten, so genau und so gut ich kann. Fast nichts ist geblieben, was mir als Unterlage dienen könnte. Mag sein, daß ich die Daten manchmal nicht in die Erinnerung zurückrufen kann. Aber die Menschen, die meine große Familie waren, ihre Worte, ihr Handeln, sind für mich lebendig geblieben wie ihr Aussehen, das auf alten Bildern bewahrt ist.

Die Fotos, die ich in die Hand nehme, um mein Gedächtnis zu stützen, zeigen mir schöne und weniger schöne Gesichter, sie assoziieren gute und weniger gute Worte. Und nicht nur einzelne Augenpaare schauen mich an aus den Bildern, auch das Gesicht der Zeit, deren Teil ich war.

Teil I

1

Bestandsaufnahme

Ich muß an die Geschichte von den Ravensbrücker Geschwistern denken, die Weiskopf von Anna Seghers gehört und aufgeschrieben hat, jene Geschichte von der Rettung zweier namenloser Kinder, die 1946 bei einer jüdischen Emigrantenfamilie Aufnahme fanden. Das Wunderbare, wie Anna Seghers es nannte, der wunderbare Zufall, der im Spiele war, gibt eine bewegende Pointe. Aber nicht diese rührt mich an, sondern die Bestätigung, daß es namenlose Kinder gab, die im Chaos nicht untergegangen sind. Wie oft habe ich mir das vorgestellt! Nicht als Geschichte, sondern als ein Wenn und Vielleicht. Ich habe mir in den langen Monaten, als ich noch hoffte, wenigstens eins der Kinder unserer großen Familie möge überlebt haben, ausgemalt, daß sich möglicherweise doch, so unwahrscheinlich es auch sein mochte, irgendwer unter irgendwelchen Umständen als Beschützer gefunden habe. Es gibt so viele Zufälle, warum sollte er nicht wenigstens einmal zu Hilfe gekommen sein. Ganz im stillen dachte ich an ein bestimmtes Kind. Ich hoffte – ein Mädchen wie jenes, um das ich bangte, als hätte ich es geboren, müßte doch jemand bewahrt haben. Wenn er es nur anschaute. Wenn er ihm nur begegnete im vielleicht einzig möglichen Moment der Rettung.

Wenn es je einen solchen Moment gegeben hat. Immer kehren die Gedanken zu diesem Mädchen zurück, nach dem Ulli so hartnäckig fragt. Ihre Locken, ihre Tränen, das Glöckchengeklingel ihres Lachens wurden Sinnbild für alle, die mir einst nahe waren. Ich dachte „sie alle" und auch wieder nur „sie" und immer häufiger „sie" für „alle". Liebe, Angst, Trauer verdichteten sich zu einem einzigen Namen.

Jene ersten Monate nach der Befreiung waren ein qualvolles Hoffen. Ich kann nicht sagen, daß ich wartete, das wäre viel zu konkret. Der Gedanke war da, daß die Kinder – zu klein noch, sich selbst zu kennen, zu unselbständig noch zur Suche – nach überstandenem Schrecken von fremden, freundlichen Händen versorgt würden. Wenn schon von den Erwachsenen kein Lebenszeichen kam, vielleicht hatte sich einer der Kinder erbarmt. Vielleicht hatte wenigstens eins von ihnen einen Menschen gefunden, der es aufnahm.

Ich erfuhr, daß eine Bekannte die faschistische Haft überstanden hatte, und es war so viel Seltsames in ihrem Schicksal, daß es mich in meinem Hoffen bestärkte. Sie hieß Erika Skirde, ihre Geschichte ist schnell erzählt.

Sie war eine kleine Jüdin mit rötlichbraunem Haar, das ihr, wenn sie sprach, ins Gesicht fiel. sie hatte eine rauhe, etwas zu harte Stimme. Ihr Mann war groß, blond, stark. 1943 ließ er sich von ihr scheiden, um eine Nazianhängerin zu heiraten. Er ging allein zum Gericht. Es genügte, daß er seinen Willen bekundete. Die Scheidung wurde sofort vollzogen, der Mann war frei. Noch am selben Tag wurde Erika Skirde abgeholt und in ein KZ gebracht. An diesem Abend heulte die Sirene, aber es war nur einer der ruhig verlaufenden Angriffe. Der Mann verließ den Luftschutzkeller und ging auf die Straße, um Luft zu schnappen oder um zu sehen, ob bald Entwarnung käme. Er stand vor dem Haus Elisabethstraße 65 a in Berlin NO. Aus diesem Haus hatte man wenige Stunden zuvor die Jüdin geholt, die bis dahin seine Frau gewesen war. Da traf der verirrte Splitter einer Granate den Mann, der sich am Vormittag hatte scheiden lassen, wohl wissend, daß er seine Frau damit der SS übergab. Der Splitter saß genau in der Schläfe, wie bei einem, der sich selbst gerichtet hat. Und die Frau hatte überlebt.

Wir fragten und suchten damals, wir verglichen Fotos und sahen Listen durch. Wir fanden nur drei Namen von Angehörigen: Saly und Martha, gerettet in Theresienstadt. Bernhard, befreit in

Buchenwald. Solange wir auch forschten, es blieb dabei: drei von vierundzwanzig. Alle anderen gab es nicht mehr.

Und doch, vielleicht ... Diese Spur von Hoffnung blieb Jahre hindurch, dazu Vorstellungen, wie man sie sich in unruhigen Nächten zurechtdenkt. Das besänftigt nicht und macht nichts besser. Wie glücklich, wie herzzerreißend froh stimmt es, dann solch eine Geschichte zu lesen, wie sie Weiskopf aufgezeichnet hat.

Sehr viel später kam der Tag in Auschwitz.

Die Grenze war geöffnet worden, und wir fuhren nach Polen. Wir machten mit unseren Söhnen Urlaub in den südlichen Gebieten des Nachbarlandes und kamen in die Nähe von Oswicecim. Ich hatte nie gewünscht, dorthin zu fahren. Aber jetzt schwankte ich. Sollte ich nicht doch die Steine sehen, betasten, prüfen? Diese Steine, die die Schreie aufgenommen und die verzweifelte Stille geschluckt hatten; die Steine, von denen Großmutter im Vorraum des Todes umgeben gewesen war. Hier war sie ermordet worden. Ich wußte es schon lange, man hatte es uns mitgeteilt. Ich bin sicher, sie ging mit der gleichen gequälten Resignation in die Gaskammer von Auschwitz, mit der sie abschiednehmend auf einen LKW gestiegen war. Ich habe sie nie in Abwehr, nie heftig gesehen.

Als wir schon in Auschwitz waren, wußte ich noch immer nicht, ob ich das Lager betreten würde. Vorbeifahren vielleicht, in der Nähe der Stätte sein, die das Ende war für Großmutter.

Und für wen noch?

Erwin saß hinter dem Lenkrad des Wartburgs und konzentrierte sich auf den Verkehr in den belebten engen Straßen. Es sah jedenfalls so aus. wir kamen dem Lagereingang immer näher. Ulli und Herbert saßen hinten, sie sprachen über Oswiecim wie über Buchenwald und Treptow und die Denkmäler im Friedrichshain. Wäre Jutta dabeigewesen – sie hätte gewußt, daß es für mich nicht dasselbe ist. Sie hätte vielleicht sogar davon abgeraten, in diese Gegend zu fahren.

Vor uns fuhr ein sowjetischer Bus mit Touristen. „Du brauchst nur dem Bus hinterherzufahren“, sagte Herbert, „der fährt unter Garantie auch zur Gedenkstätte.“

Für die Jungen war es klar, daß wir dort haltmachen würden den. Wozu hätten wir sonst gerade diese Strecke gewählt.

In Auschwitz gibt es eine Kartei. Es war möglich, daß sie über manches Gewißheit geben konnte. Sollte ich es jetzt, nach so vielen Jahren, nicht besser bei der Ungewißheit lassen? Andererseits – an das, was ich weiß, kann ich mich halten. Sie sind tot, alle, ohne jeden Zweifel. Dann sollte ich mir auch noch Gewißheit verschaffen, ob es hier war, wo der Mord geschah.

Am Eingang tat sich ein Hindernis auf. Ulli war damals noch nicht vierzehn. Er durfte das Lager nicht besichtigen. Gehen wir also alle nicht hinein? Wir standen unschlüssig am Eingangstor. Ich sah über den breiten Weg hinweg zu den Gebäuden hinüber, versuchte, mir das Bild einzuprägen.

Die Polin, die Ulli den Eintritt verwehrt hatte, fragte mich: „Waren Angehörige von Ihnen hier?“ Ich konnte nicht antworten. Sie verstand es, sie war eine Frau in meinem Alter.

„Nehmen Sie den Jungen mithinein, aber lassen Sie ihn nicht in das Krematorium.“

Soll er also mitgehen, soll er meine Furcht erleben vor dem, was wir sehen werden. Es ist ganz allein meine Furcht, er muß sie nicht und er wird sie nicht empfinden, eher wird er so etwas wie Mitleid fühlen mit der Mutter, die auf eine ihm nicht ganz verständliche Art betroffen ist.

Herbert blieb ausgeglichen, und Erwin dachte wohl mehr an mich als an die grauenvolle Stätte.

Wir gingen durch die Häuser, und wir gingen zum Krematorium.

„Herbert, geh du mit hinein, ich bleibe mit Ulli draußen.“

Auch wenn Ulli nicht dabeigewesen wäre, wäre Erwin draußen geblieben.

Der Gang durch die Gaskammer war nicht so schwer, wie ich gefürchtet hatte. Das Nachdenken darüber war schlimmer gewesen. Das Hirn hatte Bilder entworfen, in denen alles in Bewegung war, ein Prozeß mit qualvollem, tödlichem Ausgang. Die Kenntnis der Stätte ändert das. Die Phantasie geht nicht mehr unkontrollierte Bahnen. Ich kann von nun an ruhiger denken: Dort war es, ich habe vielleicht auf demselben Fußbreit Beton gestanden, auf dem Großmutter das Gas atmete.

Über mir sah ich das Loch in der Decke, eine kleine Öffnung, durch die der Tod kam. Einfacher ging es nicht. Einen Moment schaute ich zur Eingangstür zurück. Sie stand offen. Die Sekunde des Schauderns war überwunden.

Die Tür an der anderen Seite der Steinzelle führt direkt zu den Verbrennungsöfen. Man kann nicht Ausgang dazu sagen, denn niemand, der in die eine Tür hineingezwungen wurde, ging zur anderen hinaus. Als ich vor den Öfen stand, mußte ich mich zwingen hinzusehen. Mir war elend, obwohl ich mir sagte, daß die Körper, die aus dem Nebenraum hierhergezerrt worden waren, nichts mehr gespürt hatten. Und trotzdem: Hier waren Menschen am Werk gewesen, dem Wahnsinn nahe, die in die Wände gekratzten Zeichen verraten es. Sie waren dazu verdammt, immer neu aufgeschichtete Berge noch warmer Leiber in Asche zu verwandeln, bis sie selbst auf einem dieser Berge lagen. Durch die Kammer nebenan war der Tod spurenlos hindurchgegangen. Hier, vor den Öfen, hat er Zeichen hinterlassen.

Vor den offenen Türen stehend, starrte ich auf die kurzen Schieber und die kleinen Öffnungen für die toten Leiber. Da hat man sie hineingezwängt.

Ich weiß, Großmutter, meine liebe, dein Weg nach Auschwitz war ein Weg des Hungers und der Pein, der Schmerzen und der Verlassenheit. Du, die Großmutter meiner Erinnerung, warst wohl nur noch der Schatten des Menschen, den ich liebte. Ich kann nicht sagen: Ruhe in Frieden. Denn du ruhst hier nicht. Vor dem Ofen warst du noch du, die Tote. Dann nur noch Asche und dann nicht einmal mehr das. Du bist nicht mehr auffindbar. Darum kann ich auch nicht sagen: Friede deiner Asche. Ich kann überhaupt nichts dergleichen sagen, denn es kann keinen Frieden geben um diese Stätte.

Saly schrieb ein Jahr nach dem Krieg aus einem Sanatorium an meine Eltern: „Tale, Eure Mutter, hatte keine Kraft mehr. Seit wir in Theresienstadt waren, war Tale krank, aber bis April hat sie noch in der Küche gearbeitet. Dann konnte sie nicht mehr aufstehen. Wir sorgten für sie, so gut wir konnten. Viel konnten wir nicht für sie tun, doch sie war schon zufrieden, wenn wir da waren. Lange ließ sich ihre Abwesenheit nicht verbergen. Sie holten Tale, schafften sie zu anderen Kranken, und ich mußte sie auf die Listen für den nächsten Transport nach Auschwitz setzen. Von da an konnten wir sie nur noch durch ein vergittertes Fenster, das zur Straße ging, sprechen. Sie sagte nicht viel. Sie sprach von Euch. Das ging sechs Tage so. Was wir hatten, schob ich Tale durch das Gitter, denn sie bekam nur Wasser. Sie wußte, was weiter geschehen würde. Am 5. Mai sahen wir sie zum letzten Mal. Ob sie in Auschwitz angekommen ist oder schon auf dem Transport die Augen schloß, weiß ich nicht. Du batest mich, alles zu schreiben, was ich weiß. Das ist alles. Verzeih, es ist die Wahrheit."

Aus der Kartei von Auschwitz geht hervor, daß der Transport fünf oder sechs Tage unterwegs war. Am 11. Mai 1944 kam Großmutter in die Kartei, am 16. Mai ging sie den Weg in die Gaskammer.

Die Kartei.

Nein, noch nicht die Kartei. Noch eine Seite Aufschub, dann bin ich bereit.

Nach dem Krieg schrieb meine Mutter nach Auschwitz und erhielt jene Angaben, die wir nun original in der Kartei würden lesen können. Es ist eigentümlich, wie damals die Nachricht auf meine Mutter gewirkt hat. Nicht die schweren Monate in Theresienstadt, nicht die nachvollzogene Sehnsucht und nicht der quälende Hunger der alten Frau, auch nicht der Transport im Viehwagen, ja, nicht einmal die Gaskammer erwähnte meine Mutter, wenn sie von Großmutter sprach. Alle ihre Empfindungen kreuzten um ein Detail: „Sie werden ihr die Zähne ausgebrochen haben." Wegen der Goldkronen.

„Wahrscheinlich, ja. Aber da war sie schon tot."

„Siehst du, du sagst es auch, daß sie ihr die Zähne ausgebrochen haben."

Mutter wiederholte immer nur diesen Satz. Anders konnte sie ihren Schmerz nicht ausdrücken. Es gibt Dinge, die so ungeheuerlich sind, daß unsere Sinne sie nicht fassen und unsere Lippen sie nicht zu Worten formen können. Wir müssen uns an ein faßbares Etwas klammern: Sie haben ihr die Zähne ausgebrochen.

Und nun doch die Kartei.

Die Faschisten haben gut Buch geführt. Name, Geburtstag, Ankunft des Transports, woher gekommen und wann ins Gas. Die Schränke mit diesen Informationen stehen hinter einer Barriere aus Holz und Glas, sie sind aufgereiht wie in einer Bibliothek. Jede Karte ein Mensch, jede Karte ein Leben, ein gewaltsam beendetes Leben. Jede Karte ein Mord.

Die junge Frau hinter dem Glas wartete. Ich wollte ihr sagen, was wir wünschten, aber was sagt man in einem solchen Fall? Ob sie überhaupt Deutsch verstand?

„Bitte, sind in der Kartei ..." Ich wußte nicht weiter. Die Frau gab mir einen Zettel und einen Kugelschreiber:

„Bitte, Namen aufschreiben."

Ich notierte alle Namen, die mir in der Aufregung einfielen, und reichte den Zettel der Frau hinter der Scheibe. Es war zu undeutlich geschrieben, sie konnte nicht alles lesen. Vor und Zunamen waren teilweise vertauscht. Es machte Schwierigkeiten zu suchen. Geduldig fragte sie ein paarmal zurück.

„Schreib nur die Zunamen auf, dann sehen wir weiter“, riet mir Erwin.

„Schreib du: Luft, Friedländer, Tawrigowski. Das sind alle, glaube ich.“ Er setzte noch Friedland hinzu, weil es so ähnlich klingt und Verwechslungen denkbar sind, und gab einen neuen Zettel hinüber.

„Woher? Die Stadt bitte.“

„Alle aus Berlin.“

„Mit Transport aus Berlin nach Oswiecim?“ vergewisserte sich die Polin noch einmal.

„Ja. Alle. Ich nehme es an“, sagte ich.

Sie kam mit einer Handvoll Karten zurück.

„Bitte, sehen Sie. Imie tu. Prüfen Sie. Alle aus Berlin.“

Viele Lufts und noch mehr Friedländer, kein Tawrigowski darunter. Oder doch? Wir sahen die Karten noch einmal durch, lasen Namen, die wir nicht suchten, legten eine Karte nach der anderen beiseite. Jede Karte ein Mord.

Sosehr ich Aufklärung wünschte, nun, da ich zur Suche entschlossen war, einen bestimmten Namen hatte ich nicht lesen wollen. Gerade dieser eine lag plötzlich vor mir.

„Bella !“

Warum blieb mir nicht diese Hoffnung, daß sich jemand erbarmt hatte! Alles stimmte: Am 29. Januar 1943 angekommen. Da war sie ein Jahr und zehn Monate alt. Es blieben ihr noch sechs Tage Lebenszeit. Meiner Bella.

Gleich dahinter lag noch eine Karte. Erwin hatte sie schon bemerkt, als ich noch Bellas Karte in der Hand hielt, das letzte Zeugnis ihrer Existenz. Er reichte sie mir behutsam. Elsa Friedländer, Ankunft am selben Tag, und am selben Tag wie das Kind die Gaskammer.

Elsa war also nicht von den Kindern getrennt worden.

„Und der Junge?“ fragte ich. „Da muß doch noch eine Karte sein.“

Nein, von dem Jungen fand sich keine Notiz. Was aus ihm geworden war, blieb auch künftig ungewiß. Nur Bella hatte man bei der Mutter gelassen. Warum trennte man den Jungen von der Mutter und der kleinen Schwester? Was hatte man mit ihm, einem Neunjährigen, vorgehabt?

Ach, Bella! Warum mußte sie mit auf die Reise gehen? Wenn Elsa doch den Mut gehabt hätte, Bella fremden Menschen anzuvertrauen.

Ob es sich leichter stirbt mit dem Kind auf dem Arm?

Wir suchten weiter, fanden auch Großmutters Karte, sonst aber keinen Anhaltspunkt mehr.

„Gibt es noch andere Archive? Vielleicht eine Kartei von denen, die gerettet wurden?"

„Nein, nur diese."

„Aber ein Verwandter war in Monowice, das weiß ich genau, von ihm muß doch eine Karte da sein: Rudi Pinkus."

Ich schrieb auch diesen Namen auf. Nichts. Er war aber hier, warum ist er nicht erfaßt? Warum findet man hier nichts über ihn? Er hat doch Briefe aus Monowice geschrieben, an Netty, seine Frau. In einer Werkstatt hat er gearbeitet, bewacht von einem SS-Mann, der die Briefe vermittelte. Netty war voller Zuversicht gewesen: „Rudi kommt bestimmt wieder. Ihm wird nichts geschehen."

Rudi ist nicht wiedergekommen. Achtundfünfzigtausend Häftlinge wurden, als die Rote Armee näher rückte, aus dem Lager getrieben. Die Zahl habe ich viel später erfahren, aber daß es diesen Marsch gegeben hat und daß Rudi dabei war, wußten wir schon bald nach dem Krieg. Der SS-Mann, der aus später Einsicht handelte, schrieb an Netty, daß Tausende zusammengetrieben und aus dem Lager geschafft worden seien. Auch Rudi. Er habe es nicht verhindern können;

Achtundfünfzigtausend Menschen zu Fuß unterwegs, in Richtung Westen, weg von der näher rückenden Front. Als sie den

Marsch in Oswiecim begannen, waren sie achtundfünfzigtausend. Wo endete der Marsch? Und wie viele sind nach und nach am Wege umgekommen? Natürlich hat das Spuren hinterlassen, denen wir nachgehen könnten. Und selbst wenn die Zahl der Toten groß war, irgendwo ist eine lange Kette grauer Menschen angekommen, und dort, an einem ziemlich genau bestimmbaren Punkt, wird ein Massengrab sein. Hier könnten wir Blumen für Rudi niederlegen. Denn er war, wie er in seinem letzten Brief versicherte, gesund und wird stark genug gewesen sein, den Marsch bis zu Ende durchzustehen. Bis zu seinem Ende.

Es gibt an den großen Landstraßen Polens zahllose Schilder mit zwei gesenkten Schwertern über einer Flammenschale, Hinweise auf Gedenkstätten. Wozu eine bestimmte suchen? An jeder Stelle kann man Blumen niederlegen, wie es in diesem Land der Totenfelder üblich ist. Es ist gut zu wissen, daß von polnischen Menschen kein Grab vergessen wird. Alle werden mit Blumen geschmückt. Mitunter glaube ich, es gibt in diesem Land so viele Blumen, weil man so vieler Toten gedenken muß. Blumen als Symbol der blühenden Erde. Manchmal sieht man auch Steinchen auf den Gräbern als unverwelkbare Hinterlassenschaft eines Besuchers. Wir sollten ein Säckchen mit Kieseln aus unserem Garten füllen und auf unsere Fahrten durch Polen mitnehmen. Wo immer wir auf ein Schild mit Schwertern und Flammenschale treffen, könnten wir nach jüdischem Brauch Steinchen hinterlassen. Für die Unseren und für die unbekannten anderen.

Die Bestandsaufnahme in Auschwitz und den anderen Lagern wurde vor mehr als dreißig Jahren abgeschlossen. Die Listen, die damals entstanden, waren lang, doch die Zahl der Überlebenden ist erschreckend klein.

Die Listen sind abgeschlossen. Und trotzdem bleibt ein unvernünftiges Hoffen in der Welt. Ich habe es lange mit mir herumgetragen. Ich fühlte es bis zum letzten Nerv, darum mußte ich mich frei machen davon. Es gelang mir. Und dann, nach drei Jahrzehnten, bei einem winterlichen Spaziergang in Warschau, bin ich ihm noch einmal begegnet.

Seit längerem arbeiteten wir schon in dieser Stadt der Inschriften, der Kerzen und der Blumen, der weißroten Bänder für die Helden und Opfer der Okkupationszeit. Wir glaubten die Stadt recht gut zu kennen. Doch auf einem unserer Spaziergänge standen wir unerwartet vor einer alten Synagoge im ehemaligen Ghettogebiet. Ich hatte noch nie eine Synagoge betreten, das wurde mir damals verwehrt. Diese hier, vor der wir an einem Warschauer Wintertag standen, war geöffnet. Zwei, drei Männer gingen hinein und eine Frau. Sollten wir uns in der Synagoge umsehen?

Unsicher blieben wir auf den Eingangsstufen stehen.

„Bitte, gehen Sie hinein."

Diese freundliche Aufforderung kam von einem bärtigen Alten. Er trug ein samtenes schwarzes Käppchen und hielt mit der einen Hand seinen Pelz zusammen, während er uns mit der anderen die Tür aufhielt.

„Prosze", wiederholte er. Wenn er es sagte, konnte ich ruhig mit hineingehen.

Der muffige Geruch feuchter Steine schlug uns entgegen. Die Synagoge war in einem schlechten Zustand, wurde aber, wie es schien, von einer kleinen Gemeinde genutzt. Im großen Innenraum hatten sich zehn oder zwölf Personen versammelt. Es war zugig und kalt hier. Die Wände zeigten Spuren heruntergelaufenen Regens, der die Farben verwischt hatte und ins Mauerwerk eingedrungen war. Der Raum war größer, als wir vermutet hatten. So konnten wir, neben der Tür stehend, uns umsehen, ohne zu stören.

Beim Hinausgehen dann geschah etwas Merkwürdiges. Eine Frau, sie mochte etwa zehn Jahre älter sein als ich, trat nahe an mich heran und sah mich an, blickte mir ins Gesicht, als suche sie etwas, während sie Erwin und Ulli gar nicht beachtete. Sie ging weiter, vorbei an den aufgeschichteten neuen Mauersteinen neben dem Eingang, schaute sich noch einmal um, noch immer mit dem sonderbar suchenden Blick. So hat mich vorher nie ein Mensch angesehen. Hoffte sie, jemanden wiederzufinden? Sie mußte gehört haben, daß wir deutsch sprachen. Wen hoffte sie zu erkennen? Warum interessierte sie sich für eine deutschsprechende Frau meines Alters, auf den Stufen der Synagoge? Eine ganz und gar verrückte Idee: Suchte sie mich?

Ich kannte diese Frau bestimmt nicht. Wer sie auch gewesen ist und was sie auch bewogen hat, mich so anzusehen, wie sie es getan hat – ich war nicht die, die sie suchte. Aber ich war demselben zaghaften Hoffen begegnet, das ich einst gekannt habe. Einen winzigen Augenblick habe ich selbst noch einmal diese überwundene sinnlose Hoffnung gespürt. Nur einen Hauch davon und nur für die Dauer eines Blickes, der suchend mein Gesicht abtastete.

2

Die große Familie

Da ich einmal angefangen habe zu erzählen, merke ich, daß ich weiter zurückgreifen muß. Sonst wird man nicht verstehen, was vor sich gegangen ist.

Ich könnte schreiben, daß ich aus einer jüdischen Familie stamme. Das stimmt, obwohl nur Mutter eine Jüdin war. Doch ich gehörte zu ihrer Familie.

An der langen Tafel sehe ich sie sitzen. Sie reden, trinken, reden. Die Familie feiert Großmutters Geburtstag. Aber auch ohne diesen Anlaß hätte man sich in dem großen Berliner Zimmer, das genug Raum für alle bot, zusammengefunden. Man mußte sich treffen, man mußte beraten. Ich weiß, diese Familientreffen fanden immer im Dezember statt, genau: am fünfzehnten, das letzte im Jahre einundvierzig. Ich kann sie heute nicht mehr so genau auseinanderhalten. Aber bei dem letzten Treffen fehlten schon einige aus der Familienrunde. Meine Vorstellung von ihnen ist unbestimmt. Von manchen ist mir nur die Erinnerung an eine Geste geblieben oder an ein freundliches Wort für mich, das kleine Mädchen mit dem schwarzen Pony, Lottes Tochter.

Das Dezembertreffen der Familie in Großmutters Stube war stets ein Ereignis für mich. Ich verstand nicht immer, worum es ging in den Gesprächen, schon gar nicht den Streit, der mitunter entbrannte. Aber ich sah sie alle beisammen und fühlte mich geborgen bei diesen Menschen, die gut zu mir waren. Ich war stolz auf meine große Familie. So weit ich zurückdenken kann, waren die Gespräche ernst. Nicht selten wurden sie heftig. Das Thema war, wenn ich meiner Erinnerung trauen darf, immer das gleiche: Was wird aus uns Juden? Welche Nachrichten gibt es von den Verwandten, die Deutschland verlassen haben?

Der Ernst machte mich nicht besorgt. Sie waren die Erwachsenen, sie hatten die Verantwortung. Ich vergnügte mich an Andeutungen und Urteilen, die sich zu Geschichten formten, zu seltsamen, aufregenden Episoden, deren Helden alle irgendwie zur Familie gehörten, zu denen, die zuvor an diesem Tisch gesessen hatten. Auch über die, die hier saßen und redeten, erfuhr ich manches, wenn ich zuhörte.

Ich hockte gewöhnlich auf einer Rutsche in einer Ecke des langen Zimmers, gleich neben der Tür zum Korridor. Hier roch es so gut aus der Küche. Die Düfte, die an meiner Nase vorbeizogen, mochte ich ebenso wie die Stimmen um mich her. Ich war abseits und doch mittendrin. Ich konnte zuhören, ohne zu stören, und meinen eigenen Faden weiterspinnen. Von meinem Platz beobachtete ich die Frauen und Männer auf den Stühlen. Sie wirkten groß und wichtig.

Wie viele es waren! Und ich gehörte zu ihnen.

Einst war Jakob Luft, den sie Vater Jakob nannten, der Älteste der Familie. Er hatte drei Söhne und fünf Töchter, eine davon war meine Großmutter. Sie war „eine von den acht Geschwistern", wie es in ihrer Generation und in der nachfolgenden hieß. Das half mir, die Familienbindung zu verstehen. An den acht Geschwistern orientierte ich mich. Wenn es um die Gatten, Kinder und Enkel dieser acht ging, wurde es aber doch manchmal schwierig.

Ich versuchte immer, die Personen in das Familiengeäst einzuordnen, es war für mich wie ein Spiel. Die Weißhaarige dort? Ach so, das ist die Frau von dem mit der Brille, die Schwester von der Hageren, ja, ja, ich weiß, die Mutter von dem, der so stark lispelt – natürlich, das habe ich mir schon gedacht, eine von den acht Geschwistern. Und damit hatte ich einen festen Punkt gefunden. Ich ordnete sie alle nach den acht und gruppierte mich immer mit ein: Ich gehörte zur zweiten Generation nach ihnen.

Ich war die Jüngste in diesem Kreis. Das nächste Kind der Familie wurde erst sechs Jahre später geboren, das war der Junge, der als Neunjähriger nicht mit seiner Mutter und seiner kleinen Schwester in Auschwitz angekommen ist. Er und die nach ihm Geborenen wurden nicht zum Dezembertreffen mitgebracht.

Ich fand es angenehm, die Jüngste zu sein. Die füllige Berta hatte meist einen Bonbon für mich in der Tasche, von Herbert bekam ich bunte Puppenlappen aus der Schneiderwerkstatt, und Saly, der immer korrekte, vornehme Saly, brachte mir sogar einmal ein Buch mit geheimnisvoll verschnörkelten Buchstaben mit. Ich hatte Mühe, es zu lesen, und stieß auf wunderliche Wörter. Eins begann mit einem Schnörkel, der ein M war, den ich aber für ein großes W hielt, und so las ich, daß ein großes Malheur geschehen sei. Es muß schrecklich sein, dieses Walheuer, dachte ich, bestimmt noch fürchterlicher als ein Ungeheuer. Ich hätte einen am Tisch bitten können, mir das Wort zu erklären, doch zum einen war die Geschichte gerade wegen des Geheimnisvoll-Schrecklichen so schön, und zum anderen waren alle so ernst, daß ich nicht zu stören wagte.

So lange ich denken kann, war Max der „Älteste". Er trug den Bart wie Vater Jakob, von dem er dieses nie genannte, nie bestimmte Amt übernommen hatte. Wer denn sonst als er durfte das Gebettuch übernehmen, den vielarmigen Leuchter und die hebräischen Sprüche für die Sabbatfeier. Er war ja Vater Jakobs Sohn, der Älteste von den acht Geschwistern.

Max der Älteste, am Kopfende des Tisches sitzend, in der Nähe des Fensters, sprach wenig, meist nur, wenn man ihn aufforderte: „Was meinst du denn dazu?" Dann hörte ich ihn bedächtig antworten. Er hatte eine tiefe dunkle Stimme, aber keine Großvaterstimme, er hatte auch gar nichts Großväterliches an sich. Er sprach ruhig, wenn er sprach, beinahe leise. „So stelle ich mir Vater Jakob vor", sagte ich einmal zu Großmutter, doch die wehrte ab. „Der war ganz anders."

„Wie war er, Großmutter?"

„Nicht so ruhig wie mein Bruder Max. Vater Jakob konnte mit den Augen rollen, wenn er zornig war, genau wie deine Mutter Es kam ja nicht oft vor, aber wenn er zornig wurde, bekam er große runde Augen mit schwarzen Kullern und viel Weiß drum rum."

„Ich denke, Vater Jakob war gütig."

„Das war er auch", bestätigte Großmutter. „Er war ein guter Mensch. Max versucht, es ihm gleichzutun."

Nach dem Tode von Vater Jakob hatte sein frommer Sohn Max die Wahrung der Tradition übernommen. Er hielt die Familie zusammen, so gut er es vermochte. Wenn sie sich auch in die Welt zerstreuten, sie waren eine Familie.

Wenn ich an die Geburtstagsrunde zurückdenke, dann sehe ich sie meist so, wie sie im Jahre einundvierzig beisammensaßen. Am Kopfende mein Onkel Max. Er wußte eine Neuigkeit. Ich höre es noch genau, wie er in einer Mischung aus Freude und Besorgnis diesen kurzen Satz sprach: „Trude hat sich gemeldet."

„Wer sagt das?"

„Saly."

„Das stimmt", sagte Saly, Vater Jakobs zweiter Sohn, „ich habe einen Franzosen gesprochen. Er hat Trude im Februar in Marseille gesehen. Sie ist gesund."

„Das war im Februar." Im Februar des Jahres einundvierzig. Einer am Tisch hatte es gesagt, ganz ohne Freude, nur besorgt, und er fuhr fort: „Erst war sie in Amsterdam, und jetzt ist sie in Frankreich. Ein weiter Weg."

Ein anderer ergänzte: „Immer auf der Flucht, das ist nicht gut."

„Im Februar, sagst du, in Marseille?"

Ich zupfte an dem Kleid der fülligen Berta, die vor mir auf einem Stuhl saß. sie beugte sich zu mir: „Was ist?"

„Wer ist Trude?" wollte ich wissen.

„Meine Schwester. Erinnerst du dich nicht? Eine von uns acht. Die Hagere."

„Ach so, die." Ich verstand. Nur eine der fünf Schwestern war hager, alle anderen waren vollbusig und hatten kräftige runde Hüften.

Ich werde beim Schreiben unterbrochen. Herbert steht neben mir.
„Trude? Die kenne ich doch auch noch. Das ist doch die geizige Alte, die mir schwarze Bananen schenken wollte, als wir sie in Westberlin besuchten."

„Und du hast sie nicht genommen, weil du dich vorher an gelben sattgegessen hattest."

Ich sehe noch Trudes verdutztes, kantiges Gesicht, als ihr der Knirps aus dem Osten, wo Bananen noch eine Rarität waren, die Tüte zurückgab. „So 'ne schwarzen eß ich nich."

Ja, Trude, die reiche, hagere Trude, war nach Berlin zurückgekommen, nach Westberlin. Als wir sie nach dem Krieg trafen, war sie wieder vermögend.

Ich kehre mit meinen Gedanken zu der Geburtstagsrunde zurück. Max erhob sich, schob mit vorsichtiger Bewegung den schweren Stuhl beiseite und ging hinter der Tafel entlang zur Tür. Ich rückte auf meiner Rutsche ein wenig weiter, um ihn durchzulassen.

„Bleib nur sitzen, ich komme schon durch."

Wie groß er ist, dachte ich, und spricht doch so leise.

Als Max wieder ins Zimmer kam, wurde ein Damasttuch über die rote Plüschdecke auf Großmutters Ausziehtisch gelegt. Kleine Tische verlängerten die Tafel. Man brachte Geschirr herein. Ich kam aus meinem Winkel, um zu helfen. Zwischen Küche und Stube hörte ich Berta fragen:

„Von Trudes Herbert hat der Franzose nichts gesagt?"

„Nein. Er wußte nichts über ihn."

„Trudes Herbert" hatte Berta gesagt. Einer ihrer vier Söhne hieß auch Herbert. Den nannten wir aber „Bertas Herbert". Bertas

Sohn Herbert saß mit am Tisch, er war der Vater des gerade geborenen Mädchens Bella und des später in Auschwitz nicht angekommenen Jungen.

Dieser Herbert war dabei, als die Nachricht von Trude erörtert wurde. Aber von Trudes Herbert wußte niemand etwas. Der war mit seiner Frau und seinem Sohn als letzter emigriert, kurz vor dem Ausbruch des Krieges. Sie wollten der Mutter nach Amsterdam folgen, doch dann kam eine Ansichtskarte vom Eiffelturm, abgestempelt in Mainz: „Es geht uns gut. Mutter haben wir nicht getroffen. Bleibt gesund bis zu unserem Wiedersehen. Herbert, Selma, Deny."

Die Karte mit dem Eiffelturm – sie wurde von einem zum anderen gereicht. Ich warf einen Blick darauf: Neben den mächtigen Stahlfüßen des Turmes waren bunte Punkte zu erkennen, Frauen in Sommerkleidern. Aber jetzt war es Winter. Während ich ein Tablett auf den Tisch stellte, sagte ich:

„Da sind jetzt aber die Deutschen."

„Wo? In Shanghai? Was redest du da!"

„Ich meine in Paris."

„Aber wir reden doch gerade von Käthe."

Das Gespräch war längst weitergelaufen. Ich hatte nicht achtgegeben.

Auf Käthe kann ich mich nur noch dunkel entsinnen. Sie sagten, wenn sie mir von ihr erzählten: „Sie ist eine schöne Frau, wie deine Mutter."

Käthe war als erste emigriert. Mit ihrem Mann und ihrer Mutter war sie nach Shanghai gegangen. In ihren Briefen hieß es, sie litten große Not. Die Mutter starb in Shanghai. Käthe war eines von den acht Geschwistern.

Saly, der so etwas wie der Sachwalter der Familie war, zog Käthes letzten Brief aus der Brieftasche. Es war ein bräunlicher, säuberlich aufgeschlitzter Umschlag. Ich kannte seinen Inhalt schon, sah aber trotzdem mit Neugier auf den Brief, als könnte nun mehr darin stehen. Ich vergaß das Tablett und das Geschirr. Saly hielt den Brief in der Hand, rückte an seiner dünnumrandeten Brille, sagte nichts. Man sah es den Mienen an, daß alle dasselbe dachten: Wie mag es ihnen jetzt gehen? Sie sind emigriert – haben sie gut daran getan?

Vom anderen Ende des Tisches klang es sehr skeptisch: „Ob sie über den Pazifik gekommen sind, wie sie es vorhatten, Käthe und ihr Mann?“

Bertas Herbert wandte ein: „In Amerika sind viele Juden. Sie werden ihnen geholfen haben. – Und jetzt bringt endlich herein, was da so gut duftet. Wie hast du das nur aufgetrieben, Tante Tale?“ Er blinzelte dabei zu seinen Brüdern hinüber. Also sie hatten dafür gesorgt, daß etwas auf den Familientisch kam.

Tante Tale, meine Großmutter, schaute lächelnd zu den Söhnen ihrer Schwester Berta, sagte aber nur, zu allen gewandt: „Laßt es euch schmeckend.“

Ich setzte mich mit an den Tisch, zwischen Mutter und Vater, doch ich achtete an diesem Abend wenig auf sie. Mir gegenüber saß die immer stille, immer müde Dora, die jüngste von Großmutters Schwestern. Nach dem Essen würde sie in das hintere Zimmer gehen, um sich schlafen zu legen. Seit Großmutter ihren Laden schließen mußte und die Ladenwohnung um einen Raum größer geworden war, wohnte Dora mit ihrem Mann hier bei Großmutter.

Ich rührte meinen Tee um, weil er mir zu heiß war, und das Klappern des Löffels mischte sich in die Essengeräusche. Aus den Gesprächen hörte ich heraus: Paris, Shanghai, der Pazifik ...

Wie sie wohl über den Pazifik gekommen sind? Mit einem Passagierschiff oder mit einem Frachter? Wir wollten mit einem Frachter fahren. Wenn wir nun selbst ausgewandert wären, wie wir es vorgehabt hatten, dann wäre ich jetzt in Sao Paulo und nicht hier bei der Familie. Mutter hatte die Adresse von Verwandten in Brasilien ausfindig gemacht. Die waren bereit, zu helfen und die Überfahrt in Devisen zu bezahlen. Sie versprachen auch, für Unterkunft und Arbeit im fremden Land zu sorgen. Wir lernten Portugiesisch, kauften sonnenbeständige Kleidung und wären im Frühjahr neununddreißig ausgewandert, wenn man es uns gestattet hätte. Das Schiff, auf dem drei Plätze für uns reserviert waren, fuhr ohne uns ab. Vorbei die Chance, wir hätten uns früher entschließen müssen. Ein paar Brocken Portugiesisch sind geblieben.

Wenn man uns nun doch hätte mitfahren lassen, dann würden sie jetzt auch über uns sagen: Lotte hat geschrieben. Und Saly würde einen Brief von uns in der Hand halten und ihn zwischen den bräunlichen von Käthe und die Karte mit dem Eiffelturm stecken. Was gewesen wäre, wenn wir bis nach Sao Paulo gekommen wären, malte ich mir gern in sonnenheißen Bildern aus, das war abenteuerlich und immer wieder neu.

Aber wir waren ja nicht gefahren.

Wir waren nicht emigriert wie die Wohlhabenden aus der Familie, die spätestens nach der Kristallnacht Deutschland verlassen hatten. Es waren nicht viele. Die meisten Verwandten mußten in Deutschland bleiben. Sie sahen keine Chance, über die Grenze zu kommen.

„Da müßten die emigrierten Verwandten ihr Geld opfern, um uns nachkommen zu lassen“, hieß es, und auch das wurde eingeschränkt: „Wenn es überhaupt noch möglich ist.“ Damals, einundvierzig, gehörten diese Gespräche schon zur Vergangenheit.

Nur einer von denen, die gar nichts besaßen, Bertas Sohn Martin, war dem Faschismus durch Emigration entkommen. Und er hatte seine Chance genutzt, wenigstens einen Menschen mitzunehmen. Martin war auf einem englischen Schiff geboren worden, eine Entbindung während einer Schiffsreise, auf einem richtigen Passagierschiff.

Martin ging, als die Lage der Juden kritisch zu werden drohte, zur Botschaft des Vereinigten Königreiches von Großbritannien und Nordirland und erklärte dort: „Ich bin Engländer und wünsche nach England zurückzukehren."

Nach britischem Recht stand es ihm zu, die Staatsbürgerschaft des Königreiches in Anspruch zu nehmen. Das Schiff, auf dem er etwas vorzeitig das Licht der Welt erblickt hatte, war schließlich englisches Territorium. Nun bestand er dar auf, Engländer zu sein. Er sprach kein Wort Englisch, er war ein Berliner Arbeiter.

„Sind Sie verheiratet?"

Er hätte nein sagen müssen. Aber er zögerte. Das war die Chance.

„Kann ich meine Frau nach England mitnehmen?"

Man erklärte ihm: Wenn Sie Engländer sind, hat Ihre Frau auch Anspruch auf die englische Staatsbürgerschaft.

„Also, Sie sind verheiratet."

Er gab noch immer keine genaue Auskunft, sondern sagte: „Ich möchte heute nur für mich einen Paß beantragen. Den Antrag für meine Frau stelle ich morgen. Ist das möglich?"

„Selbstverständlich."

Martin hatte weder eine Frau noch eine Freundin, die auf der Stelle seine Frau werden wollte. Aber er sah die Möglichkeit, einen Menschen dorthin mitzunehmen, wo Sicherheit war. Eine Jüdin. Er ging zu einer Kollegin, alleinlebend, ein Kumpel, wie er ihn in der Emigration würde brauchen können.

„Alice, kommst du mit mir nach England?"

„Solche Scherze solltest du nicht machen, Martin."

„Ich frage dich ernsthaft: Kommste mit nach England. Du willst doch raus hier oder nicht?"

„Klar, ich will raus, aber das gibt dir nicht das Recht, so dumme Witze zu machen." Martin war bekannt für dumme Witze.

„Mädchen, ick als Engländа frage dich: Willste raus? Dann mußte mich heiraten, auf der Stelle."

Das tat Alice. Auf der Stelle. Die tintenfrischen Dokumente brachte Martin zur englischen Botschaft, und er erhielt für beide die Ausreisepapiere. Unmittelbar vor dem Kriegsausbruch kamen sie in England an. sie hatten keine Unterstützung durch die Emigrantenorganisation, sondern mußten sich als Engländer unter Engländern zurechtfinden. Und der Krieg stand bevor, das fühlten alle.

Martin schrieb: „Wenn es zum Krieg kommt, werde ich wie alle jungen Engländer Soldat.“

Martin, der Berliner Arbeiter, einst Mitglied des Roten Frontkämpferbundes und einmal für Thälmanns Sicherheit eingesetzt, der Jude Martin, mit Witz statt mit Geld ausgestattet, liebte die Menschen. Wäre er nicht Jude gewesen, könnte man es christliche Nächstenliebe nennen, was sein Handeln bestimmte.

So kam es, daß Martin, einer von Bertas vier Söhnen, bei den letzten Familientreffen nicht mehr dabei war. Einundvierzig war er schon zwei Jahre bei der Royal Army. Wahrscheinlich hätte er, wenn er noch bei der Familie gewesen wäre, unter dem Gewicht der Sorgen seine Schnurren vergessen und ebenso ernst wie die anderen dagesessen.

Ich sehe sie noch immer so sitzen und reden.

„Ob es nicht besser gewesen wäre, das Land zu verlassen?“

„Aber wie denn? Ohne Geld.“

Ja, Alfred, der Jüngste von den acht, der begabte Liebling Vater Jakobs, der hatte sein Geld nach Schweden gebracht, dem ging es gut.

„Es ist ihm zu gönnen, gerade ihm. Hat er nicht jedem von uns geholfen, wenn wir ihn brauchten? Seid gerecht und neidet Alfred nicht das Glück und das Geld.“

„Aber von Käthe aus Shanghai hört man nichts Gutes, obwohl sie Geld hatte.“

„Martin ist gut dran.“

„Warum?

„Er hat eine Waffe. Wir warten nur ab.“

„Wie du redest, Herbert!“

„Stimmt es etwa nichti?“

Und es endete so: Was wird aus uns? Was soll hier werden? Besorgte Stimmen hatte es schon lange vor diesem Familientreffen gegeben, doch nun waren sie lauter geworden, oder ich hatte zum ersten Mal ernsthaft hingehört.

Der Abend ging zu Ende, doch die Gespräche, die Meinungen bestimmten in den folgenden Monaten jede Zusammenkunft, sie wurden aufgegriffen, bestätigt, verworfen, in Zweifel gezogen und wieder bekräftigt. An jenem Dezemberabend, so berichtete man mir später, wurde die Familie sich einig, daß die Zeit vorbei war, da die Sorgen mit der Bemerkung abgetan werden durften: „Sie werden es nicht wagen, uns etwas zu tun.“ Sie hatten es gewagt, einen Krieg zu beginnen und halb Europa zu überfallen, sogar Rußland, das bis an den Pazifik reicht. Sie hatten jüdischen Besitz gestohlen, wenn er nicht ins Ausland geschafft worden war. Sie könnten noch mehr wollen. Aber was?

Einst hatte Trude, die nicht mehr mit am Tisch saß, einen lästigen Warner zurechtgewiesen: „Was kann uns dieser Hitler schon, dieser Habenichts?“ Das war noch vor der Kristallnacht gewesen, und es wurde oft wiederholt, mitsamt der Antwort, die ihr gegeben worden war: „Er kann dir das letzte Hemd vom Toches ziehen.“

Der das gesagt hatte, täuschte sich. Aber auch die Geburtstagsgesellschaft, die dies wieder einmal zitiert hatte, wußte es noch nicht anders. Niemand ahnte damals, daß es nicht um das Hemd, sondern um die Haut darunter gehen würde. Niemandem wäre es eingefallen, dies zu denken.

Ich sehe sie heute vor mir wie einst, die schon reduzierte, aber immer noch große Familie in dem Berliner Zimmer in der

Naunynstraße. Wie viele solche Zimmer hatte es nur ein Fenster in einer Nische am Ende des Raumes. Es fiel nie Sonne durch dieses Fenster im Parterre. Auch wenn wir Großmutter an einem Sommertag besuchten, brannte hier Licht. So ist mir jede Feier in diesem Raum als abendliche Zusammenkunft in Erinnerung, nicht nur jene an einem früh dunkelnden Dezembertag.

Damals waren von Vater Jakobs Kindern noch fünf in Deutschland. Das waren außer Großmutter Natalie noch Max der Älteste und Saly und außerdem die beiden Schwestern Berta und Dora, die mit nichtjüdischen Männern in zweier Ehe verheiratet waren. Die anderen – Trude, Käthe und Alfred – waren den ungewissen Weg ins Ausland gegangen.

Im Jahr darauf wohnte Großmutter nicht mehr in dieser Wohnung. Sie war mit einem Koffer in der Hand auf einen LKW gestiegen und hatte den Weg nach Theresienstadt angetreten.

Von da an traf man sich bei Max. Nicht regelmäßig, aber häufig. Nur noch einmal kam die ganze Familie zusammen, das heißt alle, die noch in Berlin lebten, die noch nicht verschleppt waren. Ein Foto existiert davon. Ich trug nicht mehr den Pony, sondern langes, mit Dauerwellen gekraustes Haar, das mich älter erscheinen ließ, als ich war.

Auf diesem Foto fehlen Großmutter und ihre Tochter Debora, auch Saly und seine Frau Martha und Bertas Söhne und noch viele mehr, von denen zu schreiben mir wichtig scheint.

3

Fromme und unfromme Gedanken

Mein Vater war, wie man in Mutters Familie über Nichtjuden zu sagen pflegte, ein Christ.

Er war wirklich ein Christ, ein frommer Katholik, sein Glauben war ehrlich und tief in seinem Wesen verwurzelt. Er liebte seine Frau und sein Kind über alles. Das hätte ihm als Lebensinhalt genügt, wenn die Verhältnisse ihn nicht gezwungen hätten, sich um mehr zu kümmern.

Er liebte auch seine Nächsten und war bereit, Gutes zu tun, wie es sein Christentum von ihm verlangte. Aber er konnte nicht jedem mit Nächstenliebe entgegenkommen, es ging nicht. Er mußte Unterschiede machen.

Seine Freunde waren Kommunisten, Arbeiter des Kalksteinbergwerks in Rüdersdorf. Das ergab sich so, weil es die Nazis gab, die gegen die Juden wie gegen die Kommunisten hetzten, die die einen wie die anderen terrorisierten. So sah sich mein Vater plötzlich auf ein und derselben Barrikade mit so unfrommen Leuten wie Willi Huschbeck, Walter Eichberg und Hermann Strutzke. Es gab viele Kommunisten in Rüdersdorf vor 1933 und natürlich auch nach dem Krieg. Rüdersdorf war immer rot. Die Kommunisten lehrten Vater, den Nächsten als Freund oder als Feind zu sehen. Er hörte auf ihre Warnungen vor Hitler und dem Krieg.

Als die Nazis an die Macht kamen, rieten die Freunde ihm, Rüdersdorf zu verlassen und in Berlin eine Wohnung zu suchen. „Da könnt ihr untertauchen", sagten sie. Ein Jahr zögerten meine Eltern noch, sie warteten ab, ob die Hitlerclique sich tatsächlich halten würde. Die Freunde verschwanden. Wer nicht verhaftet wurde, ging in die Illegalität. Da zogen wir nach Berlin, wechselten noch einmal die Adresse und fanden schließlich am Strausberger Platz eine billige Wohnung in einem Hinterhaus, das nie Sonne bekam. Für kurze Zeit war das gedacht. Es wurden zehn Jahre daraus.

Es war also schwierig für meinen Vater, das Gebot der Nächstenliebe zu befolgen. Aber an das vierte Gebot, das da lautet: Du sollst Vater und Mutter ehren, auf daß es dir wohlergehe und du lange lebest auf Erden, versuchte er sich immer zu halten. Wenn seine Eltern ihn riefen, folgte er, fuhr zu ihnen nach Fichtenau, hörte sich nicht ohne innere Zerknirschung ob seiner unchristlichen Abwege ihre Vorhaltungen an, duldete aber nicht, daß seine Frau mißachtet wurde, widersprach den chauvinistischen Reden und verließ regelmäßig mit großem Krach das Elternhaus.

Meine Mutter sagte es ihm jedesmal voraus. Dennoch fuhr er immer wieder hin, und Mutter hinderte ihn nicht, seinem etwas einfältigen frommen Gewissen zu folgen. Sie tolerierte es. Sie willigte sogar ein, an den Weihnachtstagen selbst mit zu den Eltern und Geschwistern des Mannes zu fahren. Also machten wir an jedem 25. Dezember festtägliche Anstands besuche in jenem christlichen Haus in Fichtenau.

Es ist noch heute ein ansehnliches Haus mit einem von Obstbäumen beschatteten Garten. Hier wohnten nicht nur Vaters Eltern, sondern auch zwei zum Heiraten wenig geeignete Schwestern, krankhaft hysterisch die eine, von zwergenhaftem Wuchs die andere, außerdem der Bruder Hans mit seiner Frau und seinen beiden Kindern, einem Jungen und einem Mädchen. Man kochte in einer Küche und in einem Topf und aß in einem gemeinsamen Wohnzimmer. Die untere Etage wurde zum Wohnen, die obere zum Schlafen genutzt. Den günstigen Kredit für den Bau hatte der Bruder Hans bekommen, nachdem er Mitglied der Nazipartei geworden war.

In Fichtenau hatte ich einen Großvater. Ich kannte ihn nur mit weißem Hemd und Weste, unter der sich ein runder Bauch wölbte. Ich sagte dem Großvater guten Tag und machte meinen Knicks. Ob er mir je geantwortet hat, kann ich nicht mit Bestimmtheit sagen. Ich glaube, er hat nie mit mir gesprochen, denn ich weiß im allgemeinen recht gut, was jemand zu mir sagte, wenn es wirklich mir galt.

Die Großmutter war unangenehmer. Sie sprach viel zu viel: Vom letzten Besuch bei ihren Verwandten in Allenstein, von einem Prozeß gegen befeindete Nachbarn, von einer ersteigerten Vase, spottbillig, von der strengen deutschen Mode, von Treue und Glauben. Sie redete auch mit Eifer auf Mutter ein, weil die nicht einsah, daß man Hitler brauche. Und sie hielt Vater vor, daß er es ja nicht besser gewollt habe und er werde schon noch merken, daß er in ein Unglück renne. Mir zeigte diese Großmutter die neuen Uniformen ihrer Enkelkinder: „Das ist für deutsche Jungen und Mädchen", sagte sie mir. „Dich nimmt man da wohl nicht."

Von mir aus. Ich hatte nicht die Absicht, zu denen zu gehen und einen Lederknoten statt einer Kette zu tragen. Einmal, ein einziges Mal fragte ich, warum uns eigentlich niemand aus Fichtenau besuche. Es war schon Krieg, und ich hätte sicher viele Gründe eingesehen. Den aber, den Mutter mir nannte, fand ich abscheulich: „Sie möchten keinem Sternträger begegnen, jetzt, wo Onkel Hans in der Nazipartei ist. Es wäre ihnen unangenehm."

„Schämen sie sich?" wollte ich wissen und dachte an das Unrecht, das man unseren Verwandten zufügte, die sich einen Judenstern an die Kleider nähen mußten.

„Es ist eben so", sagte Mutter, „daß sie mit Juden nichts zu tun haben wollen."

Im Herbst einundvierzig, kurz vor dem Familientreffen in der Naunynstraße, starb in Fichtenau der Großvater. Nach der Beerdigung saßen wir mit Vaters Verwandten zusammen: Das waren Berliner Geschäftsleute, Beamte, ostpreußische Großbauern. Vaters Bruder Hans hatte Fronturlaub bekommen. Er saß in dem gedrechselten Schreibtischsessel des Verstorbenen und war obenauf. Die Eroberung Moskaus stehe bevor, und er, der Funker Hans, werde dabeisein. Mit einer Art Besitzerstolz sagte er: „Moskau!"

„Es geht auf den Winter zu", erwiderte Vater, „wenn du dir nur nicht kalte Füße holst."

Doch so sicher war Vater nicht. Ich wußte, daß er nichts mehr fürchtete, als dies: Moskau in der Hand der deutschen Okkupanten. Bei den Siegeszügen der faschistischen Truppen durch Europa war Vater in einen schlimmen Zustand geraten. Ich sah ihn oft auf dem Stuhl sitzend, beide Arme auf den Tisch gestützt und die Hände vor dem Gesicht. So konnte er eine Stunde und länger verharren, völlig abwesend. Es sah aus, als würde er schlafen oder beten, aber er saß nur so, um nicht toben zu müssen. Wenn er dann aufstand, schien er ruhig zu sein, doch ich hörte ihn murmeln: „Ich werde noch wahnsinnig."

Mutter mahnte mich, nicht ins Zimmer zu gehen, wenn Vater so saß und grübelte. „Wir müssen ihn gewähren lassen. Störe ihn nicht." Vater tat mir leid. Es erleichterte mich, und es tröstete ihn, wenn er nach einer zergrübelten Stunde feststellte: „Das wird der Herrgott nicht dulden."

Damals, nach Großvaters Beerdigung, vertraute ich den Worten des Vaters. Den Widerspruch merkte ich nicht, und ich glaube, daß mein Vater ihn auch nicht bemerkt hat. Vater baute mitunter sonderbare gedankliche Brücken. Er hoffte auf die Gerechtigkeit Gottes, die, wenn sie kommen sollte, die Kraft der unchristlichen Verteidiger Moskaus brauchte. Ich nehme an, daß er den Segen für diese seine Nächsten erfleht hat, wenn er den Kopf in seinen Händen barg, grübelnd und betend, verzweifelt und hoffend.

Vater besaß seine eigene Logik wie Mutter ihren eigenen Glauben.

Je mehr ich darüber nachdenke, um so mehr wundere ich mich, daß die beiden ein Paar sein konnten. Mein Vater, dessen Stärke nicht die Logik war, ist gutmütig und gutgläubig gewesen, und er wäre, wie man so sagt, für Mutter und mich durchs Feuer gegangen. Was heißt, er wäre! Als es dar auf ankam, tat er es wirklich. Er ertrug für ihre und für meine Sicherheit Zwangsarbeit, Hunger und Schläge. Mit seiner Beständigkeit und mit seinem Gerechtigkeitssinn muß er meine Mutter an sich gebunden haben. Anders ist die Liebe der temperamentvollen Jüdin zu einem Mann mit einfältiger Gläubigkeit und einer zu großen Nase im nicht gerade schönen Gesicht nicht zu erklären. Seine Augen waren blaß, aber sie schauten liebevoll und gut. Ich denke schon, daß es eine große Liebe war zwischen den beiden. Sie hätte auch ohne die schlimmen Bedingungen gedauert. Aber vielleicht war alles ganz anders. Vielleicht waren die Umstände gar nicht günstig für die Liebe, und ich müßte schreiben, daß es eine Liebe war, die trotz der widrigen Zeit Bestand hatte. Gewiß ist, daß sie sich liebten. Ich kenne Vater und Mutter nur als harmonisches Paar.

Mutter war ihrem Mann in allem überlegen. Sie wußte es, aber sie war klug genug, es ihn nicht spüren zu lassen. Wenn sie ihn auf einen Weg lenkte, tat sie es so, daß er glaubte, den Weg selbst gefunden zu haben.

Und sie ließ ihm seine Frömmigkeit, schickte mich zur Kirche und hielt mich an, zu beten und die Gebote zu lernen. „Es sind gute Gebote“, sagte sie, „sie müssen nur befolgt werden.“

Mutter war ohne Glauben aufgewachsen. Sie zimmerte sich selbst ein Weltgebäude, und das war sehr praktisch und vernünftig. Zwei Pfund Rindfleisch geben eine gute Suppe, nicht wahr? Und hilf dir erst einmal selbst, dann wird dir auch Gott helfen. Daß das Unglück eine Prüfung sei, um die Frömmigkeit zu erproben, wollte sie nicht einsehen. Es treffe doch Gläubige wie Ungläubige. Warum aber sollte der Ungläubige geprüft werden? Was war überhaupt ein Unglück? Der Krieg etwa? Der war von langer Hand vorbereitet worden, kein Unglück also, sondern geplante Tat. Gott hätte es verhindern müssen, aber er tat nichts. Er sah immer nur zu. Er strafte nicht und er machte uns nicht glücklich. Wenn wir selbst uns glücklich machten, konnte sein, daß er dann in uns glücklich war. Wenn es einen Gott gab, was sie für möglich hielt, dann mußte er das Glück und niemals das Unglück wollen. Das Leid, das mir zugefügt wird, macht mich nicht fromm, sondern zornig. Geht es anderen anders?

Solche und ähnliche Reden brachten alle Priester, mit denen meine Mutter zu tun hatte, in die Not des Widerlegens. Vater wußte von diesen Reden seiner Frau, das meiste von den Priestern, ein wenig auch von ihr selbst. Zu Hause gab es keine Dispute. Mutter vermied das, und Vater fand es richtig, daß sie sich an die Kompetenteren wandte. So kamen Vater und Mutter in religiösen Fragen miteinander aus. Ich glaube, Vater war sogar stolz auf seine Frau, die es wagte, unfromme Meinungen zu äußern und den jungen Kaplan, den erfahrenen Pfarrer, den würdigen Prälaten in solche Gespräche zu verwickeln.

Zu Beginn unserer Berliner Zeit, Mitte der dreißiger Jahre, muß meine Mutter die Idee gehabt haben, daß es für die Zukunft günstiger sei, wenn sie der katholischen Kirche angehörte. Sie ging zum Konvertitenunterricht und ließ sich taufen. Mein Vater hielt es für seinen Erfolg und den der Priester natürlich Verständlich schien ihm, daß sie noch viele Fragen stellte, das stand ihr als erst spät zum Glauben Übergetretener zu.

Ich habe mir mit den Jahren eine andere Meinung gebildet. Die Taufe war eine Vernunfthandlung, sie sollte die jüdische Herkunft verdecken. Warum sollte Mutter wohl gläubig geworden sein, im siebenunddreißigsten Lebensjahr, nach fast zehnjähriger guter Ehe ohne den kirchlichen Segen? Nein, es war nicht Frömmigkeit, die sie in den Schoß der Kirche trieb. Zumal ihre Reden den wirklich frommen Seelen immer ketzerisch vorgekommen sein müssen. Und dennoch – es kam vor, daß sie mich bat: „Laß uns einen Rosenkranz zusammen beten."

„Gleich?"

„Wenn du mit den Schularbeiten fertig bist."

Der Rosenkranz kann Dank, Bitte oder Klage sein. Mutter wählte, wenn sie ihn betete, die Version mit den Klageforrneln zwischen den Vaterunsern und den Ave-Marias.

„Muß es ein Rosenkranz sein?" wagte ich vorsichtig einzuwenden. „Eine halbe Stunde, Mutter."

„Es kommt doch nicht auf eine halbe Stunde an."

Sie zu bitten, ein bißchen schneller zu beten, wäre zwecklos gewesen. Sie hastete nicht durch die Gebete, sprach deutlich und ließ sich Zeit bei den Zwischentexten, die das Leid benennen.

Warum lag ihr daran, sich mit mir zu einem Rosenkranz aufs Sofa zu setzen und die Perlen durch die Finger gleiten zu lassen? Sollte ich ihr Gesellschaft leisten oder wollte sie mich zum Beten anhalten, indem sie sich dazu setzte? Mütter sind manchmal komisch, fand ich. Ausgerechnet einen Rosenkranz. Zu Hause. Bei der Abendandacht – einverstanden, da kann man ihn beten. Da treffe ich Freundinnen. Dann ist der Tag nicht so lang.

Mutter war immer sehr sachlich. Darum meine ich, daß es doch vor allem wegen der ungewissen Zukunft war, wenn sie Katholikin wurde. Sie verschaffte sich Dokumente, von denen sie sich Nutzen versprach. Um des Taufscheins willen mußte sie sich zur Religion bekennen und mich zur Frömmigkeit erziehen. Womöglich hoffte sie auch, das Einvernehmen mit meinem Vater zu festigen, denn die Zeit konnte hart werden, wer weiß. Aber ihre Ansichten schneiderte sie sich weiterhin nach eigenem Maß zurecht.

So wuchs ich unter der Obhut von Eltern auf, die gute Katholiken waren, sonntags zur Kirche gingen, einmal im Monat die Beichte ablegten und mich in eine konfessionelle Schule schickten, wo ich Religionsunterricht erhielt. Als ich zehn Jahre alt war, bekam ich ein weißes Kleid und eine schwere, myrtenumrankte Kerze und durfte zur Ersten Kommunion gehen. Vorher zur Beichte.

Ich suchte zusammen, was mir an Sünden einfiel, lauter kleine Verfehlungen – ein vergessenes Gebet, eine versäumte Messe, ein Schimpfwort, ein Fluch mit heiligen Namen, eine kleine Notlüge. Ja, die Notlüge war schon das Schlimmste, was ich im Beichtstuhl aufzubieten hatte. Es schien mir keineswegs erniedrigend, mich fremden Ohren mitzuteilen. Die weihrauchduftende Umgebung hob den Vorgang in feierliche Höhe. Später, als ich wirklich etwas zu beichten gehabt hätte, empfand ich es anders.

Je älter ich wurde, um so mehr beschäftigte mich die Religion. Heute weiß ich, daß das etwas mit Mutters Art, die Dogmen zu betrachten, zu tun hatte.

Wie war das zum Beispiel mit der Nächstenliebe?

„Ein guter Sinnspruch", sagte sie, „nur muß man bedenken, daß nicht jeder Mensch der Nächste ist."

„Darf man denn Unterschiede machen? In der Bergpredigt steht das nicht."

„Vielleicht gibt es Zeiten, in denen man leben kann, wie es in der Bergpredigt steht. Möglich ist es schon. Aber jetzt nicht. Jetzt ist alles anders. Wenn wir leben wollen, und wir leben nur jetzt, verstehst du, nur dieses eine Mal leben wir, dann nützt uns die sanfte Predigt nichts. ‚Liebet eure Feinde, tuet Gutes denen, die euch hassen, und betet für die, welche euch verfolgen.' Das wäre was! Niemand kann das ernstlich verlangen, von mir nicht. Nicht nach neun Jahren Naziherrschaft, im dritten Kriegsjahr, schließlich gibt es Theresienstadt und andere Lager und Gestapokeller. Ich sage dir, man muß seine Feinde hassen. Aus tiefstem Herzen." Zur Bekräftigung setzte sie hinzu: „Vater sagt das auch."

„Aber die Bibel ..."

Sie winkte ab. „Im Alten Testament steht ‚Aug um Auge, Zahn um Zahn'. Das ist auch die Bibel."

Der Haß war längst Mutters Lebenselement geworden. Noch nie hatte ich es so klar von ihr gehört. Wenig später wußte ich, daß wir ohne diesen Haß nicht mehr hätten atmen können. In dieser Zeit sprachen Mutter und ich oft miteinander.

„Warum werden die Juden verfolgt?"

Sie antwortete nicht gleich. Ich wartete. Sie war mir bisher keine Antwort schuldig geblieben.

„Du weißt, Pontius Pilatus hat seine Hände gewaschen und gesagt: ‚Sein Blut komme über euch und eure Kinder!' Gott wird es wohl so gewollt haben."

„Jesus war doch selbst ein Jude."

„Aber Pilatus nicht, und der mußte ihn verurteilen, weil das jüdische Volk es verlangte."

„Und der Schwur gilt noch heute, nach zweitausend Jahren? Ohne Ende?"

„Das muß wohl so sein."

„Und warum werden auch Gottlose und Christen verfolgt? Sogar Priester?"

Sie gab zu, daß möglicherweise kein Sinn darin liege. Jedenfalls nicht der biblische.

Als wir beide, Mutter und ich, ganz aufeinander angewiesen waren, als wir beide zugleich und jeder auf andere Weise unsere schwersten Monate hatten, waren wir uns sehr nahe. Sie teilte mir vieles mit, worüber sie später nie mehr redete.

Ich begann über vieles nachzudenken und übernahm unbewußt die ketzerische Haltung der Mutter. Trotzdem hielt ich mich für fromm.

4

Vater Jakob

Als ich in die Familie hineinwuchs, lebte Vater Jakob nicht mehr, aber er hat mich noch auf den Armen gehalten. Was ich von ihm weiß, haben mir die erzählt, die ihn kannten.

Er war der Älteste, obwohl es dieses Amt nicht gab und er es nie beansprucht hätte. Sie nannten ihn Vater Jakob, darin lagen Liebe und Achtung, es hatte nichts mit Ehrfurcht zu tun, denn er war kein Patriarch.

Vater Jakob war Kantor, ein frommer, traditionsbewußter Jude.

Seine acht Kinder lernten die hebräischen Sprüche und saßen, wenn Schabbes war, an seiner Tafel. Er ging mit den Söhnen in die Synagoge. Die Enkel wurden, wenn sie das Alter erreicht hatten, mitgenommen.

Er hielt an der Tradition fest, soweit es die Umstände erlaubten. Ein Dogma machte er nicht daraus. Zwang lag ihm fern.

Nicht alle seine Kinder sind fromm geworden wie er. Länger als die Frömmigkeit hielten sich die überkommenen Gewohnheiten. Man lebte im Rhythmus des jüdischen Jahres, aß zum Pessachfest im Frühling das ungesäuerte Brot, das nach nichts schmeckt, schon an den Lippen bricht und auf der Zunge brökkelt. Man betete am Versöhnungstag gemeinsam eine angemessene Frist und beging die herbstlichen Feiertage so gut, wie es jeweils möglich war. Laubhütten wurden schon lange nicht mehr gebaut.

Großmutter legte fast alle überkommenen Gewohnheiten ab. Wozu brauchte sie den Schabbes, wenn kein Mann an ihrer Tafel war, den Segensspruch zu sprechen. Solange Vater Jakob lebte, stand sie an seiner Tafel, wenn er den Kiddusch sprach, den Tag und die Menschen segnend, und sie setzte sich mit den anderen an seinen Tisch, auf dem die brennenden Kerzen standen, und sie aß von dem Brot, das, während der Vater sprach, mit einem weißen Tuch bedeckt gewesen war. Nur die Speisegesetze befolgte sie. Milchiges legte sie nie neben Fleischiges, und Schweinefleisch kam nicht auf ihren Tisch. Das hielt sie ein, solange es ging.

Großmutter führte einen anderen Brauch ein: Sie holte einmal im Jahr die ganze Mischpoche zusammen, im Dezember, wenn sie Geburtstag hatte, die ganze Familie, wenn es möglich war. Dann saßen sie alle an ihrem Tisch: Alte und Junge, Fromme und Nichtfromme, Wohlhabende und solche mit leeren Taschen. Im Gefühl zusammenzugehören redeten sie miteinander. Getrunken wurde ohne Spruch. Das muß Großmutter so gehalten haben, seit sie in der Naunynstraße wohnte, möglicherweise auch erst seit Vater Jakobs Tod.

Alle, die Vater Jakob gekannt hatten, sagten, er sei ein guter Mensch gewesen. Großmutter sagte es auch, und sie mußte es wissen.

Sehr lange hatte Großmutter allein gelebt, eine Frau mit vier Kindern, die erst nach dem ersten Weltkrieg erwachsen wurden. Sie habe ihre Fehler, hieß es, ihr Alleinsein wäre selbst verschuldet, andere sagten: selbst gewollt. Ungeachtet dessen hielt Vater Jakob seine Hand über sie. Sie könne ihr Leben nach eigenem Willen gestalten, meinte er, nur dürfe sie keinen anderen Menschen beleidigen und sich selbst nicht erniedrigen Er war ein angesehener Mann, nicht nur in der Familie, und er begegnete Natalie mit der gleichen Achtung, die man ihm entgegenbrachte. Niemand sollte es wagen, schlecht über sie zu reden, nur weil die vier Kinder vaterlos aufwuchsen Sie war seine Tochter. Das half ihr, sich gegen den spießerhaften Dünkel ihrer Umwelt durchzusetzen.

Für mich war Großmutter immer nur die Großmutter. Fehler habe ich an ihr nicht entdeckt. Abgesehen vielleicht von der behaarten Warze auf der linken Wange, nahe dem Mundwinkel. Doch selbst die fand ich schön. Ich konnte vergnügt mit dem Kinderfinger drauftippen, und später stellte ich sogar mit einer gewissen Genugtuung fest, daß ich eine Spur dieses Makels an gleicher Stelle trage. Großmutter war für mich meine Großmutter. Es gab keine bessere.

Da sie mir versicherte, daß Vater Jakob ein guter Mensch gewesen sei, glaubte ich es.

In der Zeit, als mir das beunruhigende und aufregende Wort Emigration begegnete, schlich sich mancher Seufzer in die Gespräche: „Ja, wenn Vater Jakob noch lebte ..."

„Großmutter, hätte Vater Jakob gesagt, ob wir auswandern sollen oder nicht?" wollte ich wissen.

„Das ist möglich, ja."

„War er so klug?"

„Was heißt klug. Das muß natürlich jeder selbst entscheiden. Aber er hätte es allen leichter gemacht, zu sagen ‚wir fahren', weil er sie gesegnet hätte."

„Er würde uns segnen, wenn er noch lebte? Ich meine – Vater, Mutter und mich, und dann würden wir bestimmt nach Brasilien fahren? Ist es so, Großmutter?"

„Ich nehme es an."

Ich konnte mir nicht vorstellen, wie er das machen würde. Wie ein Priester in der Kirche? Er könnte doch kein Kreuz über uns schlagen. Großmutter erklärte mir:

„Er hätte euch gute Worte auf den Weg gegeben, Worte, die Mut machen. Weißt du, es gibt Worte, die hört man noch nach Jahren, und man glaubt, daß der, der sie gesprochen hat, ganz nahe ist, und man fühlt sich nicht mehr allein. Vater Jakob wußte solche guten Worte. So war er eben."

Das kannte ich: So war er eben. Ich hätte gern genauer gewußt, wie er war. Vater Jakob – der segnete und Mut machte und gut war.

Was ich erfahren konnte, war wenig und ziemlich allgemein. Saly, als Sachwalter in Dingen Familie, müßte mehr erzählen können. Ich fragte auch ihn, doch er wiederholte nur, was ich schon wußte: „Vater Jakob tolerierte die Neigungen und Wünsche der Menschen, für die er sich verantwortlich fühlte. Er hinderte sie nicht, wenn sie der Tradition absagten."

Das war ein Spruch, keine Auskunft. Ich mußte anders fragen, damit er mich verstand. Es müßte doch möglich sein, mir zu erklären, wer der Mann war, den sie alle Vater Jakob nannten. Er war doch wohl aus Fleisch und Blut gewesen. Er hat doch einen Mund zum Reden gehabt. Gut sein kann man schließlich nur, indem man spricht oder handelt.

„Onkel Saly, woran erkennt man, wenn einer der Tradition absagt?" fragte ich.

„Zum Beispiel, wenn er am Sabbat nicht mehr die Familie zusammenruft oder wenn er die Speisegesetze mißachtet. Oder wenn er sich mit einem Christen vermählt."

„Wie meine Mutter."

„Ja, auch sie löste sich aus der Tradition."

„Und was sagte Vater Jakob dazu?" Nun mußte er mir doch etwas mehr erzählen. Statt dessen antwortete er: „Frag mal deinen Vater."

Die Alten machten es mir schwer.

Ich fragte Vater. Wieder bekam ich eine stereotype Antwort: „Er war sehr großzügig."

Das war zunächst alles. Nur nach und nach erfuhr ich mehr.

Mutter schloß ihre erste Ehe, als sie neunzehn Jahre alt war. Der Bräutigam war kein Jude. Vater Jakob billigte die Wahl seiner Enkelin Lotte. Es war Krieg, und Lottes Mann war Soldat, darum war die Ehe ein Glück für kurze Urlaubs tage, eine Sehnsucht von Urlaub zu Urlaub. Dann kam der Mann aus dem Felde, bald darauf wurde eine Tochter geboren. Der junge Ehemann konnte sich nicht abfinden mit der Bindung und mit den Verpflichtungen. Sie drückten ihn. Es war ihm zu früh, er wollte nachholen, was er versäumt zu haben glaubte. Doch Lotte war durch das Baby ans Haus gefesselt. Was sollte sie tun? Die Hemden bügeln, den Anzug bürsten, die Taschentücher bereitlegen, damit der Mann ausgehen konnte? Das wollte sie nicht. Sie ließ sich scheiden.

Damals gehörte Mut dazu, als geschiedene Frau mit Kind zu leben. Sie war erst einundzwanzig, und sie hatte diesen Mut, sich gegen herrschende Ansichten zu behaupten. Sie war gewillt, für sich und ihr Kind allein zu sorgen. Da war aber noch Vater Jakob. Er nahm die Enkelin mit ihrem Kind auf. Sie hatte, so jung sie war, ihre Würde zu wahren gewußt. Er achtete ihre Entscheidung.

Als Lotte sieben Jahre später, das war 1927, ein zweites Mal heiraten wollte, nämlich Georg, meinen Vater, verlangte Vater Jakob, daß man nach der Tradition verfahre. Die Enkelin sei schließlich kein einzelner Baum in der Landschaft, sie habe eine Familie. Er wolle die Enkelin dem Manne zuführen. Das sei, da er Vaterstelle an ihr vertrete, seine Pflicht.

Also ging mein Vater zu Vater Jakob, der ihn zur verabredeten Stunde erwartete. Er saß auf einem Stuhl, der frei im Raum stand. Niemand durfte in diesen Minuten im Zimmer bleiben. Er wollte sich sammeln wie vor einer langen Reise oder wie vor einer wichtigen Entscheidung. So saß er da, ein älterer Herr mit schütterem kurzem Bart, der noch immer dunkel war und nur von wenigen hellen Strähnen durchzogen wurde.

Vater erzählte:

„Als ich eintrat, erhob sich Vater Jakob. Ich ging auf ihn zu und sagte: ‚Vater Jakob, ich möchte Ihre Enkelin Charlotte zur Frau nehmen. Ich bitte Sie um Ihr Einverständnis.' Mir schlug das Herz bis zum Halse, obwohl ich wußte, daß er nichts gegen die Heirat hatte. Mit ruhiger Stimme antwortete er mir: ‚Wenn ich dir meine Enkelin Charlotte zuführe, übernimmst du für sie und ihr Kind die Verantwortung, die ich bisher trug. Das ist eine ernste Pflicht. Du kennst Charlotte, sie ist eine ehrenhafte Frau. Dulde kein Unrecht und sorge dafür, daß ihr kein Leid zugefügt wird.' ‚Das verspreche ich Ihnen, Vater Jakob', habe ich geantwortet. Darauf ging Vater Jakob ins Nebenzimmer, wo deine Mutter wartete. Er nahm sie bei der Hand und führte sie zu mir. Ich übertreibe nicht, wenn ich sage, daß er feierlich auf mich zuschritt. Als er mit Mutter vor mir stand, nahm er auch meine Hand und sagte: ‚Hier ist meine Enkelin Charlotte. Schließt die Ehe, so wie ihr es wollt. Es ist mir gleich, ob ihr vor dem Altar oder unter der Chuppa heiratet. Ich wünsche nur, daß es auf Lebenszeit sei.' So ungefähr hat er zu uns gesprochen. Ich durfte die Hand deiner Mutter nehmen. Wir hatten beide das Gefühl, daß wir nun miteinander verbunden waren. Später, als Großmutter und andere Verwandte hinzukamen, gab uns Vater Jakob den Rat: ‚Wenn ihr es mal schwer habt, dann kommt zur Familie. Sie ist groß. sie wird euch helfen.' Damit hatte er mich in die große Familie aufgenommen."

Das erzählte mir Vater.

„Und wie habt ihr geheiratet?" wollte ich noch wissen.

„Ach, Vera, das war so ein Problem. Deine Mutter wollte sich nicht taufen lassen, weil es ihr wie Heuchelei vorgekommen wäre, und ich konnte doch kein Jude werden. Da sind wir nur zum Standesamt gegangen."

„Aber später habt ihr euch noch kirchlich trauen lassen. Das war, als ich zehn Jahre alt war, in der Piuskirche. Ich erinnere mich genau."

„Das mußte sein, weil wir doch nach Brasilien auswandern wollten, und dort zählt nur der kirchliche Trauschein."

„Eigentlich hat Vater Jakob eure Ehe geschlossen, nicht wahr?"

„Ja, eigentlich war er es, natürlich", bestätigte mein Vater.

Ich bin überzeugt, daß Vater Jakob so war: ernst, gut und tolerant. Dennoch ist mir klar, daß sein Bild idealisiert wurde. Es gibt keinen makellosen Menschen. Falls es ihn aber doch gibt, dann muß er von der Art sein wie dieser Mann, der in jedem Menschen eine Persönlichkeit sah und der die Tradition bewahrte, so gut es die Umstände zuließen.

Bevor der Reichstag brannte, starb Vater Jakob. Er wurde auf schlichte Weise, in dem üblichen weißen Kittel, beigesetzt; man macht keine Unterschiede, ob ein frommer oder ein weniger frommer Jude zu Grabe getragen wird. Vater Jakob ruht auf dem Weißenseer Friedhof.

Ich besitze ein Bild von ihm. Es zeigt einen Mann mit einem ebenmäßigen Gesicht und einem offenen Blick, dem man die Güte glaubt. Das Bild hängt in meiner kleinen Familiengalerie.

5

Die Galerie im Winkel

Es ist still in unserem Haus am Rande des großen Neubaugebietes von Berlin. Autos und Krane scheinen übereingekommen zu sein, heute zu schweigen. Ich bin allein im Hause. Eine der seltenen ruhigen Stunden. Ich will nachdenken, ehe ich fortfahre, Erinnerungen zu notieren.

In der oberen Etage, in einem winzigen Durchgangszimmer, habe ich einen Winkel für mich. Ich gehe hinauf, nehme im Sessel Platz und lehne mich zurück. Fünf Monate war ich nicht hier. Die Arbeit hat uns in Warschau festgehalten, Erwin und mich. Nur Ulli war in den Osterferien in Berlin gewesen. Ihn zieht es immer hierher. Sonst sind wir öfter nach Hause gefahren, wenigstens zwei, drei Tage zwischendurch, den Kindern guten Tag sagen, irgendwas ganz Eiliges erledigen, etwas einkaufen, eine Fahrt durch die Stadt und ein Glas Wein am Abend, wenn wir alle beisammen sind. Diesmal ist das schon fünf Monate her.

Ich habe auf diese Sommerpause gewartet, weil ich mit meinen Notizen nicht vorankomme. Mir fehlt Material, und ich will die alten Kästen und Schachteln noch einmal durchsehen, vor allem nach Bildern, den sichersten Dokumenten der Vergangenheit.

Das ist nun schon unser drittes Jahr in Polen. Als ich den beiden Großen erzählte, daß ich die Geschichten von früher aufschreibe, fragte Jutta erstaunt: „Ausgerechnet jetzt, im Ausland?"

Darüber wunderte ich mich selbst.

„Ich glaube", erwiderte ich, „gerade in Polen. Ich war der Vergangenheit nie so nahe wie dort. Außerdem habe ich lange genug damit gewartet."

Ich rutsche etwas tiefer in den Sessel und betrachte den nur mir gehörenden Platz: eine rechtwinklige Zimmerecke zwischen zwei

Türen, von denen eine zur Treppe, die andere in die zum Garten hin liegenden Schlafräume führt. Die Ecke mißt weniger als zwei halbe Meter. Familienbilder hängen hier. Ich mußte sie mehr vertikal als horizontal anordnen, anders ging es auf den schmalen Wandflächen nicht.

Der Raum hat keine besondere Funktion. Die Decke ist schräg, und die Wände bieten kaum Platz für Möbel. Außerdem nimmt der Sessel, in dem ich sitze, fast den ganzen Raum ein. Niemand hält sich hier auf, niemand nimmt hier Platz. Außer mir. Manchmal. Wenn es gerade ruhig im Haus ist. So wie jetzt. .

Eine Tonvase mit Schilfkolben füllt die Ecke zwischen den Türen aus. Die Schilfstiele hat Herbert mal aus dem Ferienlager mitgebracht. Es war leichtsinnig gewesen, sie zu brechen Er nannte es mutig. Wir kauften als Anerkennung die hohe Vase. Die trockenen Stiele in der Vase verdecken ein wenig die Bilder dahinter.

Ziemlich weit oben hängt das Bild von Großmutter und Debora. Es muß Mitte der zwanziger Jahre gemacht worden sein. Ein gestelltes Foto, beide stehen neben einer Bank im Park oder in einem Garten. Schade, daß ich kein besseres Foto habe. Es ist das einzige von Debora. Sie ließ sich nicht gern fotografieren.

„Wozu?" meinte sie. „Ihr habt doch keine Freude daran."

Weil es das einzige Bild von ihr ist, ist es das beste. Es mögen auch ihre besten Jahre gewesen sein. Sie und Großmutter, zusammen auf einem Foto. Fast ihr ganzes Leben haben sie so nebeneinander gestanden, einer als Stütze des anderen.

Debora hat immer bei der Mutter gewohnt. Sie war nicht schön genug, um einen Mann zu finden, und die Worte kamen ihr nur holperig über die Lippen. In der Familie ließ niemand etwas auf Debora kommen. „Sie kennt die Menschen", sagte man von ihr. und wie man es sagte! Und doch passierte es manchmal, daß einer über sie lächelte. Das tat mir weh.

Das Bild ist wirklich nicht schön, aber ich habe kein anderes.

Die Ehe meiner Großeltern dauerte nur ein Jahrzehnt. Lange vor dem ersten Weltkrieg ging der Großvater nach New York, weil er einem Betrüger aufgesessen und in Schulden geraten war. Er verließ das Land vor dem drohenden gerichtlichen Verfahren. Seine Frau und seine drei Kinder – Lotte, Debora und Martin – ließ er in Europa zurück. Sie sollten nachkommen, sobald er jenseits des Atlantiks Fuß gefaßt hätte. Als es soweit war, folgte Großmutter ihm nicht. Sie war inzwischen eine andere Bindung eingegangen und gebar ein viertes Kind, die Tochter Edith. Die Großeltern hatten sich ohne Scheidung getrennt, denn der Großvater hielt an der Tradition fest. Natalie war ihm angetraut, eine andere Bindung konnte es für ihn nicht geben. Darum schrieb er, daß er trotz allem Natalie als seine Frau betrachten werde, solange er lebe. Er hielt sein Wort und heiratete nicht noch einmal.

Der Vater des Mädchens Edith blieb nicht lange bei Großmutter. Sie hatte es schwer, bis die Kinder groß waren. Mancher interessierte sich für die Frau Natalie, aber vier Kinder waren eine Last, die abschreckte.

Meine Mutter, Lotte, war die Alteste. Sie mußte frühzeitig etwas zum Haushalt beisteuern. Man ließ sie eine Klasse überspringen, so daß sie schon mit dreizehn Jahren ihre Schulzeit beenden konnte. Es fand sich ein Freund, der sie in seinem Büro einstellte, obwohl sie noch sehr klein war und er sich eine kräftigere Stenotypistin gewünscht hätte. Lotte hat es der Mutter nie ganz verziehen, daß ihre Kindheit so zeitig vorbei war. Das mag ein Grund für ihre frühe Heirat gewesen sein.

Bald nachdem Lotte aus dem Haus gegangen war, heiratete auch Edith, und Martin folgte dem Vater nach New York. So blieben Großmutter und Debora allein.

Debora achtete darauf, daß die Gutmütigkeit der Mutter nicht ausgenutzt wurde. Manchmal beklagte sie sich:

„Mutter glaubt alles, was man ihr erzählt. Was soll ich nur machen?“

Großmutter hörte auf Debora, wenn auch nicht immer, so doch meistens. Nur in bezug auf Edith war Großmutter schwach. Wenn Edith sich etwas wünschte, und das tat sie oft, dann konnte Großmutter nicht nein sagen. Und Debora bat: „Denk doch auch mal an dich."

Sie meinte es so, wie sie es sagte. Niemand hätte es ihr verübelt, wenn sie gesagt hätte: „Denk doch auch mal an uns." Schließlich lebten sie zusammen, und wenn es an etwas fehlte, dann fehlte es beiden. Sie besaßen nicht viel. Debora arbeitete in einer Fabrik, der Lohn war gering. Großmutter betrieb einen Papierwarenladen, der auch nicht viel einbrachte.

Um so erstaunlicher ist es, daß die beiden Frauen auf dem Bild elegant aussehen. So kenne ich sie. So sind sie sonntags mit uns spazierengegangen, so haben sie an der Geburtstagstafel gesessen. Sie waren immer gut gekleidet. Selbst hinter dem Ladentisch trug Großmutter schöne Kleider: das blaue mit den Biesen oder das blanke, das raschelte, wenn sie sich bewegte. Dafür sorgte ihr Bruder Alfred, der Jüngste der acht Geschwister, bis er nach Schweden emigrierte. Er besaß eine Konfektionswerkstatt am Hausvogteiplatz. Die Modelle entwarf er selbst, er hatte Talent. Dazu lernte er das Schneiderhandwerk von der Pike auf, bekam von wohlhabenden Verwandten Geld für ein Atelier, für Maschinen und Stoffe, und er verstand es, Talent, Können und Geld in Erfolg zu verwandeln. Viele Verwandte hatten Nutzen davon. Zum Beispiel mein Vater, der Alfreds Anzüge aus der vergangenen Saison trug. und die beiden Frauen aus der Ladenwohnung in der Naunynstraße, die, steif und elegant neben einer fremden Bank stehend, in meiner Minigalerie zu sehen sind.

Ich soll, wie man mir erzählte, öfter bei Alfred am Hausvogteiplatz gewesen sein, aber nur auf einen Besuch kann ich mich besinnen. Die Kleider hingen dort auf Ständern wie bei Wertheim und Tietz.

„Such dir was aus", forderte Alfred mich auf.

Ich wählte ohne Zögern ein Seidenkleid mit weitem Glockenrock. Es hatte ein cremefarbenes Oberteil und ebensolche Schärpen, die von den Schultern herabglitten, über der Brust gekreuzt wurden und auf dem Rücken, über einem marineblauen Rockteil, zu einer großen Schleife gebunden wurden.

Mutter war entsetzt. „Was willst du denn damit?"

„Laß sie doch", beschwichtigte Alfred, „wenn es ihr gefällt."

Ich bekam das Kleid, das schön war wie kein anderes meiner Kinderzeit.

Als Alfred das Atelier auflöste und das Land verließ, mehr illegal als legal, da dachten alle, es ginge der Hitlerclique nur um das jüdische Vermögen, und die Familie fand es richtig, daß Alfred auswanderte, um sein Geld in Sicherheit zu bringen. Es dauerte lange, bis sie begriffen, daß Alfred mehr gerettet hatte als sein Vermögen.

Ich streiche diese Gedanken. Ich mag sie nicht in dieser Stunde der ruhigen Betrachtung.

Mein Blick fällt auf das Foto, das etwas tiefer hängt und nicht ohne Absicht in den gleichen schmalen goldgelben Rahmen gefaßt ist wie das von Großmutter und Debora. Es zeigt einen Mann in US-amerikanischer Uniform. Das Foto wurde während des letzten Krieges aufgenommen. Dem Alter nach könnte der Mann auf dem Foto schon im ersten Weltkrieg eine Uniform getragen haben.

Das Bild hat schon einmal im Müllkasten gelegen.

Einen Teil der Bilder, die hier hängen, habe ich mit dem Nachlaß meiner Eltern bekommen. Dieses Foto war dabei. Ich sortierte es als nicht des Aufhebens wert aus, warf es zu anderem ausgesonderten Krimskram in einen Karton, den ich anschließend hinaustrug und in den Müllkasten schüttete. Während ich wieder ins Haus ging, überlegte ich, was Vater und Mutter wohl mit diesem

Ami zu tun gehabt und warum sie sein Foto aufgehoben hatten. Warum schien mir, als hätte ich den Mann schon mal gesehen? Plötzlich wurde mir der Sinn der englischen Zeilen auf der Rückseite des Fotos bewußt. Ich hatte nur flüchtig draufgeschaut, gedacht, aha, eine Widmung, und das Bild in den Karton geworfen. Jetzt erst erfaßte ich die Worte. Ich lief in den Garten, riß den Kastendeckel hoch und wühlte das Bild hervor, drehte es um und las: „This is me as a Soldier during the war. This is the way in which I helped to end it. With greetings to all those I love – Father."

Das war also mein Großvater, den ich nie gesehen, von dem ich nie ein Bild in der Hand gehalten hatte. Es war das Gesicht meiner Mutter, das da aus dem Bild schaute. Eine unwahrscheinliche Ähnlichkeit! Daß ich es nicht gleich gemerkt hatte! Die Uniform hatte mich irritiert, das war's.

Ich strich das Bild glatt, säuberte es vorsichtig, weil es zwischen dem Abfall ein wenig gelitten hatte, und rahmte es ein. Mein Großvater. Ich hatte wirklich einen richtigen Großvater, einen mit Augen und Miene wie Mutter. Er war für mich mit einemmal mehr als ein imaginärer Name. Als beinahe Siebzigjähriger hat er diese Uniform angezogen, um seinen Teil dazu beizutragen, den Faschismus zu vernichten. Um zu helfen, seine Frau Natalie zu befreien.

Zwei dunkle Flecke in der ausgeblaßten Tapete machen mir wieder einmal bewußt, daß zwei Bilder fehlen, das von Vater Jakob und das von Großvaters Großvater, dem Rabbi. Den besten Platz in meiner Galerie habe ich Vater Jakob gegeben. Ich meine, das steht ihm zu. Wer einen Blick in diese Ecke wirft, soll ihn nicht übersehen. Ich habe versucht, alle anderen um ihn zu gruppieren.

Im Augenblick entdeckt man aber nur den dunklen Fleck, dort, wo das Bild hängen müßte. Ich stehe auf und gehe ins Nebenzimmer, ziehe ein Schubfach auf, schiebe ein paar Briefe und bunte Urlaubsgrüße beiseite und fürchte schon, das Bild nicht zu finden. Doch, es liegt im Schubfach, ganz unten.

Der Nagel hatte sich gelockert, da hat Herbert das Bild abgenommen und vorläufig èrst mal in das Schubfach gelegt. Er hatte es furchtbar eilig, wie immer.

„Ich mache es wieder an, bestimmt, gleich morgen“, hatte er versprochen. Dabei war es geblieben.

Na gut, ich werde mir einen passenden Nagel und einen Hammer holen.

Da kommt jemand die Treppe herauf. Es ist Herbert.

„Ach, hier bist du“, begrüßt er mich. Da sieht er das Bild in meiner Hand.

„Entschuldige, ich bin noch nicht dazu gekommen.“ Weil ich etwas skeptisch gucke, fügt er hinzu: „Ich hatte wirklich viel zu tun. Es war ganz wichtig, glaub mir.“

„Ja, ja, natürlich. Alles ist wichtig, was dich interessiert. Das Bild liegt aber schon fünf Monate in der Schublade.“

„Du übertreibst.“

Er nimmt mir das Bild aus der Hand, läuft damit die Treppe hinunter und kommt mit dem Bild und mit Hammer und Nägeln wieder. Es ist eine Kleinigkeit für ihn, das Bild wieder anzubringen. Er hantiert geschickt und schnell.

„Gut so?“ fragt er und ich nicke.

„Und wo ist das Bild vom Rabbi?“ frage ich.

„Das kleine meinst du?“

„Ja, das hier an der Seite hing.“

„Ich glaube, das hat Jutta neulich abgemacht und ihren Freunden gezeigt.“

„Und dann nicht wieder angehängt“, ergänze ich. „Kannst du mir sagen, wo sie es hingelegt hat?“

„„Das weiß ich nicht. Ach doch, ja, es liegt unten, in der blauen Schale. Ich hole es.“

Er ist schon wieder hinuntergelaufen und kommt mit dem Bildchen zurück. Er hängt es an seinen Platz. Es ist das Foto eines

Gemäldes von meinem Urahn, der vier Generationen vor mir gelebt hat und Rabbiner in Kairo gewesen sein soll.

Als Herbert die Ordnung in der Galerie wiederhergestellt hat, sieht er mich an und lächelt. „Da hast du deine Alten."

Er sagt es nett, und ich freue mich, daß er mir den Gefallen getan hat.

So ist das, ihr Alten. Mit liebenswürdiger Ironie spricht er über euch, respektlos. Aber er hat euch wieder an eure Plätze gehängt, meinetwegen natürlich, nicht euretwegen. Mir seid ihr wichtig, das weiß er. Es liegt soviel Zeit zwischen euch und ihm, das müßt ihr verstehen. Ich kann zwar von euch erzählen, doch die Zeit kann ich nicht überbrücken, außerdem weiß ich ja selbst nicht viel von euch. Also müßt ihr euch gefallen lassen, daß ihr zeitweise in eine Schublade wandert oder wie eine exotische Antiquität herumgereicht werdet.

6

Am Strausberger Platz

Wir lebten zurückgezogen am Strausberger Platz. Vater war Angestellter in einer Spedition, und da das Unternehmen klein war und er sehr zuverlässig, erhielt er Prokura und damit eine selbständige Position. Mutter blieb zu Hause, und der uneingeweihte Betrachter sah nur eine biedere Kleinbürgerin, die sich in nichts von anderen unterschied.

Es ging uns gut. Geld war nicht reichlich da, aber doch ausreichend. Wir besaßen einen alten Hanomag, den Vater billig gekauft hatte und der meinen Eltern nicht teuer kam, weil die Reparaturen in der Speditionswerkstatt gemacht wurden und mancher Liter Benzin als Betriebskosten abgerechnet werden durfte. Wir machten Sonntagsausflüge und fuhren im Sommer in die Berge. Ich lernte die schönsten Alpentäler kennen, badete im Königssee, der auch im August so kalt ist, daß kaum jemand die Zehen hineinstecken mag, bestaunte das Goldene Dachl und die Innsbrucker Bergmassive, auch die bemalten Häuser von Garmisch-Partenkirchen – später wurden sie weiß getüncht, weil man die biblische Malerei nicht mehr dulden wollte. Es ging mir gut.

Unsere Wohnung befand sich im Hinterhaus der Großen Frankfurter Straße 97, das war das vierte Haus hinter der Krautstraße, wenn man von der Andreasstraße kam. Der Laden an der Krautstraße hatte eine Tür wie eine Eckkneipe, sie schnitt den Winkel ab, so daß gar keine Ecke mehr vorhanden war. Aber es war keine Kneipe hinter der Tür, sondern ein Laden, in dem man, wenn ich mich recht erinnere, Zigaretten kaufen konnte. Daneben war ein Bonbonladen, das weiß ich genau, und dahinter kam eine Apotheke. Der Apotheker hatte mir eine sehr gute Salbe für meine Hände gemischt; die Haut war immer etwas empfindlich.

Die Hausflure der Häuser 97 und 98 lagen nebeneinander, nur durch eine Mauer getrennt, die sich auf dem kleinen Hof fortsetzte und diesen in zwei schmale Streifen teilte. Die beiden großen torähnlichen Eingänge glichen sich, nur daß der rechte, durch den wir immer gingen, schwarz und schmutzig war, während der linke noch Spuren brauner Farbe zeigte. Außerdem stand vor dem linken Torflügel ein Kiosk, das heißt, man hatte einen flachen dreiseitigen Kasten davorgesetzt. Wenn der Kioskbesitzer in ein unteres Fach greifen wollte, mußte er sich zur Seite beugen. Hier holte ich jeden Tag zwei Schachteln Zigaretten, eine für Vater, eine für Mutter.

Das Haus, in dem wir wohnten, war das schwärzeste in der Gegend. Die Scheiben der beiden Torflügel waren so verstaubt, daß es mir auch im Flur schwarz vorkam. Ich lief immer schnell hindurch, vorbei an dem Durchgang zur Vorderhaustreppe und durch den hinteren Torflügel auf den Hof. Die schwere Holztür zum Hof fiel geräuschvoll zu, es schallte zwischen den dicht gegenüberliegenden Seitenflügeln, daß es alle Mieter hören mußten.

Ich glaube, Mutter wartete immer auf uns. Wenn die Zeit heran war, daß Vater oder ich nach Hause kommen sollte, und der zufallende Torflügel zu hören war, ging sie ans Fenster. Wir wohnten im ersten Stock. Mehr als den schmalen Hof konnte man nicht sehen, wenn man aus dem Fenster blickte.

Aber in fast alle Wohnungen gegenüber konnten wir hineinsehen. Es waren ja nur ein paar Meter. Wenn die Fenster geöffnet waren, war ziemlich gut zu verstehen, wer sprach. Familienstreit war bei offenen Fenstern eine Angelegenheit beider Häuser.

In der ersten Zeit in Berlin konnten meine Eltern keine bessere Wohnung bezahlen. Aber wir zogen auch nicht um, als Vater mehr Geld verdiente.

Die Zeit mit der großen Familie, die Jahre meiner Ponyfrisur, der Sommerausflüge, der ersten Freunde und des heimlichen Verliebtseins sind für mich mit diesem häßlichen Mietshaus am

Strausberger Platz verbunden, auch die Kriegszeit und die Zeit des Abschiednehmens.

Rein äußerlich sah alles sehr normal aus.

Wenn nicht die Diskussionen gewesen wären, die mit jedem Besuch, der kam, geführt wurden, obwohl man sich auf Skatspielen geeinigt hatte – wenn diese Gespräche nicht gewesen wären, würde ich meine Kindheit schön und sorglos nennen. Aber da hieß es: Martin reist schon nächste Woche. Oder: Schlechte Nachricht von Käthe. Oder: Auswanderung?

Ich hatte gerade erst Bekanntschaft mit einer fremden Sprache gemachte und dann blieb die private Lehrerin aus, weil sie nicht mehr benötigt wurde. Es kam auch vor, daß mir Schulkameradinnen bei einem Streit Judensau hinterher riefen. Nicht daß ich mich meiner Herkunft geschämt hätte, aber es ist nicht angenehm, beschimpft zu werden, noch dazu öffentlich und so gemein.

Der Strausberger Platz war lange Zeit ein Stückchen meiner Welt. Ich mochte diesen kahlen Fleck ohne Baum und Strauch, der sich dort befand, wo die Große Frankfurter Straße einen kurzen Bogen machte und sich stark verbreiterte. Ich kann noch heute die Stellen ausmachen, wo ich Karos aufs Pflaster malte, um Hopse zu spielen. Auch die täglichen Treffpunkte nach der Schule und die späteren heimlichen, von denen die Freundinnen nichts wissen sollten, könnte ich noch bestimmen. Hier auf dem Platz, wo die Weberstraße einst schräg auf die Große Frankfurter zulief und die Häuser einen spitzen Winkel bildeten, hier habe ich gewartet, wenn ich verabredet war.

„Bis nachher, beim Bäcker“, hieß es, wenn wir uns treffen wollten. Die Weberstraße schloß mit einem Bäckerladen ab. Im Schaufenster lagen Liebesknochen, Napoleonschnitten und schwarzweiße Amerikaner.

Über diesem Schaufenster war ein Lautsprecher angebracht. Eines Tages stand eine Traube von Menschen darunter und hörte auf die Stimme, die sprach. Betroffene Gesichter. Hier wurde der

Krieg verkündet. Ich hörte nur: „... zurückgeschossen ..." Ich lief quer über die Straße nach Hause.

Vom Krieg wurde schon lange gesprochen. Krieg hieß das unheilvoll Drohende, das angst macht. Krieg sagten sie, und es klang wie Hitler oder wie Nazi. Irgendwie gehörte es zusammen. Davor war Martin mit Alice geflohen. Das war es, was Alfred nach Schweden gehen ließ. Das hatte Käthe nach Shanghai und Trude nach Amsterdam getrieben. Hitler und der Krieg. Ich lief durch den Hausflur, über den Hof und die Treppe hinauf. Mutter öffnete mir.

„Du kommst schon rauf?"

„Es wird geschossen!"

„Ich weiß, es ist Krieg. Wir müssen sehen, was daraus wird."

Sie sprach, als sei nichts Besonderes geschehen.

Das beruhigte mich fürs erste.

Von nun an wurde vieles anders. Der alte Hanomag durfte nicht mehr benutzt werden. Er wurde vollgeladen mit Kleidung, Wäsche und Geschirr und in ein Dorf an der Oder gebracht. In einem Stall wurde er untergestellt, und wir hofften, daß er samt Inhalt den Krieg überdauern würde.

Zur Wehrmacht wurde Vater nicht gezogen. Diese Sorge blieb uns erspart. Zwar war er noch keine fünfundvierzig, aber wehrunwürdig.

Wehrunwürdig, weil seine Frau nicht „arisch" war. Das wurde auf einmal wichtig für mich. Vater wurde nicht Soldat, weil Mutter nicht arisch war. Er durfte weiter zur Arbeit gehen.

Noch ein anderer Begriff begann mich von nun an zu beschäftigen: die „Mischehe". Vater und Mutter lebten in einer Mischehe. Diese Mischung machte Vater unwürdig für die Wehrrnacht. Darum durfte er bei uns bleiben, und wir waren sehr froh darüber.

Die neuen Begriffe, mit denen ich mich bekannt machen mußte, kündigten mehr Veränderungen an, als ich mir vorstellen konnte. Die Menschen wurden sortiert nach schlecht oder rein, und wir gehörten nicht zu der reinen Gruppe, sondern zu der, die straflos beschimpft werden durfte, auf der Straße, daß alle es hörten. Mit den neuen Begriffen wurde erklärt, warum Vater nicht Soldat zu werden brauchte. Sie wurden aber auch genannt, als es um die Lebensmittelkarten ging, die bei Kriegsbeginn eingeführt wurden.

Die Lebensmittel wurden rationiert wie vorher schon die Butter. Das griff tiefer in unser Leben ein als der Verzicht auf das Auto, denn Juden, ausgenommen die in den Mischehen, erhielten bald weniger als die normale Ration. Zuletzt wurden wir geteilt in Juden ohne Anrecht und Juden mit Anrecht auf Marken wie in Sternträgen und Nichtsternträger. Wir mußten für Großmutter und Debora sorgen, aber dazu reichten unsere Marken nicht. Also tauschten wir nach und nach alles mögliche gegen Lebensmittel ein. Das besorgte meine Mutter. Sie knüpfte Beziehungen, und es gelang ihr, manches schwarz unter der Hand zu kaufen. Während andere noch ganz gut zurechtkamen, machte sich bei uns langsam Mangel bemerkbar. Großmutter und Debora fragten nicht mehr danach, ob die Speisen koscher waren oder nicht. Die alten Gesetze hatten keine Bedeutung mehr.

Zu allen anderen Schwierigkeiten kam, daß meine Kleider zu kurz wurden. Ich hatte nicht aufgehört zu wachsen und brauchte etwas anzuziehen. Mutter fing zu schneidern an, machte aus zwei eins, änderte. Sie war erfinderisch.

Der erste Luftangriff erschreckte uns, aber wir ertrugen das Sirenengeheul bald mit einer gewissen Ruhe. Wir stellten uns darauf ein, die Sachen bei Tag oder Nacht blind zu greifen, uns in Sekundenschnelle anzuziehen und in den Luftschutzkeller zu laufen. Wenn Zeit blieb, liefen wir den Weg zu den Bunkern am Alex oder im Friedrichshain. Anfangs war meistens Zeit genug dazu. Eine Gewohnheit ist mir seit her geblieben: Ich hänge die Kleiderbügel oft so in den Schrank, daß ihre Haken zur Wand zeigen. Ich ärgere mich, wenn ich mich dabei ertappe. Damals dachten wir, es würde nützen, wenn das Haus brennen sollte; dann würden wir die Sachen greifen und im Pack von der Stange nehmen können. Das ginge schneller, dachten wir.

7

Zwei sondern sich ab

Sie waren sich beide ähnlich. Irgendwie waren sie sich ähnlich. Sie lösten sich aus der Familie, um ihren eigenen Weg zu gehen. Es ist zu berichten von Lieselotte und Harry.

Lieselotte hieß meine Halbschwester aus Mutters erster Ehe. Sie ging aus dem Haus, als ich neun war. Ich hing an ihr, doch sie mochte mich nicht.

Sie wohnte keine drei Minuten von uns entfernt. Die Straße überqueren, über den Platz gehen, und schon stand man vor dem Haus, in dem sie eine Kochstube hatte. Ich ging manchmal auf einen Sprung zu ihr hinüber. Der Weg von ihr zu uns war genauso weit, nur, sie ist ihn nie gegangen. Nicht ein einziges Mal in all den schweren Jahren hat sie an unserer Tür geklingelt.

Sie lebte mit einem viel älteren Mann zusammen, einem Lebensmittelgroßhändler, der für sie alles beschaffte, was sie wünschte. Heiraten konnte sie nicht. Seit es die Nürnberger Gesetze gab, durften Halbjüdinnen nur Halbjuden heiraten. So sagten es diese Gesetze. Angenommen, es befand sich unter den Männern, die ein Mädchen kennenlernten, einer, der tatsächlich den Bedingungen jener Gesetze entsprach, dann war es immer noch unwahrscheinlich, daß gerade zu diesem Liebe aufkam und daß dieser sie erwiderte. Und selbst wenn sich zwei halbjüdische Menschen liebten, wußte aber niemand, was weiter werden würde. Ein Kind in einer solchen Ehe könnte womöglich alles ändern. Die entstandene Familie würde vielleicht als „überwiegend jüdisch" gelten und eine Familie von Sternträgern werden. Selbst der Status der Mischehe, wenn man ihn einer solchen Familie einräumte, besagte nichts, denn es gab keine Garantie, daß er von Dauer war. Nichts war sicher, nichts war klar. Ich habe manches Mädchen kennengelernt, das in ähnlicher Lage war wie meine Schwester, keins von ihnen sah eine Möglichkeit zur Heirat. Auch ich hätte nie heiraten können, solange es die Nürnberger Gesetze gab. Und genau aus diesem Grunde waren sie gemacht worden.

Ob dies die Ursache war, warum sich Lieselotte von der Familie abwandte, kann ich nicht beurteilen. Eine Lösung war es sicher nicht. Ich weiß nur, daß sie ein hartes Herz hatte. Warum sie so war, ist schwer zu sagen. Oft sind es die Umstände die den Menschen hart machen.

Lieselotte war Großmutters verwöhnte älteste Enkelin. Seit der Krieg begonnen hatte, ließ Lieselotte sich nicht mehr bei Großmutter sehen. Ab und zu ging diese noch zu ihr. Anfang zweiundvierzig zum letzten Mal.

Es war ein Tag, an dem Großmutter wie gewohnt zu uns zum Essen kam. Zwei- oder dreimal in der Woche kochte Mutter für alle Mittag. Was Großmutter und Debora für die nächsten Tage brauchten, gab Mutter ihnen mit. Es war an einem solchen Tag. Wir wollten zusammen essen, sobald Vater und Debora da waren. Großmutter kam, setzte sich still auf einen Stuhl in der Küche. Sie sah müde aus.

„Was hast du, Mutter, bist du krank?"

Nach einer Pause sagte sie leise: „Lieselotte ist eben für mich gestorben." Tränen rannen Großmutter übers Gesicht. Ärgerlich wischte sie sie weg.

„Was ist geschehen?"

„Ich war bei Lieselotte."

„Na und?"

Großmutter war nicht bereit zu erzählen.

„Iß erst mal", sagte Mutter.

„Nein, nein, ich warte, bis die anderen da sind. Aber wenn du eine Tasse Kaffee hättest?"

„Ja sicher, einen Moment." Während Mutter hantierte, fing Großmutter doch zu erzählen an. Ich will es so wiedergeben, wie sie es dargestellt hat.

„Der Tisch war vollgestapelt mit allem, was ihr euch nur denken könnt, und sie war gerade dabei, alles wegzuräumen. Ich bat sie: ‚Gib mir was davon.' – ‚Das brauche ich alles für mich', hat sie mir geantwortet. ‚Das alles?' habe ich gefragt. ‚Wenigstens ein Stück Käse oder eine Flasche Öl kannst du mir geben, du hast doch genug, und Otto besorgt dir wieder was.' sie räumte alles weg, versteht ihr, alles, und ich ging."

Nach einer Weile wiederholte Großmutter: „Sie ist für mich gestorben."

„Sprechen wir nicht mehr über sie." Mit einer energischen Handbewegung beendete Mutter dieses Gespräch.

Für Großmutter war die Absage endgültig, Mutter aber versuchte, die zerrissenen Bande noch einmal zu knüpfen. Aber sie erlebte am Ende die gleiche unausgleichbare Enttäuschung. Als Mutter auf ihrem Sterbebett lag, ein Vierteljahrhundert nach jener Szene in der Hinterhausküche, schickte man nach Lieselotte. Diese aber ließ bestellen: „Nach der Beerdigung komme ich." Und so geschah es. Sie kam. Um zu erben.

Und Harry? Die Episode, die ich von ihm zu berichten habe, ist genauso bitter.

Harry ist der Sohn von Max dem Ältesten und seiner arischen Frau. Auch Harry fiel unter die Kategorie Halbjude, wurde dennoch zu Beginn des Krieges in eine Uniform gesteckt und kam so als Gefreiter nach Paris, etwa zu der Zeit, als Trude vor den Deutschen auf der Flucht war und ihr Sohn Herbert die Karte vom Eiffelturm an die Familie schickte. Harry erzählte voller Stolz, wie gut er in Paris gelebt habe. Er habe nie Mangel an hellem, frischem französischen Brot gehabt. Und warum? Dies waren seine Worte: „Ich bin in einen Bäckerladen gegangen und habe die Pistole hingehalten. Ich habe immer mein frisches Brot bekommen.“

Als dieser Mann dann doch als wehrunwürdig nach Hause geschickt wurde, war er betroffen. Er bettelte darum, weiter Wehrmachtsangehöriger bleiben zu dürfen, schrieb eine Eingabe, in der er versicherte, daß er doch nichts dafür könne, einen Juden zum Vater zu haben, und daß er dem Führer immer treu gedient habe.

Er fühlte sich erniedrigt, weil er die Uniform ausziehen mußte. Er überlebte den Krieg, studierte und wurde Gymnasiallehrer in Westberlin.

Teil II

8

Abschied von den Alten

In meinen Notizen wird oft vom Abschied die Rede sein. Wir trennen uns nicht gern, nicht von einem Freund, nicht von unserer Jugend, von vertrauten Plätzen, von liebgewordenen Gewohnheiten. Alles Vertraute möchten wir um uns wissen und erhalten, trotzdem bleibt uns oft nur Erinnerung.

Wenn es freundlich war, was wir auf unserem Weg zurückließen, dann ist der Klang des Wortes Abschied nicht so arg, nur leises Bedauern bleibt. Wenn aber hier Abschiednehmen notiert werden muß, dann ist es anders. Von vielem, was mir lieb war, ist mir nur trauriges Erinnern geblieben. Der Abschied kam in dichter Folge, und meist war er endgültig. Natürlich, daß es endgültig war, erfuhr ich erst später, aber der Umstand, daß das Sichtrennen-Müssen meine frühen Jahre bestimmte, hat mir die Jugend schwer gemacht.

Niemand nimmt gern Abschied. Darum wird man verstehen, daß die Seele wund wird davon. Noch heute bange ich vor jedem Augenblick des Scheidens, auch wenn ich weiß, daß nicht mehr als ein kleines bißchen Wehmut dabei sein wird und daß die Erinnerungen angenehm sein werden. Die Seele ist wund geblieben.

Es begann in der Zeit, als die Familie noch groß war und mich umgab mit Freundlichkeit und Wärme, als ich, auf der Rutsche hockend, den bunten Geschichten nachsinnen konnte, die von meinen Verwandten handelten. In jener Zeit hatte der Abschied schon um sich gegriffen wie eine Krankheit, aber mich belastete er noch wenig. Die sich unter dem Druck der Zeit von der Familie gelöst hatten, sah ich in eine fernes fremde Welt versetzt. Selbst Martins Sprung auf die Insel war für mich vor allem eine schöne Fabel.

Nach und nach begann ich die Sorge und die Trauer in den Gesprächen zu fühlen. Sie übertrugen sich auf mich, und ich wurde empfindlicher, je mehr ich wahrnahm, was vor sich ging.

Der Abschied wurde zum bestimmenden Teil unseres Lebens, als die Faschisten zum großen Angriff auf die Juden in Deutschland übergingen. Zunächst galt er den Alten.

Der erste Abschied, der mich tief traf, war der von Großmutter. Ein letztes Mal waren wir in der Naunynstraße beisammen, die Töchter Debora, Edith und Lotte, die beiden Schwiegersöhne, Ediths Sohn und ich. Das Zimmer, in dem wir saßen, war der Ladenraum, in dem Großmutter früher Papierwaren verkauft hatte. Die Tür zur Straße stand offen, so daß die warme Septemberluft ins Zimmer fließen konnte. In der Tiefe des Raumes führten zwei Stufen zu einer Tür, hinter der sich das große Berliner Zimmer befand, der jährliche Treffpunkt der Familie.

Wir saßen und warteten. Der Koffer, den Großmutter mitnehmen wollte, stand neben der Tür zur Straße. Ich saß daneben. Wenn sonst jemand vor einer langen Reise steht, wird er prüfen, ob er auch nichts vergessen hat, wieder und wieder wird er Umschau halten, damit nichts liegenblieb. Hier gab es nichts zu prüfen, nichts zu suchen. Alles war vorgeschrieben: Ein Koffer der und der Größe mit folgendem Inhalt ist mitzuführen ... Nicht mehr als dieser eine Koffer, und der stand neben der Tür. Er war so reisefertig wie seine Besitzerin.

Großmutter saß ruhig zwischen ihren Kindern. Keine Träne, kaum ein Wort. Was man sagen würde, wenn man et was sagen wollte, wußte jeder, also konnte es unausgesprochen bleiben. Achte auf dich, bleib gesund, gib uns Nachricht, wir werden schreiben, wir werden dich vermissen, Mutter. Wir sehen uns wieder, Kinder.

Sie hielt die Hand mit dem Brief der Gestapo auf dem Schoß, den Brief und die Kennkarte mit dem großen J auf der Vorderseite. Sie mußte sich ja ausweisen, mußte beweisen. daß sie gemeint war und keine andere. Sie, Natalie, Vater Jakobs Tochter, hatte auf die Reise zu gehen. Tag und Uhrzeit waren gekommen, sie war bereit für ihren weiten Weg. Da stand der braune Koffer.

In diesem Zimmer, das als Wohn- und Schlafraum eingerichtet war, seit Großmutter den Laden hatte schließen müssen, steckten viele Kindheitserlebnisse. Großmutters Laden: Natalie Tawrigowski genannt Friedländer, Schreib- und Papierwaren. Das war eine Fundgrube für ein kleines Mädchen. Viel Betrieb war nicht, Großmutter konnte ohne Hast bedienen, und es störte sie nicht, wenn ich hinter dem Tresen saß und die riesigen, die für mich riesigen Kartons aus dem Regal zog, um ihren Inhalt aus- und einzuräumen. Alles war mir erlaubt. Sie verbot mir nie etwas. Ich durfte die Kartons zwischen den Tresen und das Regal zerren, so daß Großmutter darüber hinwegsteigen mußte, um an die Bleistifte oder an die Glückwunschkarten heranzukommen. Es kam auch vor, daß ich gerade sortierte, was sie suchte. Auch das störte sie nicht. Ich reichte ihr, was sie brauchte, und alles war in Ordnung.

Am schönsten, am allerschönsten war der Karton mit den Lackbildern. Den hob ich mir immer bis zuletzt auf. Wenn ich die anderen Kartons aufgeräumt hatte – „Verachen, kannst du es wieder so einräumen, wie es war?“, das war eine Bitte, keine Aufforderung, das Äußerste, was sie in dieser Sache sagte – , wenn ich also die anderen Kartons aufgeräumt hatte, dann zog ich den mit den Lackbildern aus dem Regal. Er stand zuunterst, fast auf Fußbodenebene. Ich vermute, er war extra für mich so niedrig plaziert worden.

Ich sammelte und tauschte mit Leidenschaft diese bunten, glänzenden Bilder. In diesem Karton lagen sie in ganzen Bogen, durch feine Papierstreifen aneinandergekettet und zu einer quadratischen Fläche paßgerecht zusammengefügt. Sie waren nach Mustern geordnet: verschlungene Blumen, exotische Tiere, Mädchen und Knaben mit Blumenranken, Herzchen und Kleeblätter und glückbringende Schornsteinfeger. Bogen für Bogen nahm ich in die

Hand. Trotzdem verkaufte Großmutter die Bildchen, sie müssen wohl unter meinen Fingern nicht gelitten haben.

„Such dir was aus, wenn du willst.“ Das sagte sie immer, wenn ich in diesem Karton kramte. Ich wollte schon, aber was? Ich mußte noch einmal alles durchsehen ...

Regale und Tresen waren verkauft worden. Die Glückwunschkarten waren verschwunden und die Lackbilder auch. Nun würde der Raum ganz leer werden. Debora wollte in der Wohnung bleiben, aber sie würde nur das Nebenzimmer benutzen. Der Ladenraum ließ sich noch schwerer heizen als das Berliner Zimmer, und Kohlen waren knapp.

Der LKW war pünktlich. Ein kurzer, ernster Abschied. Ein Blick von einem zum andern, mehr nicht. Eine harte Summe forderte den Brief und die Kennkarte.

Vater wollte den braunen Koffer nehmen und zum Auto tragen.

„Sie bleiben hier!“

Großmutter ging auf den LKW zu, stellte den Koffer auf die Ladefläche und kletterte selbst hinauf. Die dort standen, es waren schon etwa fünfzehn, halfen ihr. Ein offener LKW, beladen mit alten Menschen, jeder von ihnen trug sichtbar einen handgroßen sechseckigen gelben Stern mit schwarzem Rand und der schwarzen Aufschrift JUDE auf der Brust. Großmutter, als zuletzt Hinaufgestiegene, stand hinten, uns zugewandt. Zwei Gestapomänner stiegen mit hinauf, dann fuhr der Wagen an. Großmutter hob die rechte Hand in Hüfthöhe und bewegte sie sacht. Ihr letztes Winken. Keine Träne, nur ein Gesicht, wie man es sich trauriger nicht vorstellen kann.

Es war Mittagszeit, ein milder Septembertag, die Straße war breit, und es wohnten viele Menschen hier. Siebzehn Jahre hatte Großmutter in ihrem Laden gestanden. Schreib- und Papierwaren, Naunynstraße unweit der Ecke Manteuffelstraße. Fast zwei Jahrzehnte hat sie den Leuten dieser Straße Bleistifte, Glückwunschkarten, Schulhefte, Butterbrotpapier und Lackbilder verkauft. Fast zwei Jahrzehnte. Niemand stand am Fenster, niemand blieb stehen, niemand blickte sich um, niemand grüßte die alte Frau. Auf einem offenen LKW stand sie, an einem hellen Septembertag des Jahres zweiundvierzig, und niemand hat sie gesehen.

Sie ist ohne Widerspruch auf den LKW gestiegen.

Warum?

Warum schon vor ihr der alte Lohde?

Großmutter war nicht die erste aus unserer Mitte, die den Weg nach Theresienstadt angetreten hat. Der erste war der alte Lohde, Elsas Vater.

Er hatte bei seinen Kindern gewohnt, das waren für ihn Elsa, ihr Mann Herbert, den die Familie „Bertas Herbert“ nannte, und ihre beiden Kinder. Der alte Lohde hatte nur diese eine Tochter. Sie wohnten in einem Schöneberger Mietshaus, in der Barbarossastraße 53. Es war eine breite, nicht allzu belebte Straße. Man mußte den Flur des Vorderhauses passieren und den Hof überqueren, wenn man zu den Friedländers und dem alten Herrn wollte. In der Mitte des Hofes war ein rundes, in Stein gefaßtes Beet mit Sträuchern, die im Frühjahr rosa blühten. Im hinteren Teil des Hofes standen zwei junge Birken dicht beieinander. Die Parterrefenster im linken Seitenflügel, über die der dünne Schatten der Birken fiel, gehörten zu Friedländers Wohnzimmer. Hinter dem einen Fenster war der Platz des alten Lohde. Sooft wir über den Hof gingen und sooft wir, bevor wir das Treppenhaus betraten, zu diesem Fenster schauten, sahen wir ihn dort sitzen. Er liebte den Blick auf die Birken und die Sträucher.

Einmal hatte er mich zu sich ans Fenster gezogen und auf die Sträucher gezeigt. „Schau nur, wie schön sie blühen. Und die Birken, sieh nur ihr helles Grün. Sie werden groß werden, obwohl sie wenig Sonne bekommen. Die Pflanzen sind zwar von dem Asphalt auf dem Hof eingefaßt, aber sie wachsen trotzdem. Das ist erstaunlich. Wenn Rasen auf dem Hof wäre oder wenigstens braune Erde, die man harken könnte, das wäre schön.“.

Das Wohnzimmer war nicht sehr hell, weil der gegenüberliegende Seitenflügel viel Licht wegnahm. Wo der alte Lohde saß, war die Gardine zurückgeschoben. Er brauchte Licht zum Lesen und für den Unterricht.

Bertas Söhne Herbert, Paul und Benno, die nicht wie ihr Bruder Martin der Engländer eine Chance zur Auswanderung gehabt hatten, durften ihre Kinder nicht zur Schule schicken. Es gab seit 1942 keine Schule mehr für jüdische Kinder, und es würde auch für die Kleinsten, wenn sie herangewachsen waren, keine Schule geben. Herberts Junge war davon betroffen, auch zwei von Pauls Kindern waren es. Sie mußten aber lesen, schreiben und rechnen lernen, darum unterrichtete sie der Alte. Er lehrte sie, was nötig war, erzählte Geschichten und machte sie mit dem bekannt, was er wußte.

Bella war noch zu klein für den Unterricht, ebenso Bennos einziges Kind, Gitta, und die Jüngste von Paul. „Bis sie soweit sind, werden die jüdischen Kinder wieder zur Schule gehen können." Der alte Lohde war zuversichtlich, wenn man mit ihm sprach. „Glaubt mir, es wird nicht mehr lange dauern."

Wenige Tage vor dem Abschied fanden wir ihn wie gewohnt auf seinem Stuhl am Fenster. Vor ihm stand ein Tisch, den man für einen zu hoch gedrehten Klavierschemel halten konnte. Ihm genügte die kleine runde Platte. Er lehrte durch Worte und benutzte nur eine Schiefertafel, die er auf die Knie legte, so daß die Kinder daraufsehen konnten, wenn er schrieb und sprach. An diesem Tag, als wir ihn zum letzten Mal sahen, ließ er sich nicht lange durch uns unterbrechen. Die Kinder waren da und brauchten ihn. Es blieb ihm nicht mehr viel Zeit für sie. Den Termin, zu dem er auf den LKW steigen mußte, kannte er schon. Die Kinder wußten nicht, daß es die letzten Unterrichtsstunden beim alten Lohde waren. „Wozu sollen wir sie traurig machen oder ängstigen", meinte er.

Als wir das nächste Mal kamen, war das Fenster leer. Unwillkürlich schaute ich auf die Sträucher und zu den Birken, die ich ohne den Alten vielleicht gar nicht bemerkt hätte. Das Laub war noch grün.

Elsas Vater war, wie nach ihm Großmutter, auf einen LKW gestiegen mit der Zuversicht im Herzen, daß es nicht lange dauern werde bis zum Wiedersehen. Er ging mit seinem Koffer über den asphaltierten Hof, durch das Haustor, hinaus auf die Straße. Er ging und hinterließ eine Aufforderung:

„Ich bin ein alter Mann, es ist nicht wichtig, wo ich bin und wo ich sterbe, aber sorgt für die Kinder, daß sie lernen. Sie dürfen nicht ohne Unterricht sein."

So nahm er Abschied von der Familie.

Sie alle, der alte Lohde, Großmutter und die anderen, ließen sich in ein Ghetto schaffen, das Theresienstadt hieß und von dem niemand bisher etwas gehört hatte. Sie erwarteten, dort arbeiten zu müssen. Na, wenn schon, das waren sie gewöhnt. Jetzt waren sie zwar alt, aber es würde schon zu schaffen sein. Nur – Ghetto heißt Isolierung. Sie würden von den Angehörigen getrennt sein. Das war schon bitterer in dieser Zeit der Ungewißheit. Jedoch es ging vielen so. Die Familien mußten sich von den jungen Männern trennen, und deren Zukunft war auch sehr ungewiß. Und in den Städten, auf die die Bomben fielen, war es nicht besser, auch dort gab es weder Gewißheit noch Sicherheit.

Ghettos für Juden hatte es immer gegeben. Nun wurden neue errichtet. War das so beunruhigend?

Als sie Großmutter holten, war der alte Lohde schon mehrere Wochen weg. Nachricht von ihm war noch nicht gekommen, also wußten wir nichts Bestimmtes. Aber was man hörte und erzählte, klang nicht gut. Das Ghetto sei ein Konzentrationslager, sagte man.

„Wer weiß, ob es stimmt. Es wird soviel erzählt heutzutage."

„In den Konzentrationslagern sind politische Gegner der Nazis."

„Und Kriminelle."

„Ja, Kriminelle auch."

„Aber nach Theresienstadt kommen nur Juden, und nur alte Leute. Also kann man das nicht mit Sachsenhausen oder Dachau vergleichen. Hat etwa eure Mutter etwas gegen die Nazis getan oder der alte Lohde? Na also!"

„Sie werden nicht genug zu essen haben."

Vielleicht können wir was schicken. Wir müssen abwarten, bis wir Post bekommen."

„Und wenn es doch ein KZ ist? Es wird von SS bewacht."

Ein Brief von Großmutter kam an. „Meine Lieben alle! Jetzt bin ich reisefertig, und es war nicht so schlimm. Gestern habe ich Brot bekommen, und morgen, s.G.w., geht die Reise los. Bleibt alle gesund. Grüßt alle Lieben herzlichst von mir und seid auch Ihr gegrüßt und geküßt von Eurer Mutter. Gott schütze Euch alle und mich auch."

Der Brief trägt den Stempel des Postamtes Berlin N 4 und das Datum des 21. September 1942. Er war im Polizeipräsidium in Berlin geschrieben worden, in dem dunklen Backsteinbau in der Alexanderstraße, gleich neben der S-Bahn.

Erst wenige Tage waren vergangen, und schon hatten wir Nachricht. Das war ein gutes Zeichen.

Ein gutes Zeichen? Da steht: „... es war nicht so schlimm." Irgend etwas war schlimm, aber nicht so, daß es nicht zu ertragen gewesen wäre. Reisefertig war sie doch schon, als sie noch bei uns war. Sie mußte sich also noch einmal, anders, reisefertig machen. Aber wie? Wie anders? Sie schreibt, es sei nicht so schlimm gewesen. Sie schreibt auch, daß sie Brot bekommen hat. Nur einmal? Sie schreibt: „Gestern habe ich Brot bekommen." Und an dem Tag, als sie den Brief schrieb, offenbar nicht. Also „heute" nicht. Und „morgen"? Sie schreibt nur, daß dann die Reise losgehen werde. Daß sie noch einmal etwas zu essen bekommen wird, davon steht nichts da.

„Ob Großmutter nur Brot bekommen hat?"

„So wird es wohl sein", sagte meine Mutter.

„War Großmutter eigentlich fromm?"

„Nein. Wirklich fromm war sie nie. Sie hat uns Kinder nicht beten gelehrt. Wir haben auch nie der jüdischen Gemeinde angehört. Warum fragst du?"

„Weil sie Gott anruft in ihrem Brief."

„Vielleicht ist ihre Not größer, als wir denken."

Großmutter schrieb von Gott, den sie sonst nie nannte. Morgen, so Gott will, geht die Reise los: ... Gott schütze Euch alle und mich auch." Man muß glauben, daß sie einen Halt brauchte und keinen anderen wußte. Wir begannen zu ahnen, daß die Gerüchte, die umherliefen wie mildernde Hunde, begründet waren und daß Großmutter schon mehr wußte, als sie schrieb. Wir ahnten noch nichts von dem, was wirklich war.

Daß es KZs gab, war bekannt. Die verbotenen Sender berichteten darüber, entlassene Häftlinge erzählten davon im engsten Freundeskreis. Auch Willi Huschbeck war im KZ gewesen, Vaters Freund aus Rüdersdorf.

Eines Nachts, es war etwa zwei Jahre nach Hitlers Machtbeginn, wir wohnten noch nicht am Strausberger Platz, sondern in der Luisenstraße in Friedrichsfelde, da klopfte es an die Jalousie, vorsichtig, in einem bestimmten Rhythmus. Die Fenster lagen zur Straße, im Parterre. Ich wurde wach und holte meine Eltern.

Vater zog die Jalousie ein wenig hoch. „Willi!"

Er kam aus Sachsenhausen. Man hatte ihm eine Fahrkarte nach Berlin gegeben und ihn in einen Zug gesetzt, der nachts in Berlin ankam. Bis nach Rüdersdorf waren es noch dreißig Kilometer. Willi hatte es gerade bis zu uns geschafft. Sachsenhausen sei die Hölle, hatte er gesagt.

Eine von wie vielen inzwischen?

Und das Judenghetto im Böhmischen?

9

Lörrach

Die Nazis ließen uns bald wissen, daß sie entschlossen waren, Ernst zu machen mit der „Lösung der Judenfrage“. Was sie immer angekündigt hatten und was kaum ein Jude hatte so wörtlich nehmen wollen, trotz der Zeitungen, trotz der Hetze im Radio, das führten sie jetzt durch. Das Klirren von Glas, die Schmierereien an Schaufensterscheiben, die Verfrachtung der Alten in die einstige böhmische Festung – das war nur das Vorspiel. Das Stück begann erst. Der Vorhang wurde langsam hochgezogen.

Die Brüder Herbert, Paul und Benno hatten ihre Wohnungen räumen müssen. Angeblich wollten die Hausbesitzer ihre Häuser judenfrei bekommen. Viele jüdische Familien mußten in Häusertrakte ziehen, die in mehreren Teilen der Stadt eine Art Ghetto bildeten. Sie wurden auf engstem Raum zusammengepfercht, je Familie ein Zimmer.

Während ich dies schreibe, liegt ein Taschenkalender des Jahres 1939 vor mir. Das Büchlein ist zerblättert, denn Vater, dem es gehörte, hat es viel benutzt, auch lange nach Ablauf des Jahres, für das es gedruckt worden war. Er hat Daten, Adressen, Notizen eingetragen. Mutter hat auf leeren Seiten Rezepte für Schokoladencreme und Sandtorte aufgeschrieben, um sie später mal auszuprobieren. Das Notieren von Back- und Kochrezepten mit Zutaten, die nur in der Vorstellung existieren, ist wie der Wunsch nach fließendem Wasser in der Wüste. Ich kenne nicht den Durst eines Wüstenwanderers nur den trockenen Gaumen nach einer wasserlosen Woche im Bunker, aber ich verstehe den Hunger, der sich im Sammeln phantasiereicher Rezepte kompensiert. Eingebettet in Mutters Rezepten und Vaters Eintragungen finde ich beim Durchblättern des Kalenders folgende Notizen: 1 Büfett, 2 m x

70 cm; l Schrank, 1,20 m x 60 cm; 1 Tisch, 1,30 cm Durchmesser; 4 Stühle, 2 Sessel, I Standuhr. Das sind die Maße der Wohnzimmermöbel der Familie Friedländer aus der Barbarossastraße.

Vater trug diese Maße ein, als der alte Lohde schon zwei Monate nicht mehr bei seinen Kindern lebte. Mit Zollstock, Kopierstift und diesem Taschenkalender, der vor mir liegt, waren Vater und Herbert darangegangen, die Möbel auszumessen. Danach ließ Vater das Schlafzimmer und das Wohnzimmer auf ein Fahrzeug der Spedition laden, bei der er arbeitete, und zu uns in die Große Frankfurter fahren. Wir hatten eine große Stube und also Raum genug für eine komplette zweite Wohnzimmereinrichtung, jedes Stück kam an den vorher berechneten Platz. In unserem elf Meter langen Korridor wurde das Schlafzimmer aufgeschichtet: hellgrün gestrichenes Holz mit weißen Ornamenten. Elsa hatte alles sorgsam gepflegt. Trotz der kleinen Kinder fanden sich keine angestoßenen Stellen.

Paul und Benno hatten einen Teil ihrer Möbel verkauft. Herbert wollte das nicht, er wollte nicht dastehen wie ein herrenloser Hund, nichts besitzend und nirgendwo hingehörend.

Ich lege Vaters Kalender beiseite. Ich müßte die Seiten kleben, um die Notizen sicherer zu bewahren. Das werde ich nicht tun. So, original, sind sie mir wertvoller. So kommen sie direkt aus Vaters Hand, ich kann mir vorstellen, sie seien gerade erst von ihm durchgeblättert worden. Ich bin, wenn ich das Büchlein aufschlage, zurückversetzt in die Jahre, als die Notizen gemacht wurden. Ich sehe, wenn ich die Adressen lese, die Häuser wiedererstehen. Und wenn ich die Maße der Möbel lese, sehe ich Herbert und Elsa vor mir, die aufheben wollten, was ihnen wert war, um nicht ganz und gar heimatlos zu werden.

Als sie aus der Barbarossastraße 53 vertrieben wurden, weil das Haus judenfrei werden sollte, war Elsa schon krank. Ihre Nerven hatten den Belastungen nicht standgehalten. Immer häufiger bekam sie einen ihrer Anfälle. Plötzlich sackte sie zusammen, verkrampfte ihre Hände, daß die Fingernägel durchs Fleisch drangen, und gab glucksende Geräusche von sich, die in halblautes Lachen übergingen. Lachkrämpfe. Da lachte ein Mensch, minutenlang, und zerschnitt sich dabei die Handflächen, wenn man nicht schnell genug zusprang und etwas Weiches unter die Fingernägel schob. Das Gesicht zeigte Züge von Heiterkeit – und den Ausdruck des Entsetzens. Elsa war bei vollem Bewußtsein, wenn sie solchen Anfall hatte, konnte aber nicht reden. Ich habe Herbert gesehen, der während eines solchen Zustandes neben ihr kniete, ihre Finger umklammerte, bis der Anfall vorüber war. Seine Hände bluteten. Er hatte nicht schnell genug etwas Weiches greifen können und seine Hände unter ihre Nägel gehalten.

Herbert gab den Anstoß zum Handeln.

„Wir müssen etwas tun“, sagte er. „Wir können nicht warten, bis sie alles um uns kaputtmachen. Und uns mit.“

„Herbert hat recht.“ Benno pflichtete seinem Bruder bei.

„Was soll ich tun mit meinen drei Kindern? Mir sind doch die Hände gebunden. Paul war unentschlossen.

„Du kannst doch die Kinder jetzt schon nicht mehr satt machen. Willst du warten, bis es noch schlechter wird?“

„Schlechter kann es nicht mehr werden. Wir sitzen doch schon im Ghetto“, wandte Paul ein.

„Ja, so eng, daß man nicht leben kann. Wenn wir nichts tun, holen wir uns Typhus oder sonst was. Man kommt ja nicht gegen den Schmutz an. Ich brauche nur in den Spiegel zu sehen; wie lange wird es dauern, bis ich aussehe wie ein Schlattenschammes? Und laß erst mal den Winter kommen, glaubst du vielleicht, daß wir die Ställe warm kriegen?“

„Am schlimmsten ist die Hysterie. In allen Wohnungen breitet sie sich aus. Man kann verrückt werden.“ Das sagte Benno, der früher so heitere Benno.

Benno war damals achtundzwanzig Jahre alt, ein schlanker, agiler junger Mann. Herbert war sechs Jahre älter, etwas kräftiger gebaut, ansonsten seinem Bruder Benno sehr ähnlich. Paul war der Älteste von ihnen, er hatte die Mitte der Dreißig schon überschritten. Herbert setzte seine Gedanken laut fort: „Ich will jeden falls da raus und Elsa auch."

Paul war noch sehr unsicher. „Ich will ja auch raus. Aber wohin?"

Benno sprach aus, woran alle insgeheim dachten: „Raus aus Deutschland, über die Grenze."

„Über die Grenze! Wenn das so einfach wäre! So ein Wagnis, mit den Kindern."

„Wir müssen nachforschen, ob es eine Möglichkeit gibt. Vielleicht finden wir Leute, die uns rüberbringen."

„Es gibt nur noch eine Möglichkeit", überlegte Benno laut, „in die Schweiz."

„Das sagst du so einfach: in die Schweiz", wandte Paul ein. „Da sollen schon viele zurückgeschickt worden sein."

„Aber nicht aus der Schweiz, Paul, die ist neutral, die paktiert nicht mit den Deutschen. Was Benno sagt, nämlich daß es möglich ist, über die Schweizer Grenze zu kommen, das habe ich auch gehört. Nur noch über diese Grenze. Benno hat recht, es ist der einzige Weg für uns."

Benno und Herbert wollten die Lage erkunden. Sie fuhren bis an den Rhein und eine kleine Strecke mit dem Zug in Richtung Süden, rheinaufwärts. Illegal, versteht sich, ohne Papiere, zwei junge Männer mitten im Krieg. Sie sprachen mit diesem und jenem und kamen mit Hoffnung zurück.

„Die Züge, die den Rhein aufwärts fahren, werden nicht streng kontrolliert. Man fragt nur nach den Fahrkarten. Paßkontrollen waren nicht und sollen ganz selten sein. Die Chance, an die Schweizer Grenze zu kommen ist groß."

„Und wie wollt ihr auf die andere Seite kommen?" Paul nahm sich schon aus. Er würde nicht mitfahren.

Benno war zuversichtlich. Er hatte etwas von seiner jugendlichen Fröhlichkeit zurückgewonnen. „Es gibt überall Menschen, die helfen. Für Geld oder für Gold bestimmt. Wir bieten alles, was wir haben. Auf der anderen Seite sehen wir weiter. Wir haben starke Arme, damit können wir Bäume ausreißen, wenn wir wollen."

„Natürlich. Laß uns erst mal raus sein aus diesem verdammten Rattenloch. Martin hat es ja auch geschafft."

Paul machte noch einen warnenden Einwand: „Das war doch etwas anderes. Martin ist mit regulären Papieren weggegangen."

„Das stimmt schon", gab Herbert zu, „trotzdem war es ein Wagnis für ihn. Ich sage es bloß, weil uns nichts anderes übrigbleibt: Wir müssen etwas riskieren."

„Alles riskiert ihr, Herbert. Wenn man euch faßt, kommt ihr ins Lager."

„Was ist, wenn wir nichts riskieren? Weißt du es, Paul? Keiner kann es dir sagen. Das ist auch ein Wagnis." Benno hatte es heftiger als gewollt gesagt, darum fügte er einlenkend hinzu: „Natürlich mußt du selbst wissen, was du machen willst. Jeder muß für sich entscheiden. Es sollte kein Vorwurf sein, Paul."

Paul hatte sich schon entschieden. „Wir fahren nicht mit euch", erklärte er. „Wir mit unsern Kindern, wir würden alles gefährden. Versucht ihr es allein. Vielleicht kommen wir nach."

Die Ereignisse zwangen die beiden Brüder, schnell zu handeln.

Ein Anruf von Elsa alarmierte uns. Sie rief von irgendwo an, sie sei mit den Kindern aus der Wohnung geflohen.

An einer Straßenecke wartete sie auf uns. Sie gab uns Bella. Ich nahm das Mädchen auf den Arm. Es hatte nasse Höschen an und fror. Das Thermometer stand schon bei null Grad. Ihre kleinen Füße stecken in Hausschuhen, es war keine Zeit mehr gewesen,. ihr etwas anderes anzuziehen. Ich knöpfte meinen Mantel auf und legte ihn, so weit ich konnte, um das Kind, so daß er Mantel und mein Körper es wärmten.

Elsa und der Junge würden woanders Unterkunft finden, aber erst mußten sie noch Herbert abfangen. Er durfte nicht mehr das Ghettoquartier betreten.

„Wir kommen morgen zu euch, aber wir rufen euch nachher noch an", sagte Elsa. „Wartet hier nicht mit uns, bringt Bella zu euch, damit sie nicht krank wird."

Folgendes war geschehen: Einzelne Familien wurden aus den Häusern, diesen Ghettoquartieren, geholt. Sie konnten nur schnell ein paar Kleinigkeiten zusammenpacken oder das für solchen Fall Bereitgelegte greifen und mitnehmen. Die Männer in Stiefeln gingen durch die mit Juden belegten Häuser und sonderten einzelne Familien aus, immer nur einzelne. Es schien völlig willkürlich zu sein, wer da gerade ausgesucht wurde. Aus einer Wohnung eine Familie, aus einer anderen Wohnung im Hause vielleicht eine zweite und die dritte womöglich erst drei Häuser weiter. Angst und Panik verbreiteten sich in den mit Menschen vollbepferchten Häusern, in den Judenstraßen, sobald die Autos mit den gestiefelten Uniformierten auftauchten.

Zwei Männer kamen zu Elsa.

„Die Juden Friedländer – das seid ihr?"

Herbert war gerade nicht da, aber die Kinder saßen auf dem Fußboden und spielten. Statt zu antworten, ließ sich Elsa fallen und simulierte einen Lachkrampf. Der Junge, der wie der Vater helfen wollte, kniete bei der Mutter am Boden, zerrte an ihren Händen, die aber fest geschlossen blieben, und sah von der Mutter zu den Männern in der Tür und wieder zur Mutter, und er wußte wohl nicht, was ihn mehr ängstigte, der Anfall der Mutter, den er für echt hielt, oder die Männer. Er mußte auch noch Bella abwehren, die sich weinend an ihn klammerte. Und er war erst neun.

Die Männer waren unentschlossen. Sie wollten doch das Weib nicht aus dem Haus tragen. Die sollte gefälligst selbst laufen. Sie rissen die Tür zum nächsten Zimmer auf und riefen den erschreckten Bewohnern zu:

„Wenn die wieder zu sich gekommen ist, sagt ihr, daß wir wiederkommen. Die sind dran und der Mann auch."

Dann polterten sie die Treppe runter. Motorengeräusch, danach Stille. Elsa sprang auf, griff die Kinder und lief aus dem Haus. Von der nächsten Telefonzelle aus rief sie uns an.

Mutter und ich fuhren nach Hause und versorgten Bella. Bei aller Not fühlte ich doch auch ein bißchen Freude. Ich hatte Bella ganz für mich. Sie war so etwas wie meine kleine Schwester und wahrscheinlich sogar mehr. Aus dem Alter, mit ihr auf kindliche Weise zu spielen, war ich schon heraus. An der Schwelle des Erwachsenseins hatte sich ein Bedürfnis entwickelt, zu umsorgen und zu pflegen. Aus diesem Bedürfnis entsteht wohl früher oder später die Mütterlichkeit. Bella, die mir, seit sie laufen konnte, stets mit ausgestreckten Ärmchen entgegenkam, diese Bella liebte ich über alle Maßen. Sicher würde die Freude, sie für mich zu haben, nicht lange währen. Ein paar Tage vielleicht, was wußte ich. Ich ging nicht zur Schule, sondern betreute das Kind. Ich wusch ihre Höschen, ihr Kleid, ihre Strümpfe, ich nähte ihr einen Rock und strickte ihr aus Wollresten eine Jacke. Ich gab ihr zu essen und half ihr, die Tasse zu halten. Wir setzten uns auf den Teppich und malten bunte Striche und Kreise. Wir wuschen uns am Morgen und putzten uns die Zähne, ohne die Zahnpasta hinunterzuschlukken. Abends legte ich sie in mein Bett. Bevor ich mich selbst auf der Chaiselongue schlafen legte, deckte ich sie noch einmal zu, und während ich einschlief, lauschte ich ihrem Atem, der rascher war als meiner. Ich versuchten in ihrem Rhythmus zu atmen, aber es gelang mir nicht. Dann stand ich noch einmal auf, atmete tief, hielt mein Ohr über das schlafende Kind und legte mich mit einem Gefühl tiefer Befriedigung endgültig nieder. Ich hatte meine Aufgabe für diesen Tag erfüllt. Nun konnte ich nur hoffen, daß die Nacht ruhig verlaufen möge, ohne den Lärm der Flak und der Flugzeuge und detonierender Bomben.

In diesen Tagen wurde ich zwischen Freude, Hoffnung und Angst hin und her geworfen.

Paul brauchte nichts mehr zu entscheiden. Während er noch überlegte, ob er den Weg über die Grenze wagen sollte, wenn es Benno und Herbert gelänge, in die Schweiz zu fliehen, wurden auch er und seine Familie aus ihrer Unterkunft geholt. Und er ging widerspruchslos, ergeben in sein Schicksal; mit seiner Frau und seinen drei Kindern ging er den Weg über eine andere, nicht selbst gewählte, nicht Hoffnung versprechende Grenze. Er glaubte nicht, daß man fliehen könnte. Er sah keine Möglichkeit der Rettung.

Ob die Familie zusammenblieb oder ob sie auseinandergerissen wurde, weiß ich nicht. Wir haben nie wieder etwas von Paul und den Seinen gehört. Nur eins wissen wir: Es gibt diese Familie nicht mehr.

Benno hatte mit seiner Frau Ruth und der kleinen Tochter rechtzeitig das Viertel, in dem seine Unterkunft lag, verlassen. Die dreijährige Gitta war bei der Großmutter Berta untergebracht worden, und er konnte mit Ruth für kurze Zeit unbemerkt bei Freunden bleiben.

Auch Elsa, Herbert und der Junge hatten vorübergehend Obdach gefunden, aber getrennt, damit es nicht auffiel.

Wer von ihnen die Nachricht brachte, weiß ich nicht mehr, und es ist auch ganz unbedeutend. Man erzählte sich unter den Juden, daß es in Lörrach, einem Grenzort zur Schweiz, Leute gäbe, die gegen Geld – die Summe wurde genannt, sie war nicht hoch – Juden über die Grenze schleusten.

Lörrach! Das war das Ziel. Um aber nach Lörrach zu kommen, mußten sie fast ganz Deutschland durchqueren. Und das als Juden, denen es nicht erlaubt war, ein Verkehrsmittel zu benutzen. Dennoch wollten sie es wagen. Sie mußten es wagen. Die Züge wurden nicht oft kontrolliert, davon hatten sie sich ja erst vor kurzem selbst überzeugt.

„Ohne die Kinder, die beiden kleinen Mädchen, wäre es viel einfacher. Ich spürte, was meine Mutter mit dieser Bemerkung erreichen wollte.

Elsa entgegnete: „Wir werden wenig Gepäck mitnehmen."

„Trotzdem. Schwierig ist der Weg nur wegen der Mädchen. Diese Strapazen, und ob sie still sein werden, wenn es sein muß?"

Herbert verstand als erster, daß der Gedanke bedacht werden müßte. „Wenn die Flucht mißlingt ..."

„Hör auf, Herbert, daran wollen wir nicht denken!" Elsa wehrte so erregt ab, daß Herbert nichts mehr sagte.

Er muß aber mit Benno darüber gesprochen haben, denn ein paar Tage später waren Benno und Ruth entschlossen, ohne Gitta die Flucht zu versuchen. Gitta war nun schon zwei Wochen bei der Großmutter, ohne daß jemand nach ihr gefragt hatte.

Berta hatte in ihrem Haus, in dem sie noch nicht lange wohnte, die Enkeltochter als das Kind einer ausgebombten Verwandten ausgegeben und Gitta gelehrt, nicht mehr Oma, sondern Tante Berta zu sagen. Sollten die Bombenangriffe nicht nachlassen oder gar zunehmen, würde sie Gitta einer Tochter ihres Mannes anvertrauen. Auch bei Gefahr für die Mischehen würde sie Gitta der Stieftochter geben, einer beherzten, alleinstehenden Frau, deren Beziehung zu einer spät angeheirateten jüdischen Stiefmutter niemandem bekannt war.

Elsa konnte sich nicht so schnell entschließen, sich von Bella zu trennen. Wir suchten inzwischen nach einer sicheren Obhut für das Kind. Elsa würde natürlich nur einverstanden sein, wenn wir ihr etwas Konkretes sagen könnten. Wir mußten ihr einen wirklich sicheren Zufluchtsort nennen. Der Junge war kräftig und umsichtig, für sein Alter schon viel zu erwachsen. Er würde die Strapazen durchstehen und sich, wenn es darauf ankam, wie ein Mann verhalten. Er würde den Weg über die Grenze nicht gefährden und nicht erschweren Er sollte auf jeden Fall mitgehen.

Bei uns konnte Bella nicht bleiben. Sie war in unserem Haus bekannt, und über uns wohnte Kupczak, ein Mann mit dem goldenen Parteiabzeichen der NSDAP. Er hatte zwar selbst sieben Kinder, aber das würde ihn kaum nachsichtig gegenüber einem jüdischen Kind machen. Darin täuschten wir uns zwar, wie wir später einsahen, aber in jenen Tagen war der Mann über uns ein zu großer Unsicherheitsfaktor.

Es gab eine Möglichkeit, Bella zu retten. Mutter sprach mit Kaplan Miarka von der Piuskirche. Er war Antifaschist. Im Beichtstuhl, wo es am unverdächtigsten war, hatte sie vieles mit ihm erörtert. Miarka versprach zu helfen. Er vermittelte schon am nächsten Tag einen Besuch im St.-Katharinen-Stift in der Greifswalder Straße.

Ich bestand darauf mitzugehen. Meine Mutter hatte sich daran gewöhnt, vieles mit mir zusammen zu machen. Vater war tagsüber zur Arbeit und kam meist sehr spät nach Hause. Aber oft waren schwierige Dinge zu erledigen, die keinen Verzug duldeten, und vier Augen sahen mehr als zwei.

Ich legte Bellas Sachen zurecht: den Rock, der wie ein Kleid ohne Ärmel und Kragen aussah, besser war er mir nicht gelungen, und die ziemlich bunt geratene Jacke. „Meine Acke“, sagte Bella, und sie schlug kräftig mit beiden Händen drauf, dann drückte sie ihr Gesicht an das weiche bunte Gestrick. Ihr gefiel es also.

„Komrn Beila, ich ziehe dir die Jacke an.“

Sie brachte mir die Jacke und den Rock auch. „Ja, den Rock ziehen wir auch an.“

Sie konnte sich schon fast allein anziehen. Den Rock bekam sie glatt über den schwarzen Lockenkopf. Sie zog am unteren Rand, und er rutschte über ihr Gesicht. Ich hatte den Ausschnitt weit genug gemacht. Die Löcher für die Arme fand sie mit etwas Mühe auch schon selbst. Die Jacke dagegen machte ihr Schwierigkeiten wegen der Knöpfe. Als ich ihr helfen wollte, wehrte sie ab:

„Nicht, Vea! Allein."

Die Jacke konnte sie sich mit viel Mühe selbst zuknöpfen, aber das R kam nicht über ihre Zunge.

Das hat sich in mein Gedächtnis eingeprägt, zum einen, weil sie meinen Namen nicht richtig aussprechen konnte, vor allem aber durch eine Reaktion, die ich mehrmals und mit Erschrecken bei ihr bemerkt habe. Wenn jemand klingelte oder an die Tür klopfte, hörte sie auf zu spielen, schaute zu mir und sagte halblaut: „Ruhe!", wobei nur ein „Uhe!" zu hören war.

Für unseren Weg zu dem Stift konnte ich Bella neue, feste Lederschuhe anziehen. Eine junge Frau aus dem Vorderhaus hatte uns angesprochen.

„Ach, entschuldigen Sie, ich möchte Sie etwas fragen wegen des kleinen Mädchens, das bei Ihnen ist."

Mutter wurde hellhörig, als sie so angesprochen wurde. Was wollte diese Frau von uns? Wir sprachen doch sonst kaum ein Wort miteinander. Guten Tag, wie geht es, haben Sie die zerbombten Häuser am Küstriner Platz gesehen? Leute waren im Keller ... Was sagen Sie, in der Halle gibt es Gurken ...? Nein, mehr redeten wir nicht miteinander. Und nun fragte sie nach Bella.

„Worum geht es denn?" fragte Mutter vorsichtig.

„Bitte, verstehen Sie mich nicht falsch. Ich habe ein Paar Kinderschuhe, noch ganz neu, und die Kleine trägt nur Hausschuhe. Wenn Sie die Schuhe brauchen, ich gebe sie Ihnen gern, sie müßten dem Mädchen passen. Bitte, verstehen Sie mich richtig, ich will mich nicht in Ihre Angelegenheiten mischen, aber ich nehme an, daß Sie die Schuhe brauchen."

Was sollte Mutter sagen? Sie nahm die Schuhe und bedankte sich. Geld wollte die junge Frau unter keinen Umständen dafür haben. Seit der Zeit bestand eine gute Beziehung zwischen uns und dieser jungen Frau, die sah, was sie sehen wollte.

Wir machten uns also auf den Weg zu den frommen Schwestern. Sie wollten das Kind gern sehen, um Vorbereitungen für eine sichere Obhut treffen zu können. Der Weg war nicht weit. Ich nahm Bella auf den Arm, trug sie ein Stück, und ein Stückchen lief sie neben uns her. Sie lief mit festen Schuhen an den Füßen. Wir kamen in die Greifswalder Straße, vor das Haus Nummer 18. Über dem Hausdurchgang stand der Name St.-Katharinen-Stift. Wir gingen durch das Haus und auf den Hof. Ein paar Stufen führten zum Eingang des Stiftes, eines großen Gebäudes aus dunkelroten Ziegeln. Wir wurden schon erwartet.

Kürzlich bin ich noch einmal auf dem Hof gewesen. Es sieht alles aus wie früher, wie damals, als ich Bella auf dem Arm hatte und mit ihr die Stufen hinaufging.

„Das ist das Mädchen?" fragte uns eine Schwester in schwarzer Stiftskleidung. Es war mehr eine Feststellung als eine Frage. Sie streckte Bella die Hand hin, und Bella nahm sie ohne Zögern. Es wird eine weiche, warme Hand gewesen sein wie aller Nonnen Hände, die ich gefühlt habe. Warm und weich und sicher wie ihre dunklen Umhänge, unter die sie uns Kinder manchmal auf dem Nachhauseweg nahmen. Warum sollte Bella nicht gleich Zutrauen fassen zu diesen Händen und zu den freundlichen Augen?

Mutter wurde in ein Verwaltungszimmer im Parterre gebeten, kam aber schon nach wenigen Minuten wieder heraus.

„Wir können Bella bringen", sagte sie.

„Und wann?"

„Jederzeit Wenn die Mutter einverstanden ist, haben sie gesagt."

Die Schwester, die noch immer Bella an der Hand hielt, sagte:

„Ja, bringen Sie uns das Mädchen. Es wird in Sicherheit sein. Die Mutter braucht sich keine Sorgen zu machen. Sagen Sie es ihr."

Um uns das Haus, die eventuelle neue Unterkunft für Bella zu zeigen, führte man uns in den dritten Stock, dort waren die Kleinsten untergebracht. Die Zimmer gingen von einem langen Gang ab. Damals beherbergte das Stift mehr als vierhundert Kinder. Als wir wieder auf der Straße standen, fragte mich Mutter: „Was meinst du?"

„Ich würde ja Bella lieber bei uns behalten, aber ich glaube, hier kann sie bleiben. Niemand wird ihr etwas tun"

„Ich bin überzeugt, daß sie es hier gut haben wird. Aber wir dürften dann nicht mehr herkommen. Wie es Bella geht, könnten wir nur über Kaplan Miarka erfahren."

So gingen wir eine Weile, zwischen uns lief Bella. Da fragte mich Mutter: „Hast du die Kinder gesehen, die in den Raum am Ende des Korridors gingen?"

„Die kleinen, meinst du"

„Ja. Ob solche illegalen Kinder dabei waren, wie Bella es sein wird?"

„Illegal?"

„Na ja, wie sonst?"

„Wird sie ihren Namen behalten?"

„Natürlich nicht. Sie wird überhaupt keinen Namen haben, sondern als Findling gelten, ein mutterloses Kind, auf den Trümmern eines Hauses gefunden. Sie kann ja ihren Namen noch nicht sagen, nur ihren Vornamen, und nicht einmal deutlich. Das ist gut für sie."

„Sie müssen ihr aber einen Namen geben."

„Sicher. Das ist doch nicht so wichtig", sagte Mutter. „Wichtig ist erst mal nur, was Elsa darüber denkt."

Herbert überließ die Entscheidung seiner Frau.

„Wenn uns die Flucht gelingt", sagte Elsa, „dann sind wir in ein paar Tagen in Sicherheit, und Bella ist hier. Ich hätte keine Ruhe. Wir kommen bestimmt über die Grenze, Herbert. Wir schaffen es."

Mutter bat: „Überleg es dir noch einmal. Bella wird nichts passieren, die Schwestern haben es versichert. Du kannst ihnen vertrauen".

„Ich glaube es. Nehmen wir an, sie wird gut über den Krieg kommen. Was dann? Dann sind wir irgendwo in der Welt, womöglich nicht einmal in Europa. Wann werden wir unsere Bella je wiedersehen? Ich werde umkommen vor Sehnsucht."

„Meinst du, mir wird es anders gehen?“ sagte Herbert. „Aber wir sollten nicht an uns denken, sondern an Bella.“

„Aber ja, nur an Bella. Ich füge mich in alles. Aber wissen wir, was für sie am besten ist?“

„Wir wissen es nicht, Liebste.“

Elsa hatte noch einen Gedanken, den sie nur sehr vorsichtig aussprach. Sie scheute sich wohl, ihn zu denken, konnte ihn aber nicht beiseite schieben. „Es kann ja sein, daß wir nicht nach Deutschland zurückkommen können. Oder – vielleicht, ich meine, man muß ja auch daran denken, vielleicht erleben wir das Kriegsende gar nicht.“

Herben antwortete ebenso ruhig und behutsam: „Natürlich. Auch das müssen wir bedenken. Was würde dann aus Bella werden?“

Da mischte sich mein Vater ein: „Dann wären wir ja auch noch da.“

Mutter bekräftigte das. „Ja, wir würden selbstverständlich für Bella sorgen.“ Und nicht ganz so bestimmt: „Aber so sicher ist unsere Lage ja auch nicht. Die Bomben, die Nazis – wer weiß, was noch alles passiert.“

Mit einer Sicherheit, die mich selbst überraschte, sagte ich, was mir die ganze Zeit schon auf dem Herzen lag:

„Ich“, sagte ich, „ich möchte Bella behalten, wenn der Krieg aus ist und ihr noch nicht da seid. Ich könnte beinahe ihre Mutter sein, die paar Jahre. Glaubt mir, ich würde für sie wie eine Mutter sorgen. Laßt mir Bella, solange ihr nicht da seid. Ich meine, wenn der Krieg vorbei ist.“

Herbert, der verständnisvolle, kluge, behutsame Herbert, er sah mich an und antwortete mit großer Selbstverständlichkeit, so daß nichts anderes denkbar schien:

„Wenn nur einer von uns allen den Krieg überstehen sollte, dann du. Mir scheint, du hast die größte Chance von allen. Und dir könnten wir unsere Bella anvertrauen.“ Und nach einer Pause: „Dir, ja. Du bist so jung. Du wirst durchkommen.“

Elsa war in ihren Überlegungen wieder am Ausgangspunkt angelangt. Wir wollen uns doch nicht trennen. Darin waren wir uns einig, Herbert. Es wäre furchtbar – wir in Sicherheit und Bella hier. Ich kann nicht, nein, das geht nicht. Laß uns zusammenbleiben."

„Ich bin auch dafür", sagte Herbert.

So wurde entschieden, Bella auf die Reise mitzunehmen.

Wieder hieß es, sich auf Abschied einzustellen.

„Eure Möbel und alles andere, was bei uns ist, heben wir auf. Wenn wir Glück haben und das Haus von Bomben verschont bleibt, dann habt ihr etwas für den neuen Anfang", sagte Vater.

„Weißt du, Schorsch, wann wir wiederkommen, ist gar nicht abzusehen. Wenn wir uns, sagen wir, im Laufe des ersten Jahres nach dem Krieg nicht melden, dann laßt die Sachen nicht hier stehen. Gebt sie Vera, sie wird dann im heiratsfähigen Alter sein und sie brauchen können. Meinst du nicht auch, Elsa, daß das vernünftig ist?"

„Ja, ja, natürlich. Länger als ein Jahr braucht ihr nicht zu warten. Wenn wir uns bis dahin nicht gemeldet haben ..."

Ich habe nicht weiter zugehört. Wenn ich heute sagen soll, warum ich mich abwenden mußte, finde ich nur diesen Grund: Das Gespräch begann mir unheimlich zu werden. Heute sehe ich es schärfer: Sie verhandelten, als gehe es um einen Nachlaß und die Verstorbenen seien sie selbst. Sie sprachen über Möbel, Geschirr und Wäsche. Sie sprachen darüber, als würden diese Dinge die Zeit überdauern, diese damalige Zeit. Wo der Mensch unterging, da sollten die Dinge Bestand haben.

Der Tag des Abschieds kam. wir brachten Bella zu einer S-Bahn-Station, an der wir uns verabredet hatten. Herbert, Elsa und der Junge kamen uns entgegen. Bella weinte, als ihre Mutter sie auf den Arm nehmen wollte. Die vollen rotbraunen Haare waren hellblond gefärbt.

„Aber Bella, ich bin doch deine Mama." Es klang kläglich. Erst nach einer Weile hörte Bella auf die bittenden Worte, erkannte die

Stimme der Mutter und schmiegte sich an.

Auch hier war der Abschied kurz. Ein Händedruck. Keine Umarmung – nur nicht umarmen, es könnte Tränen auslösen. Dem Jungen noch einmal über den Kopf gestrichen – er hatte seine dicken schwarzen Locken nicht mehr, er war fast kahl geschoren! Und Bella, am besten nur noch einmal ihre kleinen Hände berühren. Sie merkte es. nicht, denn sie war ganz mit dem neuen Haar der Mutter beschäftigt.

So gingen sie die Treppe zur S-Bahn hinunter. Wir blieben oben stehen und sahen ihnen hinterher. Man konnte vom Eingang bis auf den Bahnsteig sehen. Dort standen sie und warteten. Es dauerte ein paar Minuten, ehe der Zug einlief. Sie standen, umgeben von Gepäck, lauter Kleinkram, lose verpackt. Nur ein Koffer war dabei. Sie hätten vorher etwas sagen sollen. So hätten sie nicht zu fahren brauchen. Koffer und große Taschen hätten sie von uns bekommen können. Da standen sie, unruhig, aufgeregt, inmitten des unübersichtlichen Gepäcks. Elsa hatte gesagt, sie würden nicht viel mitnehmen.

Sollte man ihnen nicht vorschlagen, die Reise um einen Tag zu verschieben, noch mal alles einfacher und praktischer zu verpakken und vielleicht auf dieses und jenes zu verzichten? Aber sie waren heute, gerade zu diesem Zeitpunkt, zum Reisen entschlossen. Und es gehörte Kraft dazu, viel innere Kraft. Heute hatten sie sie, ob sie morgen noch die Kraft hätten, war fraglich. Heute, am Reisetag, durften wir sie nicht unsicher machen.

„Laß sie so fahren", hörte ich Mutter sagen. „Mach sie nicht ängstlich. Das wäre das Ende, bevor sie die Reise begonnen haben."

Der Zug lief ein. Herbert und der Junge hatten die Hände voll, Elsa trug Bella auf dem Arm, eine Tasche hatte sie sich umgehängt. Sie sahen nur noch einmal zu uns herauf, ohne zu winken. Bella guckte zum Zug. Das war der Anfang der Reise.

Da war eine Familie unterwegs, und man sah es von weitem: eine jüdische Familie, auf der Flucht. Ich kann nicht sagen, warum, aber man sah es. Alles, was sie getan hatten, um das jüdische Äußere zu überdecken, kehrte es nur hervor.

„Ob sie durchkommen werden?"

„Hätte sie sich doch nur nicht die Haare blond gefärbt!"

Ich empfand wie meine Mutter: Das Blond wirkte so unnatürlich, es paßte so ganz und gar nicht zum Typ. Man mußte einfach hinsehen, auf dieses grelle Blond. Auch dem Jungen sah man die Herkunft an, gerade wegen des kurzgeschorenen Haars.

Der Junge – ich versuche krampfhaft, mich an seinen Namen zu erinnern. Es gelingt mir nicht. Ich konnte ihn nicht bewahren und fühle mich schuldig.

Wir fuhren nach Hause, Vater, Mutter und ich. wir zweifelten sehr, daß die eben Abgereisten ihr Ziel erreichen würden.

Vier Tage vorher waren Benno und Ruth gefahren. Es war ausgemacht, sich auf der anderen Seite der Grenze zu treffen. Bestimmt gäbe es einen Sammelpunkt für Flüchtlinge, oder man würde sich auf dem Bahnhof des nächsten Ortes wiederfinden. Post würden wir wohl nicht so bald bekommen.

Weihnachten war es sehr still. Wäre nicht die mitternächtliche Messe gewesen, es wäre uns wie ein beliebiger Tag vorgekommen.

Frost hatte eingesetzt, glaube ich, oder die Kälte kam von innen. Jedenfalls fror ich.

In den Tagen nach Weihnachten ging eine Schreckensbotschaft durch die Familie: Lörrach ist eine Falle! Das Gerücht, man könne dort über die Grenze kommen, war von den Nazis selbst unter die Juden lanciert worden.

Lörrach – eine Falle! Dann waren sie alle verloren. Dann waren sie der SS direkt in die Arme gelaufen.

Ein bißchen Hoffnung blieb: Wenn das eine nicht stimmte, brauchte man dem anderen auch nicht zu glauben. Vielleicht war Lörrach weder eine Falle noch ein Anlaufpunkt für Flüchtlinge. Vielleicht wartete man nicht gerade auf Juden, um sie über die

Grenze zu bringen, aber helfen würde man möglicherweise trotzdem. Also konnten wir noch hoffen.

Lörrach war wirklich eine Falle. Wir mußten langsam begreifen, daß sich nur die bösen Gerüchte bestätigten.

Berta hatte über Umwege erfahren, daß Ruth im Polizeipräsidium in Berlin war. Das Polizeipräsidium war eine von vielen Sammelstellen. Hier wurden Häftlinge eingesperrt und verhört, bevor sie in eins der Lager geschickt wurden, von denen immer häufiger gesprochen wurde. Es kamen immer neue Namen hinzu. Wenn Ruth nicht durchgekommen war, wie sollten es dann Herbert und Elsa mit den Kindern geschafft haben.

Ruth gelang es, der Schwiegermutter mehrmals Nachricht zukommen zu lassen. So weiß ich, daß sie mit ihrem Mann Benno schon im Zug verhaftet wurde. Bis Berlin blieben beide noch zusammen, dann wurden sie getrennt. Von Benno fehlt jede weitere Spur.

Die Tochter Gitta erwähnte Ruth in keiner Mitteilung. Man schien von der Existenz des Kindes nichts zu wissen, und Ruth war klug genug, niemanden, auch nicht einen Mittelsmann, auf den Gedanken zu bringen, daß da noch ein Kind sei. Gitta hatte man tatsächlich vergessen.

Noch während sich Ruth im Polizeipräsidium befand, brachte uns die Post einen seltsamen Brief. Ein blauer Umschlag ohne Marke, aber mit Stempel. Ohne Absender. Der Umschlag war schmutzig, als hätte er auf feuchter Straße gelegen und als sei jemand draufgetreten.

„Das ist ja Herberts Handschrift!“

Mutter öffnete hastig den Umschlag und holte einen Zettel heraus. Ein paar kleingeschriebene Zeilen standen darauf:

„Wißt ihr etwas von Elsa und den Kindern? Wir sind bis Lörrach gekommen. Auf dem Bahnhof war SS. Da kam keiner durch. Elsa bekam einen Anfall. Ich wurde schon auf dem Bahnsteig von Elsa und den Kindern getrennt. Wißt ihr, wo sie sind? Ich bin in Berlin. Am 8. Januar komme ich um 11 Uhr 30 Alte Jakobstraße Ecke Oranienstraße vorbei. Wenn ihr etwas wißt, gebt mir ein Zeichen. Herbert."

Wir hatten den 8. Januar. Es war elf Uhr zwanzig. Sie rief meinen Vater an, der nicht weit entfernt von der Stelle, die Herbert genannt hatte, arbeitete. Vater lief sofort los, nur die Tasche mit seinem Frühstücksbrot griff er. Das wollte er, wenn es möglich wäre, Herbert zustecken. Vater nahm den kürzesten Weg. Als er ankam, war es genau elf Uhr fünfunddreißig. Zu spät. Vater wartete noch über drei Stunden. Es hätte ja sein können, daß die Häftlinge später vorbeikamen.

Durchgefroren und deprimiert kam er nach Hause.

„So ein paar Minuten! Das kann doch nicht wahr sein. Und ich war so froh, daß ich heute noch nicht dazu gekommen war, die Brote zu essen."

Auf das Papier, in das die Brote gewickelt waren, hatte er geschrieben: „Keine Nachricht von Elsa und den Kindern."

Vielleicht ist Herbert an diesem Tage gar nicht dort vorbeigekommen, wo Vater gewartet hat. Aber er ist irgendwann irgendwo vorbeigekommen. Man hat ihn von Lörrach nach Berlin gebracht und von hier aus weiter. Es bleibt die Frage: Wohin? Wohin wurde Herbert von Berlin aus verschleppt? Niemand konnte es mir sagen, als ich nach dem Krieg danach fragte. Niemand wird es je erfahren.

Die einzige, die noch einige Wochen hindurch Nachrichten schickte, war Ruth. Lange nach dem mißglückten Treff mit Herbert, dem Häftling, ließ Ruth uns wissen, daß auch Elsa das Polizeipräsidium passiert habe. Nur Elsa nannte sie, die Kinder nicht. Insgeheim nährte ich den Glauben, daß die Kinder vielleicht doch, gegen jede Logik, durch einen Zufall – es gibt doch unwahrscheinliche Zufälle, nicht wahr? – der SS entkommen waren. Es war ein so schöner Gedanke, daß ich ihn immer wieder dachte. Elsa war im Polizeipräsidium, so ließ es Ruth bestellen. Ruth ließ nichts über die Kinder bestellen. Sie sagte auch über ihr eigenes nichts, und das befand sich während dieser Zeit in Bertas Obhut. Also haben, vielleicht, auch Eisas Kinder irgendwo Schutz gefunden.

Es gab keine Möglichkeit, Ruth zu fragen. Berta fand Ruths Nachrichten im Briefkasten. Im Februar erhielt Berta einen Zettel, auf dem stand: „In einer Woche gehe ich auf Transport."

Dieses „auf Transport gehen" ist bedrückend anonym. Wer veranlaßt den Transport, wohin soll er gehen und zu welchem Zweck? Versuche nicht, einen Sinn darin zu finden, solange du annimmst, daß ein Mensch ein Mensch ist, eventuell ein schlechter, aber doch ein Mensch. Solange du nicht fähig bist zu denken, daß die Totenköpfe und die messerscharf gezackten Runen auf schwarzen Uniformen nicht nur scheußliche Symbole sind, versuche es nicht. Solange du noch nicht die letzten Illusionen abgestreift hast, denke nicht nach über den Sinn des Zeichens „auf Transport gehen", du würdest es nicht verstehen. Erst wenn du nicht mehr die Symbole vor Augen hast, sobald dir das Zeichen begegnet, sondern tote Köpfe und die Schärfe des Messers, wenn du glaubst, den Druck der Schlinge zu spüren und das beizende Würgen des Gases, erst dann ... Doch dann ist es besser für dich, nicht mehr zu denken. Jedoch, es war da, damals war es da, dieses „auf Transport gehen", und selbst die, denen es zudiktiert wurde, wiederholten es. Dafür gibt es viele Gründe: Unwissenheit, Anpassung, Angst vor dem klaren Wort, Rücksichtnahme, vor allem wohl, weil das Ungenannte, das Anonyme, unaussprechbar war.

Auch Ruth würde weggebracht werden, in ein Lager, in einer Woche. Auch sie nannte es: auf Transport gehen. Großmutter hatte im Herbst noch geschrieben, daß sie reisefertig sei und daß die Reise morgen losgehe. Hör nur richtig hin, es klingt doch freundlich? Wer die Umstände nicht kennt, könnte meinen, es sei eine erfreuliche Mitteilung gewesen, die Großmutter im Herbst gemacht hatte, geschrieben im Zustand angenehmer Erwartungen: Ich bin reisefertig. Nun geht die Reise los. Großmutters Brief ging durch die Zensur. Sie mußte eine harmlose Umschreibung wählen. Nein, das war es nicht allein. Wir haben ja auch „reisefertig“ gesagt, damals. Ein freundlicher Ausdruck, um das Schreckliche zu mildern. Da wir noch weit entfernt davon waren, das Ausmaß des Schreckens zu erkennen – das Ghetto, die Bewachung, die Trennung, den Hunger, die Qual, den Tod – , da wir das erst mühsam verstehen lernen mußten, ging es uns noch über die Lippen: Sie war reisefertig. Doch auch der grobe Ausdruck „auf Transport gehen“ war uns im September schon bekannt, und wir haben auch diesen gebraucht, aber seltener. Etwa aus Scheu, das Harte hart zu nennen? Wir verstanden noch nicht den vollen Sinn.

Ich kann die Motive nicht nennen. Nur eins weiß ich: Zwischen dem September 1942 und dem Februar 1943 haben wir es alle aufgegeben, von der Reise zu sprechen. Was vor sich ging, sickerte immer mehr durch und drang in unser Bewußtsein, ob wir uns dagegen wehrten oder nicht, ob wir es für möglich hielten oder nicht. Es freundlich zu umschreiben hätte wie Hohn oder wie fromme Duldsamkeit gewirkt. Dann lieber der grobe Ausdruck, mit dem das Unnennbare anonym blieb. Ich denke, so setzte es sich durch.

Ich berichtete von Ruth, der der Transport bevorstand.

Zwei Tage vor Ablauf der Woche, die Ruth als Frist genannt hatte, klingelte es an Bertas Wohnungstür. Zwei Polizisten standen draußen.

Sie hatten zuvor das Haus Stargarder Straße 69/70 betreten, im Hausflur auf den stillen Portier gesehen und Bescheid gewußt: Vorderhaus, zwei Treppen links. Sie waren Stufe für Stufe hinaufgestiegen, bis sie vor der Tür mit dem schmalen Messingschild „Karl Bethke“ standen.

Berta öffnete den Polizisten die Tür. Sie öffnete ohne Arg.

Man forderte von ihr die Herausgabe des Kindes Gitta Friedländer. Berta – was sollte sie tun? Was auch immer vorher möglich gewesen wäre, jetzt war es zu spät. Jetzt stand sie den bewaffneten Männern gegenüber. Berta gab das Letzte heraus, was sie noch besaß, das Enkelkind, das ihr geblieben war. Warum nur, warum jetzt noch, wo sie nicht mehr damit gerechnet hatte?

Ruth hatte an diesem Tag ihren Bewachern erklärt: „Ich habe ein Kind und will es mitnehmen."

Richte niemand über Ruth! Niemand von euch hat Ähnliches durchlebt Wer sich anmaßt zu richten, versteht nichts. Denkt an die Liebe, an die unmäßige vernunftlose Liebe. Ruth wurde von ihr gequält. Richtet nicht über sie.

Ruth verschwand wie Benno, ihr Mann. Sie ist nicht mehr auffindbar, sie nicht und nicht ihr Kind.

Sie verschwanden wie Herbert und der Junge, wie Elsa und Bella, wie Paul mit den Seinen. Nichts blieb von ihnen als zwei Karten in der Kartei von Auschwitz.

10

Debora

Noch vor Weihnachten war Debora zu uns gezogen. Das Pendeln zwischen dem Strausberger Platz und der Naunynstraße war eine unnötige Last.

„Du sparst Zeit und kannst dir ein bißchen Ruhe gönnen, wenn du von der Arbeit kommst“, hatte Mutter ihrer Schwester geraten, und Vater hatte hinzugefügt: „Bei uns ist es wärmer.“

Insgeheim dachten wohl alle, daß bei uns nicht so bald zwei Männer in der Tür stehen würden mit der Order: „Die ist dran.“

Bisher hatte Debora immer noch in der alten Ladenwohnung gelebt. Sie mußte nicht wie andere in eins der Judenquartiere. Debora kam zu uns, blieb aber weiterhin in der Naunynstraße gemeldet. Dort wohnte immer noch Großmutters Schwester Dora mit ihrem Mann. Sie nahmen nun Untermieter auf, Ausgebornbte. Das Zimmer der Geburtstagsrunde, der Laden mit den Lackbildern und Glückwunschkarten gehörten von nun an der Vergangenheit. Ich mochte nicht mehr hingehen, seit Fremde dort wohnten.

Wir holten Deboras Sachen.

Wir hatten am Strausberger Platz zwei Zimmer. In einem standen die Ehebetten meiner Eltern und ein Kleiderschrank, der Platz beim Ofen war seit Kriegsbeginn zum Wohnen eingerichtet. Wir hatten nur Kohlen für ein Zimmer, und dieses kleinere hatte einen ziemlich neuen Kachelofen. Das andere Zimmer, dem in der Naunynstraße sehr ähnlich, war unsere „große Stube“. Hier schlief ich.

Es war eins dieser Berliner Zimmer, die nur ein Fenster in der hintersten Ecke haben, unseres lag zum Hof hinaus. Da der Raum fast von allen vier Seiten eingebaut war, kühlte er im Winter nicht so schnell aus. Doch so um Weihnachten wurde es in diesem Zimmer ungemütlich, wenn es nicht geheizt wurde.

„Wo willst du schlafen, Bora? Du darfst es dir aussuchen: im Bett oder auf der Chaiselongue?“

„Ich werde dir doch nicht dein Bett wegnehmen, Mädchen.“

„Ach, ich bin immer so müde, ich kann überall schlafen.“

Wir einigten uns: Sie wählte die Chaiselongue. Unsere Schlafplätze befanden sich links und rechts neben dem Ofen, der in einer Ecke stand. Jeden zweiten Tag wurden darin ein paar Kohlen verbrannt, dann streckten wir unsere Füße aus, um sie in Ofennähe zu wärmen. Doch nach ein paar Minuten stellten wir jedesmal fest, daß sie auf diese Weise noch kälter wurden.

Wenn wir im Bett lagen, blickten wir beide, nur jeweils aus einem anderen Winkel, auf den Ofen. Es war ein hoher bunter Kachelofen aus der Gründerzeit. Statt der Züge besaß er nur einen kaminartigen Schacht, der unter der Zimmerdecke in den Schornstein ging. Um das Rohr zur Wand zu verdecken, saß auf dem oberen Ofenrand ein Gesims aus Keramik. Der Ofen war ein Prunkstück, nur warm bekamen wir ihn nicht.

„Bora, meine Füße werden auch unter der Decke nicht warm.“

„Zieh dir ein Paar Socken an.“

„Im Bett?“

„Sicher. Das hilft.“

In unserer „großen Stube“ standen zwei komplette Wohnzimmereinrichtungen – die meiner Eltern und die von Herbert und Elsa – , außerdem die Chaiselongue und mein Bett. Trotzdem war um den Tisch herum, der mitten im Raum unter einem schweren Leuchter stand, noch viel Platz. Allerdings hielten wir uns hier nicht auf, der Kälte wegen.

Wir wärmten unsere Federbetten immer erst an den heißen Kacheln im Nebenzimmer an, ehe wir uns zudeckten. Und so, eingehüllt in angewärmte Daunen, fand ich das Leben gar nicht so schlecht. Ich glitt schnell hinüber in Träume und träumte angenehmer, friedlicher, seit in meiner Nähe noch ein Mensch atmete.

Debora deckte mich abends zu und strich über meine Decke, wie ich es bei Bella getan hatte.

„Bora, was meinst du, ob Herbert und Elsa über die Grenze gekommen sind?“ Der Brief, den Herbert irgendwo der Straße anvertraut hatte, war, als ich dies fragte, noch nicht geschrieben. Im Dunkeln, unter den warmen Daunen, traute ich mich, darüber zu reden.

Es blieb still, und ich dachte schon, Debora wäre bereits eingeschlafen. Da kam die zögernde Antwort: „Wir hoffen es alle. Schlimm, wenn sie es nicht geschafft haben.“

„Sie waren so zuversichtlich. Darum haben sie doch Bella mitgenommen.“

„Ich weiß nicht, ob man über eine bewachte Grenze kommen kann.“

Warum half sie mir nicht, meine Hoffnung zu bewahren?

„Bora, ich kann mir nicht vorstellen ...“

Wieder blieb es eine Weile still. „Irgendwann hat der Spuk ein Ende. Laß uns jetzt schlafen. Die Nacht ist kurz.“

Schon halb im Schlaf dachte ich: Hoffentlich kommt kein Alarm. Jeden Abend war dies mein letzter Gedanke.

Ein paarmal redete Debora von Großmutter. Sie erzählte, was ihr so einfiel, alltägliche, angenehme Dinge.

„Sonntags sind wir oft am Engeldamm spazierengegangen, auch wenn es kalt war. Das ist gesund. Großmutter mag die Schneeluft. Sie merkt schon Stunden vorher, ob es schneien wird oder nicht. ‚Heute riecht es nach Schnee‘, sagt sie, und dann schneit es bestimmt. Du kannst dich darauf verlassen.“

„Das liegt an ihrem Rheuma“, wandte ich ein.

„Ach wo. Sie spürt tatsächlich, wie die Luft ist.“

Es kam vor, daß Debora unvermittelt abbrach und wie für sich selbst fragte: „Wie es ihr wohl geht?“ Ich liebte es, in den Minuten vor dem Einschlafen mit Debora zu reden. Eine Stimme im

Dunkeln zu hören, das war gut gegen alles. Es half gegen Traurigsein, es verscheuchte die aufkommende Angst. Debora, die oft nur stotternd über die Wörter kam, vermochte im Dunkeln ruhig zu erzählen.

„Hast du eigentlich Angst, Bora?“ fragte ich sie an einem solchen Abend.

„Wovor soll ich Angst haben?“

„Vor den Nazis, meine ich.“

„Das weiß ich nicht.“

„Wieso weißt du das nicht?“ Ich hatte ein klares Ja oder Nein erwartet.

„Ich fürchte mich vor etwas, was ich kenne. Vor großen Hunden habe ich Angst, ja, weil ich mal von einem gebissen wurde. Vor Bomben auch. Wir wissen ja, wie es ist, wenn sie runterkommen. Aber die Nazis – ich kann mir nicht vorstellen, wie die sind. Ich weiß nicht, wie sie sind.“

„Es sind unsere Feinde.“

„Natürlich. Aber wer ist das, genau, leibhaftig?“

„Die Großmutter abgeholt haben.“

„Weißt du was von ihnen? Hast du dir gemerkt, wie auch nur einer von ihnen aussah?“

Ich schwieg. Nein, das hatte ich nicht. Ich hatte auf Großmutter geachtet, nicht auf ihre Bewacher oder richtiger: auf, die von da an ihre Bewacher waren.

„Trotzdem, Bora. Sie sind bestimmt schlimmer als Hunde und Bomben.“

„Hast du denn Angst?“ fragte sie mich.

„Manchmal, ja. Manchmal ist mir so schrecklich zumute. Als ob ich ganz allein bin und als ob die Zeit nicht weitergeht Dann kommt es mir vor, als würde es immer so bleiben, wie es jetzt ist. Als würde es nie anders werden.“ Erst jetzt, da sie mich danach fragte, wurde mir klar, daß so etwas wie Angst in mir saß.

„Es wird alles anders“, beruhigte mich Debora. „Hitler hat ausgespielt, jetzt, nach Stalingrad.“

Das war unsere neue Hoffnung – Stalingrad. Die Faschisten hatten diese Stadt nicht besiegen können. Sie waren auch nicht in Moskau eingedrungen, und sie hatten Leningrad nicht in die Knie gezwungen. Ja, alles würde anders werden, besser ...

Ende Januar wurde der Frost strenger. Debora kam abends durchgefroren nach Hause. Es war kalt in der Fabrikhalle, in der sie arbeitete.

„Du holst dir noch was weg.“ Mutter war besorgt. „Du mußt dich wärmer anziehen. Nimm Veras Schihose, sie braucht sie nicht. In der Schule ist es nicht so kalt, und sie kommt schon mittags nach Hause.“

Debora paßte die Hose. Sie zog die weiten Hosenbeine, die an den Knöcheln mit einem Bündchen zusammengehalten wurden, über ihre Schnürstiefel. Das hielt warm.

„Wir haben die gleiche Figur, Vera“, stellte Debora fest. „Hast du auch meine Schuhgröße? Probier mal meine Schuhe.“

Sie hatte viele schöne Schuhe, noch aus der Vorkriegszeit. Ich probierte ein Paar hellblaue hochhackige Pumps aus weichem Leder. So etwas hatte ich noch nie an den Füßen gehabt.

„Sie sind wunderschön.“

„Ich habe sie nur ein einziges Mal getragen, zu einer Feier. Ich habe sie mir zu einem Kleid gekauft, das mir Alfred kurz vor seiner Emigration geschenkt hat.“

Die Schuhe paßten mir. Das Kleid dazu besaß sie nicht mehr. Sie hatte es Mutter gegeben, die dafür von einem Fleischer in der Halle zwei Würste bekommen hatte. Eines Abends stellte Debora ein Paar schwarze Wildlederpumps und die blauen Schuhe in mein Schuhfach.

„Ich brauche sie nicht“, erklärte sie. „Das ist was für junge Damen. Trag sie im Sommer. Du bekommst vorläufig sowieso keine zu kaufen.“

Wie hätte ich nein sagen können zu einem solchen Geschenk? Was ich an den Füßen hatte, war immer wieder ausgebessertes Schuhwerk. Die Farbe und die Form, die es mal gehabt hatte, war nicht mehr zu bestimmen. Ich trug meine Schuhe nach dem Prinzip, das für Kinder galt: Sie mußten halten, bis sie zu klein wurden. Aber meine Füße hatten schon lange unverändert dieselbe Größe. Ich wünschte mir nun, der Frühling möge bald kommen.

Bevor es Frühling wurde, kam der Februar. Mein fünfzehnter Geburtstag nahte. Als ich fünfzehn wurde, konnte ich weinen und gesellig sein, Trauer mit Glück mischen, von einer Stimmung in die andere wechseln.

„Willst du dir nicht Besuch zum Geburtstag einladen?" fragte meine Mutter. Ich war zu jung, um mich darüber zu wundern. Warum sollte ich nicht Geburtstag feiern? Wo ich doch fünfzehn Jahre wurde.

„Ich backe auch einen Kuchen", versprach mir Mutter.

Schon lange waren meine Freundinnen nicht mehr bei mir gewesen. Ich ging lieber zu ihnen. Ab und zu andere Wände und andere Stimmen, das brauchte ich. Und dann wußte ich auch nie, wer mit welchen Neuigkeiten zu uns kam. Was ging das meine Freundinnen an.

Ich lud mir also Besuch ein.

Am Morgen meines Geburtstages – es war der 27. Februar 1943 – bekam ich ein neues Kleid, nicht eins von den selbstgeschneiderten, sondern ein gekauftes, aus nagelneuem hellblauem Stoff, passend zu den Pumps von Debora. Lange hatte ich nicht so etwas Hübsches bekommen.

Mutter sagte, und es klang wie eine Entschuldigung: „Vater hat es aus Paris mitbringen lassen, von Jahnel, seinem Chef. Du solltest etwas Besonderes haben."

Jahnel machte neuerdings Geschäfte in Paris, er wollte dort eine Zweigstelle seiner Spedition errichten. Vater hatte es erzählt und die Geschäfte gar nicht gut gefunden. Jetzt war es ihm peinlich, daß er Jahnels Beziehungen in Anspruch genommen hatte. Er sagte: „Die Hauptsache ist, daß Vera sich freut. Ich küßte ihn, weil ich mich wirklich freute, trotz allem, und weil ich spürte, daß er es gut meinte.

Nachmittags kamen drei Freundinnen. Der frische, duftende Kuchen, die Glückwünsche, ihre kleinen Geschenke, fünfzehn brennende Kerzen – was Wunder, daß wir vier Mädchen bald schwatzten und kicherten.

„Was für ein schönes Kleid!“

„Soll ich es mal anziehen?“ Ohne auf ein Ja oder Nein zu warten, zog ich mich um. Ich drehte mich, daß der weite Rock sich wellte. „Das Kleid reicht ja bis an die Waden. Ist das nicht zu lang?“

„Das ist doch schick!“

„Damit kannst du ausgehen.“

„Fehlt nur der Freund dazu, oder hast du einen?“

Da lenkte Inge die Aufmerksamkeit auf sich: „Stellt euch vor, der Lange aus unserem Haus will mit mir ausgehen.“ Sie wohnte auf der anderen Seite der Großen Frankfurter. Ihre Mutter hatte dort einen Möbelladen.

„Der Lange? Dem reichst du doch höchstens bis an die Brusttasche.“

„Ich bin schon einseinundfünfzig!“ verteidigte sie sich. „Mit Schummeln“ – „Übertreib nicht.“ – „Hast du beim Messen auf der Rutsche gestanden?“

Wir zogen sie auf, sie war die Kleinste von uns, und sie feilschte immer um jeden Zentimeter.

„Wenn ich es euch aber sage!“

Eins der Mädchen gab nach: „Immerhin will der Lange mit ihr ausgehen.“

Das war schon was. Der Lange war kaum älter als wir, und nur wegen seiner Größe nahmen wir ihn ernst. Der wollte also mit der kleinen Inge ausgehen. Zum Beweis holte sie etwas aus ihrer Tasche und gab es uns. „Das ist von seiner Schwester. Die arbeitet bei Trumpf in Weißensee. Könnt ihr ruhig essen, ist richtige Schokolade."

Inge reichte sie herum. Da kam eine skeptische Frage: „Warum ist die so klumpig?"

„Seine Schwester hat sie in ihren Ausschnitt gesteckt und von der Wärme ... na ja, auf andere Weise kann sie sie nicht mitbringen. Wir aßen die zerknautschte Schokolade. Als ein Mädchen zu bedenken gab, daß die ja geklaut sei, lachten wir sie aus. Wir fanden Inge prima, den Langen auch und natürlich seine Schwester mit dem Schokoladenbusen. Dann klingelte es, und ein Junge aus der Nachbarschaft stand, etwas schüchtern, mit einem Blumentopf vor der Tür. Er wollte nur gratulieren und wieder gehen. Aber wir Mädchen zogen ihn ins Zimmer. Mit einem Jungen in der Mitte werden Mädchen zunehmend lustiger. Lange war es nicht so heiter bei uns gewesen wie an jenem Nachmittag.

Meine Mutter setzte sich eine Weile zu uns. Heute glaube ich zu wissen, was sie bewogen hatte, mich meinen Geburtstag feiern zu lassen. Da wuchs ein Mädchen heran, das schweren seelischen Belastungen ausgesetzt war. Es durfte nicht nur diese Belastungen geben, wenn dieses Mädchen, ohne Schaden zu nehmen, über die Zeit kommen sollte. Bestimmt wollte Mutter mich auch einmal unbeschwert lachen sehen, im Kreise Gleichaltriger, mit denen ich einmal würde leben müssen, wenn es Mutter, Vater und Verwandte nicht mehr gab. Sie dachte immer an diese Zukunft, ich ahnte es nur noch nicht. Sie hatte in den ersten Wochen des Jahres dreiundvierzig begonnen, sich auf etwas vorzubereiten, was, wie sie meinte, unausweichlich kommen werde. Sie hatte vor allem mich darauf vorbereiten wollen. Ich sollte für das, was nach einer Trennung käme, gerüstet sein. Der Tag, als ich dies entdeckte, war der schwerste meiner Jugend. Er kam erst im darauffolgenden Jahr.

Noch war ich ausgelassen wie meine Freundinnen. Ich war ja gerade erst fünfzehn geworden.

Mein Vater kam von der Arbeit. Er schaute freundlich, aber sehr still auf die lustige kleine Gesellschaft. Dann ging er mit meiner Mutter aus dem Zimmer, und wir machten uns keine Gedanken darüber, daß sie uns allein ließen.

Es mochte etwa gegen sechs oder sieben Uhr gewesen sein, als die Mädchen gingen, der Nachbarsjunge hatte sich schon früher verabschiedet.

Ich räumte den Tisch ab und machte ein bißchen Ordnung. Meine Eltern saßen noch immer nebenan. Ich schaute zur Uhr und ging zu ihnen hinüber.

„Bora kommt aber spät. Es ist doch fast acht."

„Bora kommt nicht mehr", sagte meine Mutter.

„Ach, gerade heute nicht, an meinem Geburtstag."

Mein Vater wiederholte den Satz, nur jetzt klang er ganz anders: „Debora kommt nicht mehr."

Mit einem Schlage war alles vorbei – Geburtstag, Lachen, Freundinnen. Das hatte es alles gar nicht gegeben. Es war ausgelöscht mit diesem einen Satz. Ich setzte mich, und mein Vater erzählte: „Sie haben Debora aus der Fabrik geholt. Debora und andere Frauen. Sie haben alle so mitgenommen, wie sie waren, ohne Mäntel."

„Debora hat heute morgen die Schihose und einen dicken Pullover angezogen", es sollte tröstlich klingen, „aber trotz dem, ohne Mantel ..."

Mehr sagten sie nicht, und ich war still. An jenem 27. Februar und an dem folgenden und dem übernächsten Tag trieben sie die Juden zusammen. Sie holten sie aus den Fabriken, aus den Wohnungen, sie griffen sie auf der Straße auf, überall. Kein gelber Stern sollte ausgelassen werden. Dennoch blieben manche Juden verschont. Sie wurden vergessen, oder sie wurden noch in Berlin gebraucht. Oder es waren einfach zu viele, und man mußte eine Pause einlegen.

Die Halle, in der Debora gearbeitet hatte, lag im 4. Stock. An Deboras Seite hantierte eine junge Frau. Als SS die Jüdinnen von den Arbeitsplätzen wegkommandierte, lief die junge Frau zum Fenster, riß es auf und sprang hinaus. Debora wurde von einem Mann am Arm gepackt und mitgezogen. Es ging so schnell, daß sie nicht einmal nach ihrer Tasche greifen konnte. Mantel und Tasche brachte uns noch am selben Abend eine Arbeiterin, die dabei war.

In der Nacht vom 27. zum 28. Februar blieben wir vor dem Volksempfänger. Wir hörten das Bumbumbumbum des Londoner Rundfunks, das am ehesten verräterisch die Wände durchdrang. Moskau meldete sich mit dem Kampfruf: „Tod den deutschen Okkupanten!“, und Radio Beromünster übermittelte gegen Ende der Nacht Kommentare und Schilderungen. An Schlaf war nicht zu denken.

Alle Sender berichteten von den Razzien in Berlin, mit vielen Einzelheiten. Noch in der Nacht zum 28., so wurde berichtet, sei ein Transport nach dem Osten abgegangen: mit Menschen, die aus Fabriken geholt worden waren, so wie sie gingen und standen, ein Viehtransport in Richtung Posen, ohne Aufenthalt, ohne Zwischenstation in einem ihrer Gefängnisse oder im Polizeipräsidium. Es waren zu viele, um ihnen ein Quartier zu geben, um ihnen eine Pause zu lassen. Nichts dergleichen. Aus der Fabrik ohne Mantel und Tasche auf Transport.

Wir waren sicher, in diesem Zug, der schon bereitstand, als die Wagen vor den Fabriken vorfuhren, in diesem Zug war Debora, die gute, häßliche Debora. Er wurde eilig abgefertigt, damit er seine Reise in den Osten, wo die Sonne auf geht, unverzüglich beginnen konnte. Doch seinen Insassen ging keine Sonne mehr auf. Der Zug ist nur wenige Stunden unterwegs gewesen. Irgendwo hinter Posen war seine Endstation, die „Endlösung" für die Menschen, die in ihm eingepfercht waren.

Der vermutlich am nächsten liegende Ort wurde in den Berichten genannt. Wir zeichneten ein Kreuz in den Atlas, aber der Atlas ging wie alles andere später in Flammen auf, und den Namen des Ortes habe ich mir nicht gemerkt.

Nicht in dieser Nacht, aber in einer der nächsten brachten die nächtlichen. Sender weitere Einzelheiten Die Gefangenen wurden aus dem Zug gejagt, vor den Gewehren hergetrieben, dann wurde geschossen, bis sich keiner mehr rührte. Es war ein ganzer Zug voller Menschen, die vor Kälte und Angst froren, ein Menschenzug, der im Dunkel der Nacht zurn 28. Februar 1943 auf polnischem Boden gemordet wurde. So endete Debora. Ich bin sicher, daß sie so endete.

11

Die große Welle

Am Morgen des letzten Februartages saßen wir übermächtig beim Frühstück, Vater, Mutter und ich. Es war ein Sonntag. Wir wollten wie gewohnt zur Messe gehen. „Beten für Deborah", sagte Vater.

Mutter nickte. „Wenn es nur helfen würde."

„Wir können nicht anderes tun"

Sie stimmte ihm zu. „Nein. Für sie nicht und für keinen." Mutter aß keinen Bissen, sie trank nur einen heißen Kaffee.

Die Nachrichten der Nacht besagten, daß eine Verfolgungswelle eingesetzt habe, deren Ausmaß noch nicht abzusehen war. Die Stimmen aus Moskau, Bern und London hatten uns unsicher gemacht.

Wir begaben uns auf den Weg.

Ich habe diesen Tag in Erinnerung als frostkalt, ohne Schnee, grau und unheimlich. Bevor ich aufschreibe, was an diesem Tag und an den folgenden Tagen passierte, prüfe ich noch einmal die Blätter mit Notizen, um die Ereignisse der Reihe nach erzählen zu können.

Auf dem Weg zur Piuskirche, am Morgen jenes Tages, wir gingen gerade über den Strausberger Platz, sahen wir zwei LKWs, die in die Krautstraße einbogen. Sie fuhren ohne Plane, so daß wir sehen konnten, welche Ladung befördert wurde: Juden. Männer und Frauen, die mit einem handgroßen gelben Stern gekennzeichnet waren. Mutter sah ihnen entsetzt nach. Vater faßte sie unter den Arm und zog sie zum U-Bahn-Eingang und die Treppe hinunter. Ich lief ihnen voraus in den Schacht, als könne er Schutz geben.

„Was nun?" fragte Mutter.

„Wir gehen zur Messe", entschied Vater. Er ging die Treppe wieder hinauf, schaute um sich und winkte uns. Bis zur Piuskirche war es nicht weit. Hier fühlten wir uns sicher. In diesem Haus würde niemand etwas von uns wollen. Niemand würde hier nach Mutters Herkunft fragen.

Sie saß unbewegt in der Bank. Das Zeichen zum Niederknien hörte sie nicht, oder sie folgte ihm nicht. Ihre Finger waren ineinander verkrampft, nicht gefaltet.

Ich wußte nicht, was in dieser Stunde vor sich ging. Sie trieben Menschen zusammen und fuhren sie auf LKWs weg. Wen holten sie, und wie lange sollte das noch gehen? Als Großmutter auf einen LKW gestiegen war, hatte sie zuvor von uns Abschied genommen. Debora war keine Zeit dafür gegeben worden, nicht einmal den Mantel durfte sie anziehen. So treibt man Vieh zusammen, und so waren wohl auch die LKWs beladen worden, die uns am Strausberger Platz begegneten.

Ich hätte gern zum Himmel um Hilfe gefleht, aber ich konnte es nicht. Es schien mir, daß es für diese Bedrängnis keine frommen Worte gab.

Die Messe ging zu Ende, und wir verließen die Kirche. Mutter wollte nicht nach Hause gehen, nicht in die Wohnung, in der man sie vermuten würde.

„Vielleicht wissen Lufts etwas“, sagte Vater. „Gehen wir zu ihnen.“

Die Lufts, das waren Max der Älteste und seine Familie. Sie wußten mehr, aber nichts Gutes. Rudi war gestern von der Straße weg auf einen LKW befohlen worden. Er war auf dem Heimweg gewesen, und er hatte wohl einen Moment seinen Stern nicht gut genug mit der Tasche bedeckt gehabt, was ja auch verboten war: Der Stern mußte offen gezeigt werden. Rudis Eltern waren am Vormittag aus der Wohnung geholt worden. Sie wohnten zwei Etagen tiefer.

Die Wohnung der Lufts befand sich in der Blankenfelder Straße, das war eine kleine Nebenstraße der Marsiliusstraße, südlich der Großen Frankfurter, nur zehn Minuten von unserem Haus entfernt. Sie hatten eine schöne große Vorderhauswohnung, dritter Stock links. Max der Älteste hatte spät geheiratet, eine Christin, und seine Kinder waren nur wenige Jahre älter als ich, so daß wir uns als zu ein und derselben Generation gehörig fühlten.

Max' Tochter Netty war für mich eine große Schwester. Ich mochte die hochgewachsene Frau mit dem schmalen Gesicht und dem welligen braunen Haar, es hatte einen Stich ins Rote und fiel ihr weich auf die Schultern. Ich weiß, daß Netty mich auch gern hatte.

Als wir zu den Lufts kamen, war Netty ernst. Rudi war ihr Mann. Netty sprach nicht und klagte nicht. Sie war nur sehr ernst. Rudi und Netty konnten nicht heiraten, weil sie eine Halbjüdin war und er ein Jude. Sie hatten ein Kind, aber kein Fremder durfte wissen, daß Rudi der Vater war. Nach den Nürnberger Gesetzen wären sie alle zum Tragen des Sterns verurteilt gewesen. Darum schlich Rudi immer heimlich zu seiner Familie. Er kam nur, wenn er sich vor den neugierigen Augen der Nachbarn sicher glaubte. Seine Eltern trafen das Enkelkind nur weitab in einem Park.

Die Wohnung im ersten Stock war von nun an leer, versiegelt.

Wir saßen lange bei den Lufts. Es wurde leise gesprochen, als liege ein Toter nebenan, ein noch nicht Bestatteter. Untätig und unruhig saßen wir auf den Stühlen. Ich hielt das nicht aus, lief zum Fenster, setzte mich wieder, ging in die Küche, um irgend etwas zu tun, aber es gab nichts zu tun. In der Stube saßen sie immer noch wie vor einer Totenfeier. Am liebsten hätte ich ins Zimmer hineingerufen, daß doch niemand gestorben sei. (Es war jemand gestorben, Debora, aber das wußte ich zu diesem Zeitpunkt noch nicht.) Die, an die wir dächten, seien nur nicht mehr da und würden vorläufig nicht nach Hause kommen, Rudi und seine Eltern und alle Sternträger, die es inzwischen noch getroffen haben könnte. Aber tot seien sie nicht. Und doch wußte ich, es war schlimm, in der Gewalt der SS zu sein. Darum saßen wir so, und ich konnte nichts daran ändern.

Wir fürchteten jede Neuigkeit. Jedes Geräusch schreckte uns. Selbst der Ansatz zum Sprechen, so in die Stille hinein, konnte heißen, man habe etwas gehört. Alle warteten darauf, nichts zu hören. Alle hofften, daß nichts geschehe.

Irgendwann kehrten die Gedanken zu uns selbst zurück. Jemand fragte: „Und die, die keinen Stern tragen?"

Max' Ehe war wie die meiner Eltern eine Mischehe, darum brauchten die Lufts und wir keinen Stern zu tragen. Uns erkannte man auf der Straße nicht. Wir würden nicht aufgegriffen werden. Aber sie kamen auch in die Wohnungen, wie zu Rudis Eltern. Mutter! dachte ich, und im selben Augenblick vergaß ich alle anderen.

Max versuchte uns zu beruhigen: „Uns tut man nichts. Wir sind mit Ariern verheiratet. Das schützt uns nach ihrem Gesetz."

„Wer schützt uns? Ihr Gesetz? Das glaubst du doch nicht im Ernst?"

„Vorläufig ist keine Mischehe angetastet worden."

Langsam begann ich mich zu fürchten. Warum waren wir in dieser Wohnung? Wenn sie nun Max holten, der so etwas nicht für möglich hielt, würden sie Mutter nicht gleich mitnehmen?

Da Mutter blieb und keine Angst zeigte, sagte ich nichts. Ich wurde auch nicht nach meiner Meinung gefragt. Außerdem mußte mein Vater gleich kommen, dann würden wir weitersehen. Vater war irgendwo hingegangen, um zu erfahren, was geschah.

Ein Auto hielt vor dem Haus. Jemand stürzte zum Fenster.

„Ein Lastwagen!"

Zu wem wollen sie? Max' Frau ging zur Wohnungstür und öffnete sie einen Spalt. In der Etage darunter ging die, Tür auf, und eine junge Frau schob ihre Tochter ins Treppenhaus.

„Geh zu Tante Luft, schnell. Einem plötzlichen Gedanken folgend, hielt die Frau das Mädchen noch einen Augenblick fest. sie löste eine goldene Uhr von ihrem Handgelenk und streifte sie hastig über den schmalen Kinderarm.

„Nun geh, schnell, beeil dich."

Es war buchstäblich der letzte Moment. Die Stiefel waren schon auf der Treppe zu hören. Das Mädchen war brav und lief eine Etage höher. Max' Frau zog sie schnell herein und schloß die Tür. Von unten hörte man hartes Klopfen. Die Tür wurde sofort geöffnet. Die junge Frau beeilte sich, nur schnell aus diesem Haus, bevor sie nach dem Kind fragten. Sie fragten nicht. Der LKW fuhr ab.

Gutes und Nichtgutes oder Nichtimmergutes liegen dicht beisammen. Die Mutter, die ihr Kind noch aus der Tür schieben konnte, war kaum aus dem Haus, als Max' Frau die Uhr von dem Kinderarm nahm und sich selbst um das Handgelenk legte. Nichts dagegen einzuwenden, wenn es nur darum gegangen wäre, das wertvolle Andenken von dem viel zu schmalen Arm zu nehmen, um es sicherer zu verwahren. Aber die Hand, über die das Gold geglitten war, wurde in Schulterhöhe gehoben und so hin und her gedreht, daß das Licht auf dem Metall spielte. Es war eine genüßliche Bewegung, und Vergnügen stand dabei im Gesicht der Frau. Ich konnte nicht begreifen, was so vergnüglich war. Das Kind haben noch am selben Tag Verwandte in Sicherheit gebracht.

Endlich kam Vater. Kurz danach kamen auch Edith, ihr Mann und ihr Sohn.

„Die fahren rum, ich hab's gesehen, noch immer, gestern schon und noch immer." Edith redete laut und hastig. „ Ich geh nicht mit. Das dürfen sie nicht, Max, sag doch was. Ich habe doch einen arischen Mann." Während Edith sprach, zuckte es um ihren Mund und um ihre Augen, sie konnte Arme und Schultern nicht zur Ruhe zwingen. Edith hatte es in ihrem Haus in der Rosenthaler Kolonie nicht ausgehalten, war mit dem Sohn nach Tegel gelaufen, wo ihr Mann arbeitete. Er hatte Sonntagsdienst. Zwei Stunden, erzählte sie, hätten sie vor dem Werktor gestanden. Sie hatte sich nicht getraut, den Mann unter einem Vorwand ans Tor holen zu lassen. „Vielleicht hätte jemand gemerkt, was los ist. Die in der Fabrik wissen doch nicht, daß ich Jüdin bin."

Die Lage wurde hin und her diskutiert, ohne daß etwas dabei herauskam.

„Sie sollen auch schon Juden abgeholt haben, die mit Ariern verheiratet sind."

„Aber sie mußten sie wieder freilassen, weil Frauen von Nazibonzen dabei waren"

„Die lassen keinen frei. Und überhaupt, es gibt doch keine Nazis in Mischehen."

„Aber sie haben welche abgeholt, die keinen Stern zu tragen brauchen."

„Auch Halbjuden?"

„Nein, die nicht."

„Doch, die auch, sie sollen in Polen Schützengräben ausheben."

„Nicht in Polen, sondern in Ostpreußen. Junge Männer haben sie dafür geholt."

Ich fragte leise dazwischen: „Keine Mädchen?"

„Nein, Mädchen nicht."

„Dann werden sie sich für die Mädchen auch noch was ausdenken. Die schrecken vor nichts zurück. Sie nehmen doch auch Kinder mit."

Max wurde ärgerlich. „Hört endlich auf! Nehmt doch Rücksicht aufeinander" Mit beruhigender Geste fuhr er fort: „Sie tun uns nichts. Wir haben es doch eben erlebt. Wollten sie was von mir? Nein! Sie waren im Hause und sind nicht zu mir gekommen." Nach einer Weile fügte er leiser, aber mit fester Stimme hinzu: „Kommt zum Schabbes zu uns. Laßt uns Kerzen anzünden und in Ruhe weitersprechen. Es wird sich alles finden."

Es war das erstemal, daß er uns zur Sabbatfeier bat.

Wir wollten zu Max dem Ältesten gehen. Es kam aber anders. Schon am nächsten Tag war Max in der Großen Hamburger Straße, in einem Quartier der Gestapo.

Der Angriff wurde verschärft. Er erreichte seinen Höhepunkt, bevor dieser Tag um war. Wir erfuhren davon durch Ediths Mann.

Er saß am Tisch und weinte. Er weinte hemmungslos wie ein verlassenes Kind.

„Edith ist abgeholt ... Gestapo ..."

„Haben sie was gesagt?"

Er schluchzte und nickte.

Es war schwer, einen zusammenhängenden Satz aus ihm herauszubekommen. Ich habe nie sonst einen Mann so weinen sehen. Großmutters sanfte Handbewegung fiel mir ein. Das eine wie das andere sprach von Trauer und hilfloser Verzweiflung.

Was Ediths Mann uns mitteilte, war alarmierend. Es bedeutete, daß alle Mischehen gefährdet waren. Immerhin erfuhren wir, wohin die Verhafteten gebracht worden waren: zur Großen Hamburger Straße. Denn Ediths Mann bekam die Anweisung, seinen Sohn mit bestimmten Papieren dorthin zu schicken. Nicht er selbst, sondern der Sohn sollte kommen. Sonderbar und beunruhigend war diese Anweisung. Der Sohn war nicht zu Hause gewesen, als man die Mutter fortbrachte. Wollten die Ledermäntel den Weg in die Laubenkolonie, wo Edith wohnte, nicht noch einmal machen, und hatten sie die Anweisung gegeben, damit der Sohn selbst nachkäme? Aber vielleicht stimmte es, daß alle in Mischehen lebenden Juden lediglich registriert und dann wieder freigelassen werden sollten. Dann mußte man unbedingt die Papiere bringen, die bewiesen, daß Edith schon vor 1933 mit einem „Arier" eine Ehe eingegangen war und daß der aus der Ehe hervorgegangene Sohn nie der jüdischen Gemeinde angehört hatte. Brachte man die Unterlagen nicht, kam Edith nicht wieder. Aber wenn der Sohn in das Gebäude ging, würde er wieder herauskommen? Mit der

Mutter oder ohne sie? Eine schwere Entscheidung. Der Sohn mußte gehen, was blieb anderes übrig.

Es war höchste Zeit, unsere Wohnung zu verlassen. Wir packten das Nötigste ein, verschlossen die Tür und fuhren zu den Wurls. Lange würden wir nicht bei ihnen bleiben können, aber jetzt kam es nur auf die nächsten Stunden an. Wurls, unsere Freunde, holten Erkundungen ein. Wir blieben so lange in ihrer Wohnung und warteten.

Immer öfter wurde das Warten zu einem wesentlichen Teil unseres Lebens. Ich saß über englischen Vokabeln und wartete auf eine Veränderung. Wir waren beschäftigt oder nicht, aber warteten immer – auf ein Klingeln an der Tür, auf das Schrillen der Sirene, auf die nächste Meldung vom Frontverlauf, auf das Ende des Krieges. Warten kann unerträglich sein.

Es hing viel davon ab, was Wurls erkunden würden. Bis zu ihrer Rückkehr mußten wir tatenlos in der Wohnung sitzen. Es war eine typische Arbeiterwohnung auf dem Hof des Mietshauses Wassertorstraße 22. Wenn man sie betrat, stand man in der Küche. Es gab keinen Korridor, die Wohnungstür war die Küchentür. Von der Küche kam man in ein Zimmer, dahinter befand sich noch ein kleinerer Raum zum Schlafen. Toilette einen halben Stock tiefer.

Wir verhielten uns ruhig und machten kein Licht. Es schien ziemlich aussichtslos, noch einmal nach Hause zu kommen. Ich hätte mir Schulbücher mitnehmen müssen! Aber nein, wenn wir nicht mehr in die Wohnung konnten, dann durfte ich auch nicht mehr zur Schule. Nicht mehr zur Schule? Nichts mehr lernen. Ich mußte mir Bücher beschaffen. Der alte Lohde hatte die Kinder unterrichtet, ohne Lehrer zu sein. Dann konnte ich auch selbst weiterlernen. Bloß Bücher brauchte ich. In Wurls Zimmer war kein Buch zu sehen Es war ja auch viel zu dunkel zum Lesen.

Endlich kamen Wurls zurück. Was sie erzählten, war nicht ermutigend. Wir würden diese Nacht erst einmal hier verbringen müssen. Aber bleiben konnten wir hier nicht, denn die Wohnung lag direkt bei der Spedition, in der Fritz Wurl und mein Vater arbeiteten. Das Büro befand sich in einem Laden an der Straße, die Speicher waren auf dem Hof. Nein, hier war kein Platz für uns.

Vor dem Krieg besaß die Spedition nur zwei kleine Räume neben dem Speicher, Büro und Aufenthaltsraum für die Fahrer. Dorthin ging, wer zur Spedition gehörte oder wer Aufträge an sie vergeben wollte. Seit Paris besetzt war, blühten die Geschäfte. Ein Laden im Vorderhaus wurde zum Büro ausgebaut, der Fuhrpark vergrößert, neue Leute wurden eingestellt. Nun hielt sich der Chef mehr in Paris als in Berlin auf. „Geschäftlich natürlich", kommentierte es Vater ironisch. Die Geschäfte werden denen ähnlich gewesen sein, die jener betrieben hat, der mit der Pistole einkaufen gegangen ist. Jahnels Geschäfte sahen nur seriöser aus, und sie waren ergiebiger. Jahnel, der Chef, zehrte auch noch nach 1945 davon. Er konnte seine Spedition größer und ansehnlicher als früher weiterführen. Zwar war die Wassertorstraße 22 zerbombt, aber E. Jahnels Speditionswagen fuhren von Westberlin in die BRD und auch wieder nach Paris. Der Chef blieb der Chef.

Die Wohnung der Wurls war Treffpunkt für einige der alten Kraftfahrer und Lagerarbeiter. Fritz Wurl war Bodenmeister, ehemals Mitglied der KPD. Bei ihm traf man sich, um die neuesten Nachrichten auszutauschen. Man ging schnell mal auf einen Sprung rauf, um sich von Frieda einen Kaffee geben zu lassen und ein paar Worte unter Genossen zu wechseln. Da die Fahrzeuge nicht nur am Tage unterwegs waren und manche Fracht zu später Stunde verladen werden mußte, fiel es nicht auf, wenn jemand in die Wohnung des Bodenmeisters ging. Er mußte sowieso immer zur Hand sein.

In Wurls Küche wurde oft die Frage gestellt: Wie lange noch? Das war so trotz der personellen Erweiterung, trotz des eingesetzten braunen Aufpassers, trotz der Sondermeldungen und der vormarschierenden faschistischen Truppen. Fritz Wurl tat, was er konnte, um den Krieg zu verkürzen. Kisten mit Teilen von Flugzeugmotoren kamen auf den Speicher. Nur für zwei Nächte. Das reichte ihm, um eine verwundbare Stelle herauszufinden, und Vater ermittelte den weiteren Weg der Fracht.

„Was will er machen?“ erkundigte sich Mutter.

„Mit diesen Kisten – nichts. In einigen Tagen kommt noch einmal die gleiche Fracht.“

Als die nächsten Kisten verladen wurden, versicherte Fritz: „Damit wird kein Flugzeug starten.“

Auch das war ein Grund dafür, daß wir nicht bei den Wurls bleiben konnten.

Möglicherweise mußten wir längere Zeit verschwinden. Aber wo sollten wir unterkommen?

Frieda drang darauf, noch einmal in die Große Frankfurter zu gehen. „Wollt ihr den Horden alles überlassen? Sollen sie sich daran bereichern?“ Die leicht erregbare Frieda trieb ihren Mann an: „Komm, wir holen aus der Wohnung, was wir tragen können. Uns suchen sie doch nicht.“

„Das geht nicht, Frieda“, wandte Vater ein, „man könnte euch für Diebe halten.“

„Aber ihr braucht Kleidung und Wäsche und Bettzeug auch. In eurer Wohnung ist alles, was ihr nötig habt. Wir müssen hin, ehe die Gestapo kommt.“

„Dann geh ich mit“, sagte Vater. „Es ist ja auch gar nicht gesagt, daß wir behelligt werden.“

Fritz war auch dafür.

„Es wäre schon gut, wenn ihr für die nächste Zeit versorgt wärt.“

„Wenn wir nicht mal ein Hemd wechseln können ...“ Mutter war auch bereit, das Notwendige zu holen.

„Nicht bloß das Notwendige, sondern alles, was wir tragen können“, erklärte Frieda.

Fritz entschied schließlich: „Also gehen wir alle zusammen hin. Wir werden aufpassen, was sich tut."

Spätabends kamen wir nach Hause. Alles war in Ordnung. Ich stand am Fenster, starrte in die Dunkelheit und paßte auf, wer über den Hof kam. Inzwischen wurden Koffer gepackt und Bündel zusammengebunden.

Da klingelte das Telefon.

„Gehen wir ran?"

„Ich weiß nicht recht ... Vielleicht sollten wir uns nicht bemerkbar machen."

Es klingelte schon zum vierten- oder fünftenmal. Da nahm Frieda den Hörer ab. „Hallo – wer ist da? – Ja, die sind hier."

Wer wollte um diese Zeit etwas von uns?

„Ediths Mann ist am Telefon. Edith ist frei. Sprich du mit ihm, Schorsch."

Meine Mutter ließ das Bündel, das sie gerade in der Hand hielt, fallen und setzte sich darauf. Eine gute Nachricht: Alle Personen aus Mischehen werden in der Großen Hamburger registriert und können dann nach Hause gehen; Edith ist wieder bei ihrer Familie, und Max würde morgen nach Hause kommen. Wer noch nicht registriert war, sollte sich in den nächsten Tagen in der Gestapostelle melden.

Das betraf meine Mutter und Großmutters Schwester Dora, die noch in der Naunynstraße wohnte.

Eine gute Nachricht?

„Dann muß ich selbst zur Großen Hamburger gehen?" fragte Mutter, und es klang sehr unsicher, beinahe hilflos.

„Wir warten ab", entschied Vater. „Laß erst mal Max wieder dasein. Er wird uns Genaueres sagen können."

Frieda dachte an das Nächstliegende. „Packen wir alles wieder aus?"

„Ja, sicher. Jetzt könnte ich einen Schnaps gebrauchen."

„Warte, Fritz, ich finde noch was Trinkbares." Vater ging zum Büfett. Mutter fand sogar wieder zu einem Lächeln. „Ich koche uns einen Kaffee. Was zu essen wird auch noch dasein."

Ich war todmüde und wünschte nur, diese Nacht möge die Sirene schweigen.

Zwei Tage später begleiteten wir meine Mutter zur Großen Hamburger. Wie sie mußten sich andere hier einfinden; die Tür stand offen, und man konnte sehen, wie sie eine Treppe hinaufstiegen. Wir blieben auf der Straße und warteten. Es wurden immer mehr Leute, ich glaube Dutzende oder Hunderte. Noch nach Stunden standen wir so, eine schweigende Menge. Männer warteten auf ihre Frauen, Frauen auf ihre Männer, Söhne und Töchter standen dabei, die Angehörigen derer, die im Gestapohaus verschwanden. In Abständen kamen sie wieder heraus. Kleine Gruppen verließen das Gebäude, sahen sich nach ihren Angehörigen um und zerstreuten sich langsam.

Auch Mutter kam.

„Alles in Ordnung. Kommt." Sie sah aus, als hätte sie drei Nächte nicht geschlafen, so blaß, erschöpft, alt. Keine Trennung – aber nun war sie registriert. Sie war jetzt eine Nummer in einem Register, das zu noch unbekanntem Zweck angelegt worden war. Mehr als bisher wünschten wir ein schnelles Ende des Krieges herbei.

„Es kann nicht ewig dauern", sagte Vater auf dem Nachhauseweg, „der Frühling steht vor der Tür, da wird die Rote Armee schnell vormarschieren, ihr werdet es sehen. Stalingrad hat gezeigt, wie stark sie ist."

„Ja, die Meldungen von der Front sind gut, das stimmt schon, Schorsch, trotzdem: Das Ende ist noch nicht zu sehen."

Es war einen Monat nach der gewonnenen Stalingrader Schlacht. Der Sieg der Roten Armee hatte uns Mut gemacht. Und dann die Deportationen und die Registrierung. Der Krieg durfte einfach nicht mehr lange dauern.

Noch auf dem Heimweg beschlossen meine Eltern, die nächsten Wochen erst mal aus der Wohnung zu verschwinden. Vater nahm Urlaub, und ich bekam vier Wochen Ferien. Zwei Tage später fuhren wir bei schönster Märzsonne ins Hochgebirge, nach Reit im Winkel, eine gutbürgerliche Familie auf Urlaubsreise. Nichts deutete auf eine Flucht vor den ungewissen, unsicheren nächsten Tagen. Ich lernte Schi laufen und war alle Tage auf den Brettern. Ich fühlte mich in eine andere Welt versetzt und gab mich ganz dem neuen Vergnügen hin. Keine Nachrichten und keine Gerüchte, ruhiger Schlaf und das Bewußtsein, daß eine starke Armee im Vormarsch war.

Der Urlaub ging vorüber. Anfang April waren wir wieder in Berlin. Niemand hatte etwas von uns gewollt. Man ließ uns in Ruhe.

Die Reise hatten wir per Bahn gemacht. Ich vermied es, darüber nachzudenken. Es hätte meine Freude gemindert. Noch heute ist mir nicht klar, warum wir mit der Bahn reisen konnten, denn meiner Mutter war das nicht erlaubt, obwohl sie mit einem Arier verheiratet und keine Sternträgerin war. Wahrscheinlich genügte es, wenn Vater sich auswies. Er hatte einen normalen Ausweis, galt als Mensch, dem eine Bahnfahrt gestattet war. Mutter hatte damals schon die graue Kennkarte mit dem dick aufgedruckten J darauf. Ihrem Vornamen hatte man einen zweiten hinzugefügt, Sara. Sie mußte diesen zweiten Namen auf jeder Dienststelle zusammen mit dem ersten nennen – zur rassischen Identifizierung. Alle jüdischen Frauen trugen diesen Namen: Sara.

Mit einem Ausweis in der Tasche, der den Aufdruck J trug und den Zwangsnamen enthielt, durften Juden keine Bahn, auch nicht die Straßenbahn, benutzen. Sie durften in kein Kino gehen – Mutter hätte es sowieso nicht getan – und kein Restaurant betreten.

Ich hatte noch keinen eigenen Ausweis. Darum kümmerte ich mich nicht um diese Vorschriften. Es betraf mich nur, wenn ich einen Film sehen wollte, der für Jugendliche unter achtzehn nicht zugelassen war. Wenn man mir die Achtzehn nicht abnahm, hatte ich von vornherein keine Chance, den Film zu sehen. In der Regel ließ man mich hinein, ohne zu fragen. Und für die Straßenbahn, für U- und S-Bahn hatte ich einen unverdächtigen Schülerausweis.

Später, als mein Vater im Lager war und ich mit meiner Mutter allein losfuhr, um Kleider gegen Speck und Kartoffeln zu tauschen, war die Lage anders. In Mutters Begleitung war ich keine zur Benutzung der Bahn berechtigte Person, denn sie konnte sich nicht ausweisen und ich auch nicht. Bestimmungen brauner Logik, wir mußten sie beachten. Wir mußten uns auskennen, um nicht in eine ihrer Fallen zu tappen.

Die große Verfolgungswelle des Winters 1942/43 schien verebbt. Vater ging wieder zur Arbeit, und ich besuchte wie bisher die Schule. Braungebrannt und von allen Mädchen beneidet.

12

Notlügen

Einst glaubte ich zu wissen, was eine Notlüge ist. Eine glaubhafte Entschuldigung für ein harmloses Versehen, eine kleine Unwahrheit, mit der man sich Ärger erspart und niemandem schadet.

„Ach, es ist schon neun? Ich habe gar nicht gemerkt, daß es schon so spät ist.“ Dabei hatte ich nur keine Lust verspürt, nach Hause zu gehen, und die Eltern einfach warten lassen. So etwa.

Einmal sah mich mein Vater im Gespräch mit einem Jungen. Wir standen am Straßenrand, der Junge auf sein Fahrrad gestützt. Es war neu, und ich hatte ihn gerade gebeten, mich damit fahren zu lassen. Vater mochte es nicht, daß ich mich mit Jungen abgab. Er fand es unschicklich. Mit strenger Miene kam er auf mich zu. Mir fiel nichts Besseres ein als die Beschwerde: „Er fährt mir immer hinterher. Ich werde ihn nicht los.“ Der Junge lachte, stieg auf sein Rad und fuhr weg. Vater schimpfte hinter ihm her.

Das war eine Notlüge, so dachte ich lange. Eine Lüge war es sicher, aber aus Not? Das Wort ist zu groß für Umstände dieser Art.

Was eine Notlüge wirklich ist, erlebte ich durch Max’ Tochter Netty. Sie hat sich und ihrem Sohn das Leben erkämpft, indem sie eine Lüge erfand. Sie hat erklärt, den Vater ihres Kindes nicht zu kennen. Dabei blieb sie in zahllosen entwürdigenden Verhören. Sie mußte, um dies glaubhaft zu machen, sich selbst vor schmutzigen Ohren immer wieder in den Schmutz ziehen.

Das Lügengebäude, das sie errichtete, war fest wie Brückenpfeiler über einem Abgrund: Ihr Bruder habe, als er noch der Wehrmacht angehörte, mehrere Soldaten mitgebracht, die er im Zug kennengelernt habe. Sie brauchten eine Unterkunft für die Nacht und wollten am nächsten Tag in verschiedene Richtungen weiterfahren. Keiner habe den anderen gekannt, und alle hätten schon etliches getrunken gehabt, als der Bruder mit ihnen zu später Stunde angekommen sei. Die Eltern hätten schon geschlafen, und der Bruder sei vor Müdigkeit und Trunkenheit sehr bald in sein Bett gesunken. So sei sie, Netty, mit den Soldaten allein geblieben. Sie habe mit ihnen noch einige Flaschen geleert und könne sich nicht mehr genau erinnern, was in dieser Nacht geschehen sei. Einen der Soldaten, soviel wisse sie noch, habe sie in ihr Zimmer mitgenommen. Er sei der Vater des Kindes.

Man holte Netty in kurzen Abständen zu den Verhören und ließ sie die Geschichte wieder und wieder erzählen. Sie verlangten Einzelheiten, sie ließen sich präzise Schilderungen geben.

Welcher von den Soldaten war es? Wie hieß er, woher kam er, wohin wollte er?

Sie habe nicht danach gefragt.

Es kam nur einer mit in ihr Zimmer?

Sie mußte bei ihrer Lüge bleiben: Sie glaube, ja, nur einer. Ihr Kopf sei nicht mehr ganz klar gewesen, das möge man bitte verstehen.

Eine Orgie also, mit deutschen Männern! Schweinerei. Bedauerlich nur, daß man die Soldaten nicht ausfindig machen könne. Also genauer, erzähle!

Und Netty dachte sich beschämende Dinge aus. Monate hindurch wiederholte sie es, immer noch einmal. Das Ganze von vorn, bitte sehr.

Netty war eine von jenen jungen Frauen, die bei mehrdeutigen Witzen körperliches Unbehagen empfinden.

„Ich halte es nicht aus“, klagte sie meinem Vater. „Es ist widerlich, Schorsch.“

Vater sah, wie verzagt sie war.

„Wenn du willst, gehe ich hin und erkläre, daß ich der Vater bin.“

Sie wehrte ab. „Das ist nicht nötig, nein, nein, eure Lage ist schwierig genug. Ich schaffe es schon allein.“

Und sie verleugnete weiter ihren Mann, den es nicht geben durfte. Kein Wort über ihn, war ihr einziger Gedanke. Es tröstete sie, daß er regelmäßig Briefe aus Monowice schmuggeln konnte. So wußte sie, daß er lebte.

Inzwischen wuchs der Sohn heran. Als man seinen Typ ausmachen konnte, nahm Netty ihn mit zum Verhör.

„Bitte", sagte sie „ist das etwa das Kind eines Juden?"

Der Himmel weiß, woher der Junge seine flachsblonden Haare und seine blauen Augen hatte. Dank sei dem unbekannten Vorfahren für diese Erbschaft, denn sie allein über zeugte die Gestapo, daß dies der Sohn eines deutschen Mannes sei.

Trotz seines „germanischen" Aussehens war er mit einem rassischen Makel behaftet, er galt als Vierteljude.

Die Verhöre wurden abgeschlossen. Die aus der Not geborenen falschen Aussagen galten als glaubwürdig.

Nettys Sohn wurde ein Mann, sensibel wie seine Mutter und kräftig wie sein Vater, Rudi Pinkus, dessen Name nicht in der Kartei von Auschwitz steht, von dem wir aber wissen, daß er in polnischer Erde ruht.

13

Nachrichten aus Theresienstadt

Der Sommer dreiundvierzig verlief scheinbar ruhig. Nachrichten kamen, die uns hoffnungsvoll und traurig machten. Die Karten von Großmutter waren solche traurigen Grüße, die dennoch ein wenig Hoffnung machten. Von Rudi aus Monowice kam Post, ein Wachmann beförderte sie. Bei allem Kummer, den sie weckten, doch beruhigende Informationen, denn es waren Lebenszeichen. Auch mancher Abschied fiel in diesen Sommer. Saly und Martha und ihre Tochter Netti mußten den Weg ins Lager antreten.

Ich will eins nach dem anderen notieren. Ich will zunächst über Nachrichten aus Theresienstadt schreiben.

Wenn eine Karte von dort kam, weinten wir, jeder still für sich. Theresienstadt, so erzählte man, sei nicht ganz so schlimm wie andere Lager. Die Karten schienen es zu beweisen. Nicht der Text, sondern die Tatsache, daß wir überhaupt Nachricht erhielten. Nur, wir hatten zu wenig Erfahrung damit, was schlimm ist. Wir waren glücklich über die Karten. Großmutter lebte! Wir waren froh und weinten.

Die erste Karte von Großmutter trägt das Datum des 10. Januar 1943 und den Stempel von Theresienstadt. Als Absender ist nur eine Chiffre angegeben: Q 611. Der Text ist karg: „Liebe Kinder, bin gesund, hoffe dasselbe von Euch. Antwort erbeten. Mutter." Zehn Wörter und ihre Unterschrift. Es sah wie abgezählt aus. Mehr Wörter waren ihr wohl nicht erlaubt gewesen. Die Nachricht besagte immerhin, daß wir ihr schreiben konnten. Wir antworteten und schickten ein Paket ab. Vielleicht würde es ankommen. Wenn man eine Adresse hat, kann man doch auch ein Paket schicken, versuchsweise. Wir schickten ein zweites und ein drittes. Wenn wenigstens eins ankäme! Es wurde

Sommer, ehe wir wieder eine Karte bekamen. Diesmal war es eine vorgedruckte, auf der uns der Empfang eines Paketes bestätigt wurde. Handschriftlich waren nur die Anrede, die Unterschrift und das Datum: 17. August 1943. Und der Absender war mit ihrer Hand geschrieben: Theresienstadt, Rathausgasse 11. Großmutter hatte eine richtige Adresse. Das ließ uns Gutes hoffen, zumal die nächste Karte schon am 30. August abgeschickt worden und voll beschrieben war. Ein Satz war wichtig: „Wir denken alle drei viel an Euch." Alle drei, das waren Großmutter, ihr Bruder Saly und dessen Frau Martha. Also waren auch sie in Theresienstadt. Es folgten noch vier Karten, die letzte vom 11. Februar 1944.

Auf einer Karte stand die Frage: „Warum schreiben die Geschwister nicht?" Wie sollte Mutter das beantworten? Sie schrieb: „Eure Geschwister aus Berlin lassen Euch grüßen. Es geht ihnen gut." Damit war gesagt, was die drei im Lager wissen wollten: Sie sind noch in Berlin, es hat sich nichts verändert. Die drei im Lager sorgten sich um die Geschwister. Gerüchte, daß die Mischehen bedroht seien, gab es wohl auch im Ghetto.

Für uns war die Frage nicht beantwortet. Warum schrieben sie nicht der Schwester, dem Bruder, der Schwägerin? Fürchteten sie für ihre Sicherheit, wenn sie Kontakt mit den Häftlingen hielten? Nachlässigkeit konnt nicht der Grund sein, nicht unter den damaligen Bedingungen. Berta hatte einen Grund zu schweigen, solange Gitta bei ihr war. Auch Max durfte sich nicht bemerkbar machen, weil man seine Tochter Netty zu den Verhören holte; nichts durfte darauf hindeuten, daß vielleicht doch ein Jude der Vater des Kindes war. Post nach Theresienstadt konnte möglicherweise einen solchen Verdacht begründen. Blieb noch Dora. Von ihr wußten alle, daß sie kaum je einen Brief geschrieben hatte. Von ihr würden sie in Theresienstadt keine Post erwarten Die Grüße über uns genügten. So hatte Dora es immer gehalten.

Seit August dreiundvierzig war Großmutter nicht allein im Lager. Das war gut für sie, aber nun waren zwei Angehörige mehr dort, angekommen zwischen dem 17. und dem 30. August. So weisen es die Karten aus.

Als die letzten mit dem Davidstern gezeichneten Juden aus Berlin verschwanden, hatten wir von Saly und seiner Frau Abschied genommen. Und von ihrer Tochter Netti.

Zuerst von Netti, der immer freundlichen, ruhigen kleinen Frau, die den gleichen Namen trug wie Max' Tochter. Salys Netti, von der ich hier berichten will, liebte Kinder über alles. Doch sie heiratete nicht und verzichtete auf eine eigene Familie, weil die Zeit nicht günstig war. Abwarten wollte sie, bis sich die Verhältnisse geändert hätten. Dabei gingen ihre Jahre dahin, ihre besten Jahre, und mit der Zeit die Hoffnung auf Familienglück. Netti ließ sich nicht entmutigen und suchte eine Arbeit, die ihren Neigungen entsprach. In einem Heim für jüdische Waisen wurde sie Erzieherin. Nun hatte sie ihre Kinder.

Alles andere zählte nicht. Darum verlor sie kaum ein Wort darüber, daß sie aus der Kaiser-Wilhelm-Straße, die heute Liebknechtstraße heißt, ausziehen mußte, weil sie Jüdin war. Sie zog um in die Linienstraße 3b und sorgte weiter für ihre Kinder.

Spätestens seit dem Winter wußte sie, daß das Heim aufgelöst werden würde. Sie wollte bei den Kindern bleiben, egal, wohin man sie brachte. Der Zeitpunkt des Kindertransportes wurde einige Tage vorher bekanntgegeben. Ein letztes Mal kam Netti zu uns.

„Wohin soll der Transport gehen, Netti?"

„Nach Theresienstadt. Ich werde Tante Tale sehen. Bestimmt kann ich für sie sorgen."

„Grüß sie von uns allen und erzähl ihr nur Gutes."

„Natürlich. Weine nicht, Lotte, wir werden uns alle wiedersehen. Bald, hoffe ich."

„Und was wird aus deinen Eltern?“

„Vater sagt, daß noch zwei oder drei Transporte zusammengestellt werden müssen. Es sind schon fast alle Sternträger deportiert.“

„Dann werden deine Eltern also auch bald abfahrend

„Ja“, antwortete Netti. „Mit dem letzten Transport werden sie ebenfalls nach Theresienstadt kommen.“

Mutter seufzte, ungewollt, unbedacht. Es blieb eine Weile still zwischen uns. Dann war Netti bei einem für sie und uns tröstlichen Gedanken:

„Es wird leichter für alle sein, wenn wir zusammen sind.“

„Paßt auf euch auf!“ sagte Mutter zum Abschied.

Netti ging mit den Kindern auf Transport. Sie war sicher, daß sie im Ghetto ankommen würden.

Wenige Wochen danach trafen Nettis Eltern in Theresienstadt ein. Der Kindertransport, den Netti begleitet hatte, ist dort nie angekommen.

Schon damals haben wir es gewußt. Auf den Karten ist Netti nie erwähnt worden. Das sagte genug.

Auch Saly und Martha waren auf den Transport vorbereitet. Saly wußte davon durch das Amt, das er zu verrichten hatte, ein schreckliches Amt.

Bereits in der Weimarer Republik war Saly ein hoher Angestellter der Jüdischen Gemeinde von Berlin gewesen. Nach der Weimarer Zeit kamen die Nazis, die Kristallnacht, die Wannsee-Konferenz und Heydrichs Programm zur „Endlösung“. Dazu brauchte die SS einen Stab von Befehlsgebern und Handlangern. Man brauchte auch Personen, die sich mit Verwaltungsdingen auskannten. Wer wußte am besten, wo die Juden wohnten? Wer kannte sie am genauesten? Die Jüdische Gemeinde natürlich. Also nistete sich die SS dort ein und befahl den Angestellten, Verwaltungsarbeiten für sie zu leisten. Saly geriet in ein unbarmherziges Räderwerk. Er geriet hinein, ehe er ausweichen konnte.

Saly mußte für die SS Transportlisten zusammenstellen.

„Immer noch besser, ich mache es, als wenn sie es selbst tun", meinte er. „Ich versuche, die Situation zu mildern, so gut ich kann. Ich achte darauf, daß die Familien zusammenbleiben. Das ist wichtig in unserer Lage."

Saly wußte, daß er diese Arbeit zu leisten hatte, bis der letzte Transport Berlin verlassen würde. Dieser letzte Zug sollte in das böhmische Ghetto gehen, und auf die Liste würde er seinen Namen und den seiner Frau setzen müssen.

Theresienstadt schien Saly das am ehesten zu ertragende Übel zu sein. Er glaubte den Darstellungen der Nazipresse, die der Weltöffentlichkeit das Ghetto als Muster ihrer Lösung des Judenproblems anbot: das Ghetto – ein Platz für die Juden. Er mußte es und er wollte es glauben.

Auch in Warschau gab es ein Ghetto, schon seit drei Jahren. Saly hatte davon gehört. Er kannte auch die nächtlich empfangenen Nachrichten von der Vernichtung dieses Ghettos. Das war im Juni 1943.

Er sagte: „Die Juden haben einen Aufstand gemacht, darum."

„Sie wollten nicht verhungern", wurde ihm entgegnet.

Und Saly antwortete: „Wer weiß denn schon, was wirklich los war?"

Im August nahm Saly Abschied von uns, verließ seine Wohnung in der Mommsenstraße 50 mit einem Koffer in der Hand, schloß die Tür sorgsam zu, als sei es noch nötig, korrekt zu sein, und ging gemeinsam mit seiner Frau auf Transport.

Die Karten aus Theresienstadt kamen in kürzeren Abständen, seit Saly dort war. Fünf in einem halben Jahr. Er fand schnell heraus, was unter Ghettobedingungen möglich war. Wie dem Brief zu entnehmen ist, den er uns nach der Befreiung schrieb, muß er im Ghetto weiter Verwaltungsdienste für die SS geleistet haben. Man hatte ihn offenbar nicht aus dem Räderwerk entlassen.

Für uns waren seine Karten wichtig. Sie gaben uns Hinweise. Der Dank für das erhaltene Trockengemüse zum Beispiel – wir hatten gar keins geschickt – sagte uns, was wir schicken durften. Wir lasen aber auch, was nicht dastand: Der Name des alten Lohde wurde wie der Nettis nicht genannt. Er war ja auch in dieses Ghetto abgefahren, noch vor Großmutter, aber keiner unserer Verwandten hatte etwas über ihn erfahren.

Nach dem Februar 1944 entstand eine längere Pause, mehr als drei Monate keine Nachricht. Meine Mutter wurde immer stiller. Im Juni trafen hintereinander drei Karten ein, braune Pappvordrucke mit handschriftlich eingefügten Anreden und Unterschriften. Zwei Karten waren von Saly, eine war von Martha unterschrieben. Es hatte sich etwas verändert. Großmutters Unterschrift fehlte. Sie war nicht mehr in Theresienstadt.

Was war mit ihr geschehen? Von nun an lebte Mutter mit dem Gedanken, Großmutter nicht wiederzusehen.

Bis Kriegsende hörten wir nichts mehr aus dem Ghetto.

Teil III

14

Zwei illegale Schuljahre

Der folgende Sommer brachte keine auffälligen Veränderungen. Aber Steinchen häuften sich auf Steinchen und wurden zu einer Last, die wir zu tragen hatten. Sie drückte mehr und mehr, diese Last aus Angst und Unsicherheit. Gerüchte mischten sich mit Nachrichten, und so vage ihr Inhalt auch sein mochte, er hielt uns wach.

Und dennoch: äußerlich keine bemerkbaren Veränderungen.

Den Ablauf meiner Tage hielt ich für normal, zumindest zeitweilig, ganz bestimmt in diesem Sommer. Es gab günstige Umstände für mich. Fröhliche Stunden, unbeschwerte Tage ...

Ich ging regelmäßig rudern. Mittwochs trainierte unsere Mannschaft in Treptow, und sonntags wanderten wir auf der Havel. Wenn wir nach drei Stunden oder mehr einen weichen Strand fanden, fielen wir erst einmal vor Müdigkeit in den Sand. Dann badeten wir und teilten redlich unsere Verpflegung. Wenn die Mittagszeit vorüber war, mußten wir die gleiche Strecke zurückrudern. Das dauerte länger. Sobald wir wieder im Bootshaus waren und nur noch Müdigkeit spürten, nichts als entspannte Müdigkeit, mußten die Boote an Land geholt, geputzt und getrocknet und auf ihre Stellage in der Halle gehievt werden. Das war harte Arbeit für Mädchen, aber wir sangen dabei.

Das war meine andere Welt.

Vom Krieg wurde hier nicht gesprochen. Eine stille Übereinkunft oder Gleichgültigkeit, ich weiß es nicht. Es war mir egal, warum. Ich nahm es so, wie es war.

Gerade so war es gut. Ich brauchte nicht zu fürchten, daß etwas gesagt wurde, was mich berührte und den Frieden dieser anderen Welt störte. Ich war empfindlich geworden und hatte Angst, man würde es mir anmerken. Fielen dennoch Worte wie: „Die Stadt X soll gefallen sein." „Ob das mal aufhört?" „Bei uns wohnten auch Juden." „Arbeitslager, sagt man." – dann ging ich weg. Manchmal griff die Trainerin ein: Mädchen, nun zieht mal ein bißchen durch, sonst sind wir erst heute nacht im Stall." Oder so ähnlich.

Ich bin mir über die Zusammensetzung der Rudergruppe nie klargeworden. Aus meiner Schule, der Städtischen Handelsschule, war kein Mädchen dabei. Alle waren Schülerinnen oder Absolventen der Höheren Handelsschule, die im selben Haus untergebracht war wie unsere, aber einen separaten Eingang hatte. Die Turnhalle wurde gemeinsam genutzt, im übrigen gab es eine klare Trennung. Wir hatten keinen Kontakt mit den Mädchen von der Höheren, wo man zwei Fremdsprachen lernte und Mathematik statt Rechnen.

Die Sportlehrerin, die an beiden Schulen unterrichtete, hatte mir angeboten, zum Rudern mitzukommen. Nur mir bot sie es an, sonst keiner.

Die Bootshäuser in Treptow und in Pichelsberg gehörten irgendwelchen Klubs, aber ich hatte keine Mitgliedskarte und wurde nie nach einer gefragt. Warum hatte sie gerade mir das Rudern angeboten? Ich konnte gut schwimmen und etwas Schilaufen, aber im Sportunterricht war ich nur mäßiger Durchschnitt. Trotzdem wurde ich ausgesucht. So gehörte ich zu dem Kreis, der mittwochs und sonntags zur Lehrerin Lilo und du sagen durfte.

Merkwürdig war es schon. Sie bat mich, keinen Wind darum zu machen. „Die andern könnten es übelnehmen."

Ich fühlte mich in unerwartete Obhut genommen, kümmerte mich um keine Formalitäten und verausgabte mich voll. Ich wurde sogar eine recht gute Ruderin, bekam mehr Kraft und Ausdauer und lernte, mit Geschick die Skulls zu führen, nachdem ich mir ein paarmal die Daumen geklemmt hatte.

Außer der Sportlehrerin gehörte die kleine promovierte Frau, die uns Grammatik lehrte und die Literatur der Klassik nahezubringen suchte, auf die Sonnenseite dieser Schuljahre. Sie mußte sich mächtig strecken, die kleine Frau Doktor, wenn sie bis in die dritte Reihe sehen wollte. Ein Hohn, ein übler Spaß des Zufalls: Sie hieß Lang und maß nicht einmal einen Meter fünfzig. Aber sie war eine große Pädagogin. Ich lernte von ihr, wie man das Gedächtnis trainieren und für spätere Anforderungen vorbereiten kann. Sie hat ihre Methode nicht ausdrücklich mit diesem Zweck begründet, aber ich habe sie so verstanden. Es war sehr einfach: Man nehme ein möglichst langes Gedicht, zum Beispiel eine Ballade von Schiller, und lerne eine vierzeilige Strophe, am nächsten Tag wiederhole man sie und lerne eine neue dazu, am dritten Tag wiederhole man beide und lerne noch eine dritte. Vom vierten Tag an muß man jeweils vier neue Zeilen lernen und die ersten vier Zeilen weglassen. Dann kommt man zu folgender Regel: die letzten acht Zeilen wiederholen und vier neue dazulernen. Mehrere Monate oder Jahre hindurch, ohne Pause, ganz regelmäßig. Ich kann viele Verse heute noch.

Mein Lernbedürfnis war damals entschieden größer als die Möglichkeit, es zu befriedigen. Gedichte trieb ich schon auf, nicht nur solche mit vierzeiligen Strophen, die sich gut lernen ließen. Meine Verslernerei veranlaßte manchen Bekannten, mir gelegentlich ein Bändchen zu schenken. Sie mochten mich für ein bißchen spinnig halten, trotzdem brachten sie mir den Chamisso, den Schiller, die Droste und Heines „Buch der Lieder". Ganz nebenbei fand ich so auch Spaß an der Literatur. Ich entdeckte, daß da früher kluge Leute kluge Gedanken aufgeschrieben hatten, und sie hatten Gefühle und Zustände ausgedrückt, die den meinen unerwartet glichen: Trauer, Empörung, Sehnsucht, Freude. Nur Töne der Resignation mochte ich nicht. Alles wehrte sich in mir, wenn ich Ohnmacht aus den Versen las, duldsames Sichfügen. Ich wollte mich nicht mit der Gegenwart abfinden. Es mußte mal anders werden, besser, ich wußte nicht, wie, aber besser mußte es mal sein. Ich besaß nur zusammengewürfeltes Wissen, das ich irgendwo aufgeschnappt hatte. Meist fehlte mir der Zusammenhang. Die ich fragen konnte, wußten oft keine Antwort. Außerdem fragte ich kaum. Ich galt als ruhiges, braves Mädchen, aber nur, weil mich niemand gelehrt hatte, klare Fragen zu stellen. Das Fragen will gelernt sein wie das Denken. So suchte ich allein und blickte um mich und in mich hinein.

Die Handelsschule bot ansonsten nicht viel Wertbeständiges. Ich hörte und vergaß es wieder. Unangenehm waren die täglichen Euphorien der Klassenlehrerin. Sie besprach jede Sondermeldung und gab wie der „Völkische Beobachter" die Niederlagen als Erfolge aus. Eines Tages erzählte sie von ihrem Sohn, der für Tapferkeit vor dem Feind zum Hauptmann befördert worden war. Die Mädchen waren gerührt und stolz und wünschten den Helden kennenzulernen. Ob er nicht mal in die Klasse kommen könnte? Nein? Wie schade. Aber natürlich, es ging ja nicht, weil der Führer jeden Helden brauchte, um uns zu schützen vor den jüdisch-plutokratischen Mächten und so weiter und so fort. Kaum ein Mädchengesicht, das nicht Bewegung verriet. Wer zeigte Abwehr? Inge aus Johannisthal vielleicht, ja, die war anders, und meine Intimfreundin Ella, die zwei Jahre älter und erfahrener war als ich.

Ella ... Eine verhinderte Tänzerin. Ihrer Mutter schien dieser Beruf zu anstößig für ein deutsches Mädchen. Aber so deutsch war Ella nun auch wieder nicht. Ihr Vater war ein ukrainischer Arbeiter, der mit einer deutschen Frau in Siebenbürgen gelebt hatte, bis sich diese Frau heim ins Reich rufen ließ. So kam Ella nach Berlin.

Intimer als Gespräche über das, was den Männern gefällt, war für mich meine Herkunft, meine Lage. Das versenkte ich tief, es sollte für niemanden auffindbar sein, nicht für Inge, nicht für Ella. Keineswegs aus Scham, sondern weil es notwendig war, um an der Schule bleiben zu können. Jene Mädchen, die einen schwärmerischen Blick bekamen beim Gedanken an eine ordengeschmückte Hauptmannsuniform, sollten nicht über mich sprechen. Eine einzige Vertraute war da schon zuviel. Warum sollte ich riskieren, von der Schule gewiesen zu werden? Warum sollte ich riskieren, daß man mir auch hier wie vordem an der Volksschule Judensau nachrief? Ich mochte mich nicht mit der Dummheit anlegen, nicht die Bosheit provozieren. Lieber durchlief ich unauffällig die Schule. Es widerstrebte mir, ich fand es manchmal sogar erbärmlich, diesen Weg, den einfachsten und sichersten, zu gehen.

Ich war illegal an der Schule. Nach Beendigung der Volksschule stand ich vor einem Problem: Was sollte ich anschließend machen? Acht Jahre durfte ich die Schule besuchen und nicht länger. Das war schon eine Vergünstigung. Die sterntragenden Kinder durften überhaupt nicht zur Schule gehen. Mich hatte man ja auch nur als halbe Jüdin kategorisiert. Wahrscheinlich gab es für Viertel- und Achteljuden wieder andere Verordnungen.

Aber das System war löchrig.

Nach der Volksschule gab es zwei Möglichkeiten für mich, entweder einen niederen Fachschulbesuch oder das Pflichtjahr. Pflichtjahr war eine Umschreibung für Dienstmädchenarbeit, womöglich in einem Nazihaushalt.

„Das geht auf gar keinen Fall. Vera wird nicht einem Nazi den Dreck wegräumen und seine schmutzige Wäsche waschen." Meiner Mutter ging es nicht um die schmutzige Arbeit. Sie fürchtete, daß der Nazi erführe, daß etwas Jüdisches an mir war.

„Womöglich Schikanen, Verletzungen ..., nein, wir müssen einen Ausweg finden."

Sie zergrübelte sich den Kopf. Keine Vierzehnjährige kam um das Pflichtjahr herum.

„Wir müssen versuchen, sie in einer Schule unterzubringen. Solange sie zur Schule geht, braucht sie nicht das Pflichtjahr zu machen."

Mutter hegte eine kleine Hoffnung. „Es kann doch sein, daß es Schulen gibt, die die Rassenvorschriften nicht so genau nehmen. So was, denke ich, müßten wir finden."

Während der ersten Monate des Jahres zweiundvierzig gingen wir von einer Schule zur anderen. Ich stellte mich vor, zeigte meine Zeugnisse, nahm einen Fragebogen entgegen und reichte ihn meiner Mutter. Die weitere Verhandlung führte sie. Am Ende immer dasselbe: „Kein Ariernachweis? Bedaure ..." Manchmal klang es auch unfreundlicher. Ich blieb unbeteiligt, als ginge es nicht um mich. Wenn ich schon nicht eine richtige Ausbildung in einem Lyzeum haben durfte, weil ich eine Mutter mit dem Zwangsnamen Sara hatte, war es mir ganz egal, was ich lernte. Zur Letteschule? Ja, warum nicht? Kochen, Wäschepflege, Tischdecken, gute Manieren – von mir aus. Wenn sie mich für arisch genug halten, bitte sehr. Aber gerade dort wurden wir nicht mit freundlich-kühlem, sondern mit höhnischem Lächeln abgewiesen. Also etwas anderes. Zur Handelsschule? Na ja, versuchen wir's. Die erste nicht, die zweite nicht, die dritte ...

Mutter war zäh. Sie schleppte mich von einer Schule zur anderen. Das System konnte doch nicht so perfekt sein, daß sich kein Loch fand zum Hindurchschlüpfen.

Wir kamen zur Städtischen Handelsschule in der Weinmeisterstraße und fragten auch hier, ob man mich als Schülerin für die Ausbildungsjahre 1942 bis 1944 aufnehmen würde. Das übliche Zeremoniell mit dem Fragebogen. Mutter saß der Schulsekretärin schräg gegenüber, füllte alles aus, reichte das Formular über den Tisch.

„Es tut mir leid, diesen einen Punkt hier kann ich nicht unterschreiben."

„Welchen bitte?" fragte die Sekretärin.

„Diesen hier", Mutter deutete darauf. „Ich kann nicht bestätigen, daß meine Tochter arisch ist."

Erstaunter Blick der Sekretärin. Ich stand neben Mutter und war in Gedanken schon wieder draußen Die Sekretärin zögerte einen Augenblick, hielt das Formular ratlos in der Hand und sagte dann bedauernd: „Ja, leider, dann ..."

In diesem Moment kam der Direktor aus dem Nebenzimmer. Die Tür hatte offengestanden.

„Was gibt es denn?“ fragte er.

„Hier ist eine Bewerberin für den nächsten Lehrgang, aber die Mutter kann den Fragebogen nicht unterschreiben.“

„Geben Sie mir bitte die Unterlagen.“ Er nahm das Formular, das schon fast vollständig ausgefüllt war. „Sind das Ihre Zeugnisse?“

Ich war gemeint. Das Sie war mir ungewohnt, darum nickte ich nur, leicht irritiert. Er warf einen kurzen Blick darauf, schien zufrieden zu sein und sagte wie nebenbei zu der Sekretärin: „Ich erledige das schon.“ Und zu uns gewandt: „Bitte, kommen Sie einen Augenblick in mein Zimmer.“

Wir gingen hinüber. Er schloß hinter uns die Tür und sagte nur drei kurze Sätze: „Das geht in Ordnung. Schicken Sie Ihre Tochter zu uns. Das Schuljahr beginnt am zweiten April.“

So kam ich zur Handelsschule. Noch vor dem Ende des ersten Schuljahres bat meine Mutter den Direktor, mich vier Wochen zu beurlauben. Wir müßten unbedingt verreisen. Das war in den Märztagen dreiundvierzig. Er fragte nichts und stimmte zu. Im folgenden Schuljahr wiederholte sich dies. Nach dieser zweiten Beurlaubung traf ich die Mitschülerinnen nicht mehr an. Das Schuljahr war aus Mangel an Räumen etwas früher beendet worden. Die Abschlußzeugnisse waren schon ausgegeben.

Ich wollte mir das meine holen. Das Zeugnis war nicht im Sekretariat verwahrt.

„Sie möchten sich bitte beim Direktor melden.“

Der Direktor stand auf, als ich hereinkam, nahm einen Umschlag aus einem Schrank, zog das Zeugnis heraus und reichte es mir mit freundlicher Geste.

„Sie waren eine musterhafte Schülerin.“ Das bezog sich nicht nur auf die Zensuren, glaube ich. „Ich wünsche Ihnen Glück.“ Auch das war mehr als eine Floskel.

Ich nahm das Zeugnis und die Hand, die er mir entgegenstreckte, und fühlte mich unbeholfen. Eine Verabschiedung – was sollte ich sagen? Mir fiel nichts anderes ein als ein einfaches Dankeschön. Ich hoffe, er hat mir alles, was noch zu sagen gewesen wäre, vom Gesicht abgelesen.

Das Gebäude in der Weinmeisterstraße wurde Ende 1943 ausgebombt, und die Schule zog in die Mohrenstraße um. In der Weinmeisterstrage ist an gleicher Stelle wieder ein Schulgebäude errichtet worden, heller und schöner als das alte, nicht so streng und fahl. Man sollte die Erinnerung an den Direktor von damals bewahren. Die neue Schule hätte ihn brauchen können. Seinen Namen habe ich vergessen. Während der Kämpfe um Berlin wurde er von einem Granatsplitter tödlich getroffen.

Die Schule – das waren für mich zwei Jahre Aufschub. Doch schon am Anfang dieser zwei Jahre hatte ich gefragt: „Und was wird dann?“

„Dann müssen wir weitersehen.“

Eigentlich war alles klar. Dann würde es heißen: entweder in einem Rüstungsbetrieb arbeiten oder doch noch das Pflichtjahr. Das eine wie das andere war mir zuwider.

„Vielleicht ist der Krieg dann schon zu Ende.“ Das war es, worauf Mutter setzte. Sie wiederholte: „Bis dahin ist der Krieg längst vorbei.“

Sie sagte Krieg und meinte den Faschismus.

Damit kannst du das Kapitel Handelsschule abschließen, sage ich mir. Ich ziehe das letzte Blatt aus der Maschine. Dann gehe ich zum Fenster, öffne es und stecke den Kopf in die feuchte Aprilluft. Ob Jutta bald aus der Altstadt zurück kommt? Immer wenn sie in Warschau ist, regnet es. Schade. Sie kennt nicht das reizvolle Spiel von Licht und Schatten in den Gassen am Alten Markt, nicht die Johannisfeuer auf der Wisla, wenn der Abend mild ist und der Wind zur Altstadt heraufweht, auch nicht ein Konzert am Chopindenkmal in sonntäglicher Mittagssonne. Sie hat Pech, immer nur Regen.

Natürlich ist sie ohne Schirm weggegangen. Wenn sie wenigstens eine Mütze aufgesetzt hätte. Und ihre Jacke ist viel zu dünn für diese Jahreszeit. Das muß ich ihr sagen, wenn sie kommt.

Als sie durchnäßt in der Tür steht, sage ich nichts. Wozu auch, es würde sowieso nichts nützen.

Sie zieht sich um, ich koche uns einen Tee und schiebe ihr das eben beendete Kapitel über den Tisch.

„Lies, bitte. Im Augenblick finde ich es noch gut."

Sie liest bis zu den Zeilen über Ella.

„Warum war sie deine Freundin?"

„Muß man das begründen"

„Natürlich nicht. Ich möchte es nur wissen."

„Wie soll ich das erklären? Sie war für mich ... Weißt du, sie konnte nach einer Nacht mit schweren Bombenangriffen auf mich zukommen; ausgeglichen wie nach einem Sonntagsausflug, und fragen:

‚Soll ich dir nicht endlich das Tanzen beibringen? Oder willst du ewig Körbe verteilen?'

‚Wem denn? Wo denn? Ich habe gar keine Gelegenheit dazu.'

‚Das ist egal. Tanzen muß man können. Heute nachmittag kommst du zu mir, ja? Ich habe nämlich ein Grammophon und fünf Platten bekommen.'

‚Gekauft?' fragte ich ungläubig.

Sie lachte. ‚Wo denkst du hin!' Und statt einer Erklärung: ‚Mußt nicht alles wissen, Baby.'

‚Wenn du Baby zu mir sagst, komme ich nicht zu dir.'

Ein anderes Mal sah ich ihr von weitem an, daß sie wieder einmal frisch verliebt war.

‚Ein Musiker, ein bildschöner Junge. Er will ein Lied für mich schreiben.'

Ein paar Tage später brachte sie ein Notenblatt mit, handgeschrieben und mit Widmung. Melodie und Text kannte ich schon.

‚Wann hat sich dein Musiker das ausgedacht?'

‚Gestern. Er hat es mir gleich gebracht. Wie findest du es? Glutrote Rosen – schön, nicht?'

Wir waren wirklich Freundinnen. Jede hatte ihr Geheimnis, meins bestand in meiner jüdischen Abstammung, Ella hatte kleinere, dafür oft wechselnde Tabus. Wir achteten unsere Geheimnisse. Das gehörte zur Freundschaft. Und weil wir ehrlich zueinander waren, mußte ich ihr sagen, daß ich das Lied schon kannte.

‚Wenn du ein Radio hättest, wüßtest du es: einer der neuen Schlager.'

‚Da siehst du es mal wieder: Man darf ihnen nichts glauben. Glutrote Rosen – und so ein bildschöner Junge.'

So war Ella."

Jutta sieht mich mißtrauisch an. „Und das war deine Freundin?"

„Ich gebe zu, es war nicht alles, obwohl es mir tatsächlich genügt hätte. Da war aber noch Eilas Behutsamkeit. Nach der Schulzeit – ich hatte gerade mein Zeugnis abgeholt – erklärte ich Ella meine Lage. Und sie sagte: ‚Das habe ich mir gedacht. Schon lange. Eigentlich schon, seit wir Freundinnen sind.'

Sie verstand, was ich sagte, und sie hörte, was ich verschwieg."

„Ich habe mir oft gewünscht, daß wir beide solche Freundinnen wären, du und ich."

„Sind wir das nicht?" frage ich.

„Wir waren immer Mutter und Tochter."

„Na und, ist das so verkehrt?"

Jutta rührt ihren Tee, obwohl er fast kalt ist, und ich bin nicht sicher, ob sie dabei an Ella, an das Mädchen Vera oder an sich selbst denkt. Sie beugt sich etwas vor, dabei fällt ihr das lange Haar, das nun wieder trocken ist, ins Gesicht. Weiches Mondes Haar. Zum erstenmal erinnert es mich an Nettys Sohn.

15

G. Kärger AG

Im April vierundvierzig, als ich das Abschlußzeugnis der Handelsschule in Empfang nahm, stand uns noch ein ganzes Jahr Krieg bevor. Ich entschied mich natürlich nicht für ein Pflichtjahr, sondern für die Arbeit in einem Rüstungsbetrieb. Der am nächsten liegende war die G. Kärger AG in der Krautstraße 52, eine Fabrik für Werkzeugmaschinen. Das war nur fünf Minuten von unserer Wohnung entfernt, wegen der zunehmenden Luftangriffe war das wichtig.

Von nun an hatte ich die Aufgabe, Auftragsbestätigungen für Werkzeugmaschinen zu schreiben, das waren lange Listen mit unzähligen Angaben über Drehbänke und alle ihre Einzelteile. Da aber das Sortiment nicht sehr groß war im letzten Kriegsjahr, wiederholten sich die Listen und alle Details. Nach ein paar Wochen schrieb ich fast mechanisch, sobald ich den Drehbanktyp las. Meine Gedanken konnten immer ein bißchen auf Wanderschaft gehen. Schlimmstenfalls fing ich die Liste noch einmal von vorn an. Mein Pensum schaffte ich schon.

Die Verkaufsabteilung befand sich im Parterre. Wenn ich zur Seite guckte, konnte ich auf einen baumlosen Asphalthof sehen. Der Raum, in dem ich saß, war nur durch Glaswände geteilt, so daß man vom Schreibtisch des Abteilungsleiters durch die Zelle der Sekretärin und der Kontoristin bis in den Raum sehen konnte, in dem vier Mädchen vor klappernden Maschinen saßen. Eins der Mädchen war ich.

Die Arbeit fiel mir nicht schwer. Sie war langweilig, denn Auftragsbestätigungen sind keine unterhaltsame Lektüre, aber sie war nicht sehr anstrengend. Bis auf den Moment, da die Sirene heulte, und das war in diesem Herbst fast täglich. Dann mußten wir die Schreibmaschinen in den Luftschutzkeller schaffen, das hieß, die Maschine aus dem Haus tragen, über den Hof und eine Treppe im gegenüberliegenden Gebäude hinunter. Nach der Entwarnung den Weg zurück, wieder mit der Maschine. Ich hatte Glück, daß ich im Parterre arbeitete.

Man kannte hier meine Personalakte, schien aber weiter keine Notiz davon zu nehmen. Nur einmal wollten meine Kolleginnen mich zwingen, etwas über mich zu erzählen. Sie fingen ein Gespräch an über Geschichten, die man sich erzähle, von Lagern und so, gräßliche Sachen, und es solle welche geben, die das genauer wüßten. Ich verließ ohne ein Wort den Raum. Von nun an war Ruhe. Ich mußte zusehen, über die Zeit zu kommen, ohne auf mich aufmerksam zu machen. Ein bißchen verstand ich sie, ich hätte mich wahrscheinlich auch so verhalten an ihrer Stelle.

Kärger war ein Rüstungsbetrieb und also fest in der Hand der Nazis. Die Härte, die bei Kärger herrschte, lernte ich kennen, als ich die erkrankte Sekretärin des Obmanns der NSDAP vertreten mußte. Da saß ich in einem sehr kleinen Zimmer vor einem Maschinentisch, mit dem Blick auf die Wand. Seitlich hinter mir war der Schreibtisch des Obmanns, eines unruhigen, lauten Menschen. Wir nannten ihn Napoleon, er war der Herrscher im Kärger-Reich. Er dirigierte per Telefon und mittels der Leute, die sich in diesem Zimmer die Klinke in die Hand gaben. Ständig war in meinem Rücken Bewegung. In die wechselnden Stimmen mischte sich das Geräusch der Tür, das Klingeln des Telefons und das Klappern meiner Maschine. Ich hörte alles mit an, konnte mich aber nur hin und wieder umdrehen, um zu sehen, wer sprach.

Wenn der Obmann nicht im Zimmer war, atmete ich auf. Dann hatte ich Ruhe. Einen Vorteil hatte mein Wechsel in diesen Raubtierkäfig: Ich brauchte meine Schreibmaschine nicht in den Keller zu schleppen. Dieses Privileg hatte sich die Frau, die ich vertrat, erworben, und ich nahm es auch für mich in Anspruch.

Der Obmann hatte alle Hände voll zu tun, denn es lief nicht alles, wie er wollte. Besonders in den Produktionshallen gab es

Schwierigkeiten. Dort arbeiteten viele Franzosen und Holländer. Sie verließen wie alle anderen abends die Fabrik.

Sie waren scheinbar frei, denn der Abend gehörte ihnen. Sie konnten durch die Straßen bummeln, sie durften sich an Bäumen und Blumen freuen, falls es sie noch gab. Es stand ihnen frei, ein Mädchen zu küssen, wenn das Mädchen es erlaubte. Pierre zum Beispiel fand ein Mädchen, das ihn liebte und mit ihm nach Reims gegangen wäre, nach dem Kriege. Aber eines Tages lag das Mädchen unter Trümmern. Bis dahin hatte sie mir gegenüber gesessen und wie ich Auftragsbestätigungen getippt.

Henk aus Amsterdam traf ich oft bei einer frommen Frau, die neben der Piuskirche wohnte. Sie führte auf ihre Weise den Kampf gegen das große Unrecht. Sie kochte für Henk, wenn er kam, was sie hatte, oft waren es nur Pellkartoffeln, heiße Kartoffeln. Und Henk, der sich vergeblich Mühe gab, „Mäuschen“ und „Häschen mit Wackelohren“ richtig auszusprechen, was uns beiden großen Spaß bereitete, Henk aß die heißen Kartoffeln mit Schale. Ich leistete mir immer noch den Luxus, die Kartoffeln zu pellen, also müssen andere noch mehr gehungert haben als ich. Als ich bereit gewesen wäre, auch die Schale zu vertilgen, möglichst eine heiße, die beim Ritzen mit den Fingernägeln springt, hatte ich keine Kartoffeln. Zu jener Zeit waren allerdings auch meine Fingernägel nicht mehr in dem Zustand, daß sie Kartoffelpelle hätten aufritzen können.

Alle ausländischen Arbeiter waren frei wie Henk und Pierre. Sie mußten nur nachts im Massenquartier sein und morgens pünktlich an der Werkbank stehen, um Präzisionsdrehbänke zu liefern. Sie konnten sich diesem Zwang nicht entziehen. Vielleicht weil die Front zwischen ihnen und ihrer Heimat stand oder weil Angehörige nicht gefährdet werden sollten oder weil die Chancen, ohne Papiere den Weg nach Hause zu schaffen, zu gering waren.

Am fünften Tag meiner Aushilfsdienste bei dem Kärger Obmann kam nach der Vormittagspause der Meister aus dem dritten Stock ins Zimmer und berichtete, daß drei Franzosen früh um acht, genau um acht Uhr zwanzig, von dem Fall der Stadt X gesprochen hätten, zwei Stunden, bevor es im Radio gemeldet worden sei.

Der Obmann griff zum Telefon.

Da stand ich auf, ich war vollkommen ruhig. Ich stand auf und machte einen Schritt zur Tür. Sie stand offen. Nur noch zwei Schritte bis zur Tür. Da sprang der Obmann auf, schlug die Tür zu und schloß sie ab. Dann ging er zum Telefon zurück.

„Ein Fahrzeug für drei Mann. Kärger, Krautstraße. Franzosen.. Feindsender gehört ... Die Namen?..." Er nannte sie.

Ich war gefangen. Mit mir waren der Obmann und der Denunziant im Zimmer. Kein Wort fiel. Ich stand eine Weile neben der Tür und sah den Meister an. Ein langer, hagerer Kerl in einem ausgewaschenen blauen Kittel, kein junger Mann mehr.

Daß der Obmann ein Nazi war, das sah man an seiner braunen Uniform, und er verbarg seine Handlungen nicht. Aber dieser Scheinheilige, der da, anderthalb Kopf größer als ich, hatte der mir nicht neulich die Tür aufgehalten, als ich nach dem Alarm mit der Schreibmaschine ins Haus gehen wollte?

Die Zeit verging. Ich konnte nichts tun. Sollte ich schreien? Es war nicht sicher, daß mich jemand hörte. Und wenn mich jemand hörte und verstände – würde er die Franzosen warnen können? Gab es überhaupt eine Möglichkeit, aus dem Fabrikgelände zu entkommen? Mir wurde bewußt, daß wir in dieser Fabrik wie eingemauert waren. Ein Hofgelände, an drei Seiten von den Brandmauern angrenzender Häuser umgeben. Die vierte Seite lag zur Krautstraße hin, dort waren Verwaltungsräume, die keine Verbindung zu den Hallen hatten. Das Werk mußte man durch die Hauseinfahrt von der Straße her betreten, und nur auf diesem Wege konnte man es wieder verlassen. Der Obmann und der Meister begannen miteinander zu sprechen. Mir wurden die Beine zittrig.

Ich mußte mich setzen. Zum erstenmal hatte ich richtige Angst, ganz gewöhnliche, gemeine Angst. Ich wußte, wenn ich jetzt schrie, würden sie mich schlagen. Meine Eltern. Auch das ging mir durch den Kopf. Die Angst, aber die Ohnmacht auch. Da sollte ein Verbrechen geschehen, und ich konnte es nicht verhindern. Drei junge Franzosen. Ohnmacht und Angst schmerzten auf der Haut. Ich hätte schreien mögen und traute mich nicht. Ich hätte schreien können, auch ohne geschlagen worden zu sein.

Das Telefon schrillte. Das Kommando war vorgefahren. Noch einmal die Namen durchs Telefon. In der und der Halle.

Jetzt steht das Auto auf dem Hof, dachte ich. Ich erlebte alle Phasen der nächsten Geschehnisse. Den Gang über den Hof, die alte Fabriktreppe hinauf bis zur Etage der Franzosen. Wie lange wird es dauern, unter den fünfzehn Männern dieser Halle – Holländern, Franzosen und Deutschen – die Gesuchten auszumachen? Dann die Treppen wieder hinunter, über den Hof zum Auto und ohne Verzug aus dem Tor raus. Nur kein großes Aufsehen, der Betrieb muß ja weiter gehen. Drehbänke sind kriegswichtig.

Wieder das Telefon. Meldung: Aktion beendet.

Und dann: Der Obmann geht zur Tür und schließt sie auf. Der Meister geht wortlos hinaus. Ich nehme meine Handtasche, die an der Stuhllehne hängt, stehe auf und verlasse den Raum. Der Obmann ist beschäftigt.

Im Parterre sitzt der Abteilungsleiter hinter seinem breiten Schreibtisch. Ich sehe es durch die Glaswand und gehe zu ihm.

Was wollte ich eigentlich? Ich stand vor einem fremden Menschen und dachte: Du mußt etwas sagen.

„Bitte, sagen Sie da oben Bescheid, daß ich nicht mehr rauf komme."

Ich war jetzt völlig ruhig. Das hättest du anders sagen sollen, ging es mir durch den Kopf. Du kannst ihm doch keine Vorschriften machen.

Der Chef, der da vor mir saß, war ein alter Herr, mit dem ich nur gelegentlich einen Satz wechselte, nie über etwas Persönliches.

Nur selten kam er nach hinten, zu uns. wir bekamen unsere Arbeit von den beiden Frauen im Nebenraum und gaben die fertigen Briefe an sie. Mit dem Chef hatten wir nur zu tun, wenn etwas zu beanstanden war, was die Frauen nebenan übersehen hatten. Dann kam der alte Herr zu uns.

„Bitte, schreiben Sie das noch einmal ab. Sie haben da eine Position vergessen.“ Es klang wie eine Entschuldigung.

Diesem Chef hatte ich eine Anweisung gegeben.

Er sah mich an, nahm den Telefonhörer ab, wählte eine Nummer, sagte etwas von eiligen Aufträgen, ja, das Fräulein werde hier unten dringend gebraucht. Sofort, ja, leider. Es müsse sein.

„Ist gut. Gehen Sie an Ihren Platz.“

„Danke“, sagte ich nur. Er nickte.

Ich ging durch die Glaszelle der beiden Frauen und hinüber in die der Stenotypistinnen. Von jedem Stuhl aus konnte man auf den Hof sehen. Sie müssen alles beobachtet haben. Sie waren über Listen gebeugt oder tippten Briefe, als gelte es, die Arbeit einer Woche aufzuholen. Pierres Freundin verbesserte eifrig Tippfehler. Ich ging an lauter fleißigen Bienen vorbei.

Ich setzte mich und wartete, daß der Tag verging. Meine Finger waren steif. Ich wollte keine dieser unverständlichen Symbolketten für Drehbänke schreiben. Ich wollte überhaupt nichts mehr tun. Nach Hause wollte ich, sonst nichts.

Ob die Genossen, die 1945 die kärgersche Hinterlassenschaft übernahmen, von all dem wußten? Kärgers Akten sind nur zum Teil erhalten und außerdem – was sind schon Akten.

Ich mußte die Genossen bitten, in den alten Akten nachzusehen, was über mich vermerkt sei. Die Dokumente, mit denen ich meine Existenz, meine Wohnstätten, meine Ausbildung und meine Tätigkeit bis zum letzten Kriegsjahr belegen konnte, waren verbrannt. Ich brauchte nach dem Krieg neue Papiere. Also ging ich zum Nachfolgebetrieb von Kärger, dem VEB Werkzeugmaschinenfabrik, der sich damals noch in der Krautstraße befand, später nach Marzahn verlegt wurde. Man verfaßte für mich ein Zeugnis.

Es war Unsinn, was drin stand, doch es genügte als Nachweis für eine abgeschlossene Handelsschulbildung. Im übrigen wußten die Genossen eben nicht mehr, als in den Akten stand. Und das sah so aus: „... hat vom 1. April bis zum 12. Dezember 1944 bei der Firma G. Kärger AG als Kontoristin und Stenotypistin gearbeitet. Dem Beschäftigungsverhältnis lag eine zweijährige Ausbildung an der Städtischen Handelsschule Berlin-Mitte zugrunde. Sie war eine zuverlässige Mitarbeiterin und hat alle ihr übertragenen Aufgaben zur Zufriedenheit der Firma erledigt."

Ich mußte damals froh sein, daß sie die richtige Akte gefunden hatten.

Beiläufig fragte ich nach jenem Meister, an dessen Namen ich mich damals noch erinnern konnte. Man wußte nichts über ihn. Ich bedankte mich für die freundliche Hilfe und hielt die Genossen nicht weiter von der Arbeit ab, denn Drehbänke wurden gebraucht.

Ein bißchen verwundert sahen sie mich immerhin an, weil ich nach einem Kärger-Mann fragte. Sie mochten mir aber zugute halten, daß ich nur die jüngste Stenotypistin gewesen war, ein kleines Mädchen, das da mal Briefe getippt hatte, nichts weiter.

16

Sonnentage

Wenn ich am Ende der Woche durch den Haustorbogen ging, ließ ich alles hinter mir, Kärger und die langen Listen und die Plackerei mit den Maschinen bei Alarm. Die Sonntage gehörten mir. Ich genoß jeden, und es kommt mir vor, als sei im Sommer vierundvierzig die Natur besonders großzügig gewesen, als habe es mehr Sonne als in anderen Jahren gegeben.

Ich ließ alles hinter mir. Ich schob die Bedrängnisse beiseite wie dumme Gedanken, die zu denken sich nicht lohnt. Ich schob sie weg wie einen Stuhl, der im Wege steht.

Ohne langen Übergang konnte ich wieder ganz ich selbst sein. Der Wechsel war so mühelos, wie wenn man unter den Bäumen einer Allee entlang geht, im Schatten, und zwischen durch kurze Zeit vom hellen Sonnenlicht umgeben ist. Er gehörte zu jenem sehr jungen Mädchen, das ich einmal gewesen sein muß.

Ich war so überschwenglich, wie man es nur mit sechzehn sein kann. Ich empfand Hunger nach Schönheit, Erleben und Leben, nach Ferne und Nähe, ich entdeckte Weltsehnsucht und Zukunftssuche in mir, ich suchte Sonne und Wärme. Es zog mich zur Freundlichkeit, ich wollte jung sein und gleich unter Gleichen.

Ich kannte viele Jugendliche aus den Zusammenkünften in der Piusgemeinde, und ich ging dorthin, wo ich die Jugend und die Jungen wußte, wo ich beachtet und als Gleiche geachtet wurde.

In den Predigten klangen auch warnende Töne mit, manchmal sogar Abscheu. Seitdem Kaplan Miarka versucht hatte, Bella zu retten, wußte ich: Hier predigte man nicht nur Nächstenliebe, hier übte man sie auch. Das beeindruckte mich wie die Entschlossenheit der Wurls in den schlimmen Februartagen und später. So ging ich gern zur sonntäglichen Messe und sprach noch immer die einfachen Gebete der Kinderzeit. Über die Formel „wie auch wir vergeben unsern Schuldigern" ging ich schnell hinweg. Sie gehörte zum Gebet und mußte gesprochen werden, aber ich war nicht gewillt, mich daran zu halten. Von Vergebung wollte ich nichts wissen, die Schuldigen sollten ihre Strafe bekommen, alle, ohne Ausnahme, Zahn um Zahn. Die Zeit würde kommen.

Anders war es mit den flehenden Gesängen. Hilf uns aus der Not! Gib uns unser täglich Brot! Das verstand ich. Sehr hungrig und sehr bedrückt hatte ich werden müssen, ehe ich es wirklich verstand. Wie gut, daß ich Worte und Melodie kannte, meine Gefühle auszudrücken. Es waren meine Rufe, ich konnte mich in ihnen äußern, ich durfte meine Not hinausrufen wie die anderen, gemeinsam mit ihnen. Das tat gut, obwohl ich wußte, daß wunderbare Hilfe und von Gott gegebenes Brot nicht zu erwarten waren. Das hatte die Erfahrung gelehrt. Gott sah nur zu, obwohl es hieß, er sei gütig und allmächtig. Darum wandte ich mich der leidenden Maria zu. Hilf uns allen aus dieser tiefen Not, o Maria, hilf!

Ich erwartete nichts. Und doch, wie schön, Maria die Wunderbare im Rausch der Orgelklänge anzurufen. Es schützte vor krampfendem Lachen. Es machte mutig, in Gemeinschaft zu sein. Ich brauchte beides, die Erleichterung und den Mut. Ich brauchte auch die Jungen und Mädchen und neue Erlebnisse.

Wir unternahmen vieles gemeinsam. Wir machten Ausflüge nach Alt-Buchhorst, wo die Kirche ein Heim hatte, mitten im Wald und in der Nähe von Wasser gelegen. Wir fuhren zum Baden und zogen im Winter in Gruppen ins Kino. Singend saßen wir an vielen Abenden zusammen, und auf einer kleinen Bühne in der Palisadenstraße spielten wir Theater.

Mit der Zeit sonderte sich dieser und jener ab. Neigungen prägten sich aus, erste Freundschaften entstanden, erste Liebesbeziehungen. Die Jungen begannen sich für mich zu interessieren, anders als vorher. Ich lernte sehr schnell, daß ich auf bisher ungekannte

Weise Einfluß besaß, und fing an, meine Mittel zu erproben. Und ich fand Gefallen daran. Ich suchte die Gesellschaft der Jungen, ließ mich gern begleiten, war sogar bereit, in Treptow Achterbahn zu fahren, was mir nie recht bekam. Ich freute mich über einen Ausflug in die Müggelberge, mochte es, wenn mich einer an die Hand nahm und mit mir einen Waldweg entlanglief, solange der Atem reichte. Genauso gern bummelte ich durch die Straßen, wenn nur jemand meine Hand hielt. Das war neu und aufregend und sehr angenehm.

Die meisten Mädchen wechselten öfter ihre Sympathien. Das lag mir nicht. Einen Jungen unserer Gruppe mochte ich besonders, und es machte mich sehr froh, als ich merkte, daß ich ihm gefiel und daß er mir mehr Aufmerksamkeit widmete als allen anderen. Das begann schon während der Schulzeit.

Er wartete auf mich nach dem Unterricht. Er wartete immer. Ich konnte mich darauf verlassen. Wir gingen zu Fuß über den Alex bis zum Strausberger Platz. Wir hatten Zeit, miteinander zu sprechen. Von ihm erfuhr ich so ungefähr, was ich hätte lernen können, wenn es mir erlaubt gewesen wäre, zu lernen. Das zu lernen, was Spaß macht. Er besuchte ein Gymnasium, eine der vor 1933 angesehenen Schulen.

Es war noch im Winter. Ich hatte etwas über Algebra gelesen und wollte von ihm wissen: „Wie rechnet man mit Buchstaben und mit Zahlen, die man gar nicht kennt?“

„Du setzt x ein oder y oder beides, und am Ende kommst du auf die Unbekannten Er nahm ein Buch aus seiner Schulmappe. „Guck mal rein.“

„Das ist ja ein fürchterliches Durcheinander.“

„Man muß mit einfachen Aufgaben anfangen, dann versteht man's.“

Er hob einen Stein auf, ein Mörtelstück von einem Trümmerberg, und schrieb an den Rest der Hauswand, vor der wir gerade standen, eine Formel aus Buchstaben und Zahlen, er plazierte die

Zeichen mal rechts und mal links, und was er erklärte, war so selbstverständlich, daß ich fast meinte, es schon vorher gewußt zu haben. Unter die Lösung schrieb er: q. e. d., quod erat demonstrandum, was zu beweisen war.

„Warum lateinisch?" fragte ich im Weitergehen.

„Das macht man eben so." Nach hundert Schritt fiel ihm eine Formel für eine ganz wichtige Sache ein. Er wollte sie wieder an die Hauswand schreiben.

„Nicht an diese Mauer. Hier wohnen doch Leute", bat ich.

„Was macht das? Morgen sind es vielleicht auch Trümmer. Hitler führt doch Krieg, bis kein Stein mehr auf dem anderen liegt. Das ist so klar wie der Satz des Pythagoras."

„Pythagoras?"

„Ein alter Grieche, der hat eine Regel gefunden, die immer stimmt."

„Ohne Ausnahme? Nicht wie in der Grammatik?"

„Ohne Ausnahme. Paß auf ..." Er stand schon wieder mit einem Mörtelstück in der Hand vor der Mauer, dann sah er zu mir, sagte: „Weil du es bist", und warf sein Schreibwerkzeug in hohem Bogen in den nächsten Trümmerberg. „Zu frieden?"

„Ja", sagte ich. „Und Pythagoras?"

Er hatte ein kleines schwarzes Notizbuch. Das zog er aus seiner Jackentasche und malte mir ein rechtwinkliges Dreieck mit den drei Quadraten über den Seiten für die immer geltende Regel auf. „Klar?" vergewisserte er sich.

„Ist ja nicht schwer. Kommt darunter auch dein q. e. d.?"

„Ich weiß was Besseres." Er schrieb unter das Dreieck: Amo. Das hatte er schon oft an Wände und in Sand gemalt.

„Fällt dir nichts Neues ein?"

„Wie schreibt man ‚ich liebe dich' in Steno?"

„Na so ..." Ich malte die Zeichen in die Luft.

„Das mußt du mir aufschreiben", verlangte er. Ich nahm seinen Bleistift und setzte die Stenozeichen unter sein

„Amo“.

„So, jetzt hast du in mein Notizbuch geschrieben, daß du mich liebst. Das ist ein Dokument. Ein Beweis.“

An der nächsten Ecke verabschiedeten wir uns. Er wohnte in der Markusstraße, und ich mußte die Frankfurter geradeaus gehen. Wir hatten beide nur noch ein paar Schritte bis nach Hause. Wenn du unsere Wege von dieser Ecke bis zu unseren Hauseingängen aufmalst und die beiden Häuser mit einer Geraden verbindest, dann hast du genau das Dreieck, das in meinem Notizbuch steht. Bis morgen.“

Im Weggehen winkte er mit dem schwarzen Büchlein.

Ich bewunderte und beneidete ihn. Er war nicht viel älter als ich und wußte so viel mehr. Waren wir im Friedrichshain, dann versuchte er Bäume, Sträucher und Wiesenpflanzen in Familien und Gattungen zu ordnen, und den Weg vom Hain zur Palisadenstraße nannte er den Weg ins Urstromtal. Vor allem aber: Er beherrschte Latein. Nicht wie irgendeiner. Er beherrschte es vollkommen. Er schrieb sein Tagebuch lateinisch. Allerdings nur so lange, bis sein jüngerer Bruder auch Latein konnte. Nachdem das Tagebuch ständige Lektüre des Bruders geworden war, wurden die kleinen Geheimnisse des Tages in ein neues Heft eingetragen, diesmal aber auf griechisch. Das Heft konnte offen auf dem Tisch liegenbleiben. Ein griechisches Tagebuch. Das fand ich ungeheuer.

Sprachen wir aber darüber, welchen Zweck der Krieg habe und die Vernichtung der Städte und die Verfolgung der Juden und warum man dem kein Ende setzen könne, dann blieb er mir die Antwort schuldig.

Früher oder später mußte ein Siebzehnjähriger wie er in Konflikte geraten. In Geschichtsbüchern, die an die Gymnasiasten ausgegeben wurden, entdeckte man eines Tages Randbemerkungen, Proteste gegen den Inhalt. Da gab es zum Beispiel eine Stelle, an der der lateinische Spruch zitiert wurde, daß es süß und ehrenvoll sei, für das Vaterland zu sterben. Daneben stand: „Für mich nicht“ mit drei Ausrufezeichen. Die Verfasser der Glossen, jener Siebzehnjährige und ein Klassenkamerad, der auch zu unserer Gruppe gehörte, wurden schnell festgestellt. Das Lehrerkollegium trat zusammen und fällte ein Urteil: sechs Wochen Karzer und Kahlscheren der Köpfe.

Als die sechs Wochen um waren, kam ein Sonntag, einer dieser schönen Sonnentage. Zum Hochamt walteten beide als Meßdiener, der Tagebuchschreiber und sein Freund. Sie standen, den Weihrauchkelch schwenkend, vor dem Altar, mit dem Rücken zu den Gläubigen, ihre kahlgeschorenen Köpfe der frommen Gemeinde präsentierend. Ein Hochamt dauert lange, das ist nicht eine dieser eiligen Messen am frühen Morgen, zu denen Kaplan Miarka stets in letzter Minute über den Vorhof lief, noch hastig die Knopfreihe seines langen schwarzen Rockes bis zum zweiundvierzigsten Knopf abtastend – der dreiundvierzigste fehlte. Nein, eine solche Messe war das nicht. Für ein Hochamt braucht man Zeit und Glockengeläut und an besonderen Tagen ein rauschendes Tedeum, das langsam verhallen muß. Währenddessen wird viel Weihrauch verbreitet. So auch an jenem Sonntag, als die beiden aus dem Karzer Entlassenen den Kelch schwenkten und die Schale mit den Weihrauchkörnchen hielten. Die Betenden hatten Zeit, die Kahlköpfe zu mustern. Vielleicht wunderte sich ein Ahnungsloser, daß bei diesem Hochamt zwei Meßdiener amtierten, denen offenkundig das Haar geschoren worden war. Aus der Verwunderung konnte Nachdenken werden und daraus wiederum Fragen und neues Nachdenken. Hier wurde demonstriert.

Anschließend wurden beide Jungen in Flakhelferuniformen gesteckt. Die Schulzeit war für sie vorzeitig beendet. Auch ohne ihre Randglossen hätten sie wenig später in den Krieg gemußt. Die Reihen der älteren Jungen waren schon stark gelichtet. Neues Blut wurde gebraucht.

Viele Jungen dieses Alters, manche mit einem Notabitur in der Tasche – den beiden Kahlköpfen hatte man es nicht gegeben –, standen an Flakbatterien auf Bunkern und Böschungen. Die meisten hielten sich für Helden. Nicht die beiden.

Vorbei waren die Gespräche, das verwunderte Zuhören, die kleinen Freundlichkeiten.

Ich fuhr noch ein paarmal hinaus zu unseren Badestellen, in der Hoffnung, Freunde aus der Gruppe oder Schulkameradinnen zu treffen. Aber in diesem zu Ende gehenden vierundvierziger Sommer traf ich nur noch selten Bekannte. Manche hatten wegen der Bomben Berlin verlassen, manche hatten inzwischen andere Freundschaften geschlossen. So liefen sie alle auseinander, nur ganz wenige Verbindungen blieben bis nach dem Kriege.

Zu den Bootshäusern fuhr ich nicht mehr. Ich hatte die Trainerin an einigen Sonntagen vergeblich gesucht, nachdem ich die Schule beendet hatte. Und ohne die Trainerin kam ich in kein Boot.

Von dem Verfasser des griechischen Tagebuchs hörte ich nur noch wenig. Die Umstände waren eben so. Jeder mußte danach trachten, heil über die Zeit zu kommen. Die Lasten des Tages und die unruhigen Nächte nahmen jeden voll in Anspruch. Außerdem lagen viele Wohnungen in der Gegend um den Strausberger Platz in Trümmern, auch das Haus in der Markusstraße, in dem der Tagebuchschreiber gewohnt hatte.

Je mehr sich die Trümmer auftürmten, je mehr sich Brandgeruch in den Straßen ausbreitete, um so heftiger zog es mich hinaus aus der Stadt. Es zog mich dorthin, wo noch Licht und Farbe war. Doch es war nicht gut, allein umherzustreifen, weil dann auch die Gedanken wanderten und oft an einem traurigen Punkt endeten

Ich nahm eine Einladung zu einem Spaziergang in Sanssouci an. Die Blätter hatten sich schon ein wenig gelb gefärbt. Der mich bat, mit ihm nach Potsdam zu fahren, war einer aus der Piusgemeinde, jetzt Soldat und ein paar Tage auf Urlaub. Es war der Lange von der anderen Seite der Frankfurter, der einst mit der kleinen Inge aus dem Möbelladen ausgehen wollte. Ich interessierte mich nicht sonderlich für ihn. Mir war nur wichtig, mal wieder in Gesellschaft hinausfahren zu können.

Als ich keine Anstalten machte, am Sonntagvormittag wegzugehen, fragte mein Vater:

„Wolltest du nicht nach Sanssouci fahren?"

„Doch, ja."

„Na und? Wann wollt ihr euch denn treffen?"

„Um zehn an der U-Bahn."

„Was? Um zehn? Jetzt ist es gleich elf!"

„Ich weiß. Das macht nichts. Der wartet, bis ich komme."

Das nahm Vater mir übel. Den jungen Mann warten lassen, einfach so, weil es der jungen Dame Spaß machte. Wenn das ein Mädchen mit ihm gemacht hätte, na, er ...

Vater drückte mir meine Tasche in die Hand und schob mich zur Tür hinaus. Meine Sandaletten mußte ich auf der Treppe zuknöpfen.

Ich hatte mich nicht getäuscht. Mit einem kleinen Sträußchen in der Hand – wo er die Blumen wohl aufgetrieben hatte? – , ganz und gar Kavalier, wartete er auf mich. Ich ging auf ihn zu und überlegte: Wenn er mir Vorwürfe macht, entschuldige ich mich. Er war die Freundlichkeit selbst, und die Uhr zeigte zehn Minuten nach elf. Also entschuldigte ich mich nicht.

Schade, dachte ich, daß er nicht mal ein bißchen böse ist.

Wenn er doch wenigstens nicht in Uniform gekommen wäre! Sollte ich gleich umkehren? Bedaure, geht nicht oder so? Gerade heute, bei so schönem Wetter. Also nach Sanssouci, sich nicht den Tag verderben lassen!

Der Park hatte nichts von seiner Schönheit eingebüßt.

Ich trug ein Kleid in einem dunklen, satten Rot, das mir gut stand. Ich brauchte nur meinen Begleiter anzusehen, um es bestätigt zu finden. Man merkte mir nicht an, daß ich erst sechzehn war.

Je länger wir so durch den Park gingen, um so weniger behagte es mir, neben der Uniform zu gehen.

„Konntest du nicht Zivil anziehen?"

„Ich habe doch extra die Uniform angezogen, um mit dir auszugehen."

„Ein buntes Hemd wäre besser gewesen", wandte ich ein.

„Für diesen Spaziergang ist die Uniform wichtig."

Ich sah ihn fragend an.

„Aber meine Schöne, das ist doch klar. Ich bin schließlich Offiziersanwärter, und ein Mädchen wie du an meiner Seite! Laß mich erst mal Offizier sein, dann zeige ich mich überall mit dir. Sollen alle sehen: ein Offizier, für den es keine Unterschiede gibt."

Eine tolle Heldentat hatte er sich da ausgedacht. Trug ich etwa ein Kainsmal auf der Stirn, daß sich die Menschen abwenden müßten von mir? Was glaubte er wohl, wonach sich der junge Mann, der gerade vorbeiging, umgedreht hat und der vorhin an der Haltestelle? Etwa nach dem Uniformierten?

Ob ich einverstanden wäre, mich mit ihm zu zeigen, fragte er nicht. Was interessierten mich seine silbernen Schnüre an der Schulter, die seine Anwartschaft auf Sternchen bezeugten. Was bedeuteten mir schon Sternchen an der Uniform. Ihm, ja, ihm bedeuteten sie etwas. Und er sah Unterschiede, wo keine waren.

Nun war der schöne Sonntag doch verdorben. Ich ließ ihn stehen und fuhr zurück.

Das war mein letzter Ausflug vor dem Winter. Danach begann sich die Sonne rar zu machen. Ich wünschte mich in die Zeit zurück, als ich vor dem Schultor erwartet wurde. Ich hätte mich gern wieder in den Sand fallen lassen, gleich neben dem Boot, müde und froh. Ich wünschte mir alles wieder herbei und noch viel mehr.

17

Unsere Namen

Namen sind nicht Schall und Rauch. Wir können durch sie, wenn wir Glück haben, manche Zusammenhänge finden. Ich entdeckte mit den Namen ein Stückchen Historie, Familiengeschichte.

Die Vornamen kamen in unserer Familie meistens doppelt vor. Enkeltöchter wurden wie die Großmütter, Enkelsöhne wie die Großväter oder deren Geschwister benannt. Aber nicht öfter als zweimal durften die Namen vergeben werden. Martin der Engländer half mir, einen Stammbaum herzustellen. Dieser bestätigt, daß die Vergabe der Vornamen nach festen Regeln erfolgte. Darum hieß Max' Älteste Netty und die Tochter von Saly auch, denn eine der alten Damen trug den Namen Jeanette. Eine andere alte Dame – in meiner Vorstellung sind sie alle alt –, eine andere hieß Charlotte, folglich taucht der Name in der übernächsten Generation, zu der meine Mutter gehörte, zweimal auf.

Mutter hat ein paarmal gesagt: „Ich habe den Namen von meiner Großmutter bekommen." In ihrer Generation wußten viele, von wem sie den Namen erhalten hatten. Das war keine Patenschaft wie in christlichen Familien, sondern eine Ehrung der Alten und der Wunsch, ihre Namen weiterzureichen.

Auch Martin und Herbert sind doppelt vertreten, und zwar in der Generation vor mir. Mein Ältester kann, wenn er dies bedenkt, leicht zu dem Schluß kommen, daß auch sein Name in zweiter Generation wieder vergeben wurde. Es stimmt, und es geschah nicht ohne Absicht. Von den beiden Männern, die Herbert hießen, kam allerdings nur einer als Namensvorbild in Frage, Bellas Vater, der für seine Familie den Weg über die Schweizer Grenze gesucht, aber nicht gefunden hatte. Er war klug, hatte geschickte Hände, war ein guter Mensch und ein schöner Mann.

Ich weiß, daß dir, mein Sohn, der Name nicht sonderlich gefällt. Aber es ist ein guter Name. Vielleicht befreundest du dich doch noch mit ihm. An den anderen Verwandten mit dem Namen Herbert habe ich nicht gedacht, denn seine Art zu leben mißfiel mir, also hatte ich kein Motiv, seinen Namen an dich weiterzugeben.

Unsere Tochter hätte den Namen Debora oder Jeanette tragen sollen. Dazu konnte ich mich wenige Jahre nach dem Krieg nicht überwinden. Den Namen des Jüngsten wählten wir frei von Traditionsgedanken. Vielleicht entschließt sich eins meiner Kinder, eine Tochter Bella zu nennen, nach dem jüngsten Opfer unserer Familie. Bella, die zu meiner Generation gehörte, sollte nicht vergessen werden. Nein, ich hoffe, es wählt niemand diesen Namen. Ich kann ihn noch immer nicht tränenlos nennen.

An einer Stelle meiner Namenstafel scheint die Tradition durchbrochen zu sein.

Wenn ich fragte, wie ich mit Alfred, der als mein Onkel galt, verwandt sei, bekam ich folgende Erklärung: „Er ist der Bruder deiner Großmutter, der Jüngste von den acht Geschwistern."

„Er ist aber viel jünger als die andern."

„Ein Nachkömmling", wurde mir erklärt.

Ein sehr später Nachkömmling, nach meiner Rechnung. Der älteste Bruder, Max, war schon über zwanzig, und die älteste Schwester, meine Großmutter Natalie, war siebzehn, als dieser Alfred geboren wurde.

„Und warum wurde er Alfred genannt? Hätte dieser Name nicht erst in der folgenden Generation wieder vergeben werden dürfen?"

Ich hatte einmal angefangen zu fragen, nun wollte ich es genau wissen. „Oder wurde es doch nicht so traditionell gehandhabt mit den Namen?"

Diese Deutung war meiner Mutter recht, und sie bestätigte: „So ganz genau wurde es nicht genommen."

Mir genügte die Auskunft. Aber Netty, meine Cousinen-Tante, nahm mich beiseite. Sie wußte mehr. Der Altersunterschied zwischen Netty und mir war gering, es war der zwischen halbem und ganzem Erwachsensein. Sie hätte gut meine ältere, wissendere Schwester sein können. Anders als bei Geschwistern oft zu beobachten, herrschte Einvernehmen zwischen uns. In Gefühl und Urteil stimmten wir überein, und auch sonst, glaube ich, waren wir uns ähnlich. Und weil Netty mich mochte, erfuhr ich manches kleine und große Geheimnis unserer Familie.

Durch ihren Vater, Max den Ältesten, wußte Netty über vieles, was die Tradition und die Familie betraf, Bescheid. Sie hatte Hebräisch gelernt und kannte das Ritual der Feste. Sie weihte mich, die Jüngere, die ihrer Generation Nachfolgende, in vieles ein.

So, von Mund zu Mund, wurde vermutlich alles Wissen um die Menschen, die vor uns die Familie waren, bewahrt und weitergegeben. Und auf diese Art wurde das Band, das uns zusammenhielt, fester geknüpft. Es war in Zeiten der Isoliertheit und Verfolgung entstanden und hatte auf dem Fundament der Tradition gehalten, bis es uns erreichte. Netty trug viel dazu bei, mir das Band bewußtzumachen, es mich spüren zu lassen, dieses Band, das nie drückte, aber Halt gab, das in unserer Zeit der erneuten Verfolgung den Streit milderte und Gegensätze überbrückte.

Netty klärte mich über Alfred auf.

„Alfred ist nicht der Bruder von Natalie, sondern ihr Sohn. Es hat schon seine Richtigkeit mit dem Namen."

„Nun verstehe ich gar nichts mehr. Er ist mein richtiger Onkel? Der Bruder meiner Mutter?"

„Du hast es erfaßt."

„Und warum sagen alle etwas anderes?"

„Na, überleg doch mal: Deine Großmutter war erst siebzehn, als sie ein Kind bekam. So jung und ohne Mann. Damals, um neunzehnhundert. Um ihr die Last abzunehmen, die sie sich aufgebürdet hatte, hat Vater Jakob ein bißchen geschummelt. Er hat das Kind seiner Tochter als sein eigenes ausgegeben, als seinen jüngsten, spätgeborenen Sohn."

„Aber das geht doch nicht. Das sieht man ja wohl, wer ein Kind kriegt, die Mutter oder die Tochter." Ich wollte diese Geschichte nicht glauben.

„Das war ganz einfach", sagte Netty, „Mutter und Tochter wurden zusammen für längere Zeit aufs Land geschickt. Die Mutter, weil sie ihr achtes Kind erwartete, und die Tochter, um die Mutter zu pflegen. Es war doch leicht einzusehen, daß eine Frau, die schon sieben Kinder geboren hatte, Erholung und Pflege brauchte." Netty sagte es ohne Ironie, ja sogar mit Hochachtung für Vater Jakob und seine Frau. Das wunderte mich.

„Du meinst nicht, daß sie nur die Schande vertuschen wollten?"

„Ganz und gar nicht! Vater Jakob war ein großherziger Mensch. Er soll seiner Tochter kein einziges vorwurfsvolles Wort gesagt haben, als sie ihm eröffnete, sie werde ein Kind bekommen. Sie war eben schon sehr früh eine Frau. So sah er das. Er sorgte sich nur, daß die anderen schlecht von ihr sprechen würden, und das wollte er seiner Tochter ersparen."

„Und sich selbst wollte er das Gerede nicht ersparen?"

„Du scheinst es mir noch immer nicht zu glauben. Er war wirklich ein guter Mensch. Es ging ihm um die Tochter, nur um sie. Wenn die Welt so unvernünftig war, eine Schande darin zu sehen, wollte er es so einrichten, daß seine Tochter nicht unter dieser unvernünftigen Welt zu leiden hatte. Er ließ standesamtlich bekunden, daß Alfred sein Kind sei, und zog den Jungen auf, solange Natalie noch nicht verheiratet war. Aber der Tochter empfahl er, den Sohn auf traditionelle Weise zu benennen. Durch den Namen sollte seine tatsächliche Stellung in der Familie bezeugt werden, ohne daß Fremde davon etwas merkten. Er wurde Alfred genannt."

„Wie ein Bruder von Vater Jakob, nicht wahr?"

„Ja."

„Also wurde der Name doch erst im zweiten Glied wieder vergeben."

„Nun glaubst du mir wohl?"

„Sicher. Dann verstehe ich auch, warum Onkel Alfred. ... Onkel? Ja, natürlich, Onkel ist er so und so für mich."

„Was verstehst du nun?"

„Warum er so viele Jahre bei meiner Großmutter gewohnt hat. Mir wurde immer gesagt, daß sie ihn aufnahm, weil er in der Nähe ihrer Wohnung die Schule besuchte und später eine Lehrstelle hatte."

„Das mit der Schule und mit der Lehrstelle stimmt doch auch. Übrigens, Vera, was ich dir erzählt habe, weiß die ganze Familie, aber alle sagen: Alfred ist der Jüngste der acht Geschwister. Das mußt du dir merken. Du darfst nichts anderes sagen."

Ich begriff: Die Familie hatte ihre eigene Moral. Es ging die Welt nichts an.

Ich habe mich an Nettys Anweisung gehalten, solange die Beteiligten lebten.

Auch mit den Familiennamen hatte es eine sonderbare Bewandtnis. Die Familie bestand aus den acht Geschwistern und den aus ihren Ehen hervorgegangenen Kindern und Kindeskindern. Das waren viele einzelne Familien, aber fast alle hießen Luft oder Friedländer, oder sie hatten einen eigentümlich mit Friedländer gekoppelten Namen; wenige hießen Makowski. Warum, so überlegte ich, gibt es nicht mehr Varianten? Vor allem die Kopplung von Friedländer und Tawrigowski, die auch im Ausweis meiner Mutter stand, fand ich merkwürdig.

Ich erkläre es mir so: Jüdische Namen mögen ungewohnt und mißdeutbar gewesen sein, und so entstand in einer Zeit, als neue Namen geprägt wurden, der Hang, verstehbare, freundliche Namen zu wählen. Auch einer meiner Vorfahren muß nach einem wohlklingenden Namen gesucht haben. Aber er hatte schon einen Namen:

Tawrigowski. Das mag schon eine vereinfachte Umschreibung der ursprünglichen Gestalt des Wortes sein, eine der üblichen Weiterbildungen, und immer noch war darin ein fremder Klang. Auf die Frage, wie er heiße, mag jener Vorfahr seinen ungewöhnlichen Namen genannt und hinzugefügt haben. „Kannst mich ja Friedländer nennen." Und so wird der Fragende vielleicht dem Nächsten Auskunft gegeben haben: „Der Jude, der da zugezogen ist, heißt Tawrigowski oder so ähnlich. Man kann ihn auch Friedländer nennen." Und so mag es weitererzählt worden sein: Er wird Friedländer genannt. Also ließ sich vermerken: Tawrigowski, genannt Friedländer.

Es kann auch ganz anders gewesen sein. Etwa so: Mein Vorfahr wünschte sich einen dieser symbolhaften Namen, die im achtzehnten Jahrhundert gebildet wurden, als die Juden Familiennamen annehmen mußten. Mein wohlhabender Vorfahr – er muß wohlhabend gewesen sein, sonst hätte er wie andere arme Juden zwangsweise einen häßlichen Namen bekommen oder einen lächerlichen, oder er hätte sich mit seinem überlieferten begnügen müssen –, er ließ es sich also etwas kosten: Er ging auf die Kanzlei und erklärte, er möchte, gegen bares Geld, das Recht haben, Friedländer genannt zu werden. Und er zahlte und ließ in ein dickes altes Register eintragen: Tawrigowski genannt Friedländer. Ohne Komma.

So freundlich, wie es uns heute scheint, ist die Bedeutung des Namens Friedländer gar nicht. Wir meinen, er benennt einen Mann aus Friedland, aus einem friedlichen Land. Gemeint ist aber mit Sicherheit ein eingefriedetes Land, ein eingegrenztes Stück Land wie der Friedhof, der mit einem Zaun abgesteckte Ort der Toten. Die Menschen mit dem Namen Friedländer, und er kommt unter Juden häufig vor, sind einst Ghettobewohner gewesen. Ihr Name deutet auf das begrenzte Land, auf dem zu wohnen ihnen erlaubt war. Nur auf dem Friedland, abgesondert, ghettoisiert.

Sei es, wie es sei. Der Rabbi Nathan, vier Generationen älter als ich, trug schon diesen Namen, als er sein Amt ausübte. Das Foto eines

Gemäldes, das in meiner kleinen Galerie hängt, stellt diesen Rabbi dar. Ich weiß nicht, ob es dieses Gemälde noch gibt und wo es hängen mag, wenn es erhalten ist. Immerhin scheint es zu bestätigen, was man von Rabbi Nathan Tawrigowski genannt Friedländer erzählte. Er soll ein bedeutender Mann gewesen sein und Bücher geschrieben haben. Ich halte es für wahrscheinlich, denn sein Porträt wurde durch einen Maler festgehalten. Ein würdevoller, noch junger Mann schaut die Nachwelt an. Er wurde Anfang des Jahrhunderts geboren, des vorigen natürlich. Möglich, daß er die Namen nach Kairo getragen hat. Ich kann es nicht nachprüfen. Doch er, so wird gesagt, er trug schon den ungewöhnlichen Doppelnamen.

Sein Sohn Michael, Rabbi in Kairo wie er, später in Jerusalem wohnhaft, so erzählt man es in der Familie, schickte seine Söhne nach Deutschland, wo sie ihren Armeedienst abzuleisten hatten. Sie waren jung, sahen sich um in dem Land, aus dem der Rabbi Nathan einst gekommen war; er war Bürger dieses Landes gewesen und besaß die staatsbürgerlichen Rechte und Pflichten. Er übertrug sie auf die Söhne und entließ auch die Enkel nicht aus der Pflicht, in der kaiserlichen Armee zu dienen.

Es waren drei junge Männer, die nacheinander nach Deutschland reisten. Einer fuhr nach der absolvierten Pflicht wieder zurück in die Sonne des afrikanischen Nordens, die beiden anderen fanden das Land der kühlen Nächte, der hohen Kiefern und klaren Seen angenehm. Sie durften zur Ausbildung dort bleiben, in Berlin, in der wachsenden, sich entwickelnden Metropole. Die beiden jungen Männer, Joseph und Isaak, wurden von Jakob Luft, dem gütig-klugen Vater Jakob, freundlich aufgenommen. Joseph heiratete 1896 meine Großmutter Natalie.

Den Großvater Joseph haben nur noch wenige gekannt, als ich zur Familie gehörte, denn schon 1903 wanderte er nach New York aus. Aber seinen sonderbaren Namen trugen nun meine

Großmutter und ihre Kinder. Außer Joseph hat auch Isaak diesen Namen weiter vererbt.

Was fängt man mit einem solchen Namen an, der unbequem ist, den man buchstabieren muß, damit er richtig verstanden. wird? Einige stießen sich nicht daran, behielten den Doppelnamen bei. Andere bezeichneten sich nur mit Friedländer. Und mir fiel auf, daß sich alle, die den Namen in der einen oder anderen Form trugen, untereinander eng verbunden fühlten. Die Bezeichnung Cousin wurde wie Bruder gebraucht, und Cousine war so gut wie Schwester. Ich glaubte, daß es nicht nur an besonderer Sympathie lag oder an den Bedingungen, unter denen wir lebten. Die enge Verbundenheit mußte noch andere Ursachen haben, mehr elementare.

Befragte ich jemanden, warum sie sich in der Generation meiner Mutter alle so nahe standen, dann bekam ich eine der stereotypen Antworten, in der, wie mir scheint, viel Tradition weitergetragen wurde: „Zwei Brüder haben zwei Schwestern geheiratet. Na schön, dachte ich mir, aber wer denn wen? Es gab viele Geschwister. Aber da sind ja die Namen. Durch sie läßt sich belegen, daß die beiden Söhne des Rabbi Michael zwei Töchter von Vater Jakob zur Frau genommen haben: Joseph hat Natalie und Isaak hat Berta geheiratet.

Natalies Kinder blieben bei dem gekoppelten Namen, Bertas Söhne kürzten ihn auf Friedländer.

Bei meinen Forschungen machte ich eine weitere Entdeckung: Daß zwei Brüder zwei Schwestern geheiratet haben, ist zweimal in ein und derselben Generation vorgekommen. Vater Jakobs Töchter Trude und Käthe haben sich mit zwei Brüdern der Familie Makowski verbunden.

Wer dem Stammbaum nicht traut, kann der Geldspur folgen. Die Makowskis waren vermögend, darum wurden es Trude und Käthe auch, und darum war es beiden möglich, rechtzeitig zu emigrieren. Käthes Mutter starb dennoch unter ärmlichen Bedingungen am anderen Ende der Welt, und Käthe selbst stand, als ihr die Überfahrt nach San Francisco gelungen war, völlig mittellos da, doch das steht auf einem anderen Blatt. Bei der hageren, geizigen Trude und bei ihrem Sohn Herbert hat sich das Geld gehalten und vermehrt.

Und noch einer hatte von dem Vermögen der Makowskis einen Nutzen – Alfred. Er besaß eine Sonderstellung in der Familie, und er hatte Talent. Er konnte mit dem Zeichenstift umgehen, er zeigte Gefühl für Proportionen, und er verstand sich auf die Harmonie von Farbe, Stoff und Form. Das Geld, das er brauchte, um sein Talent auszubilden und in einem soliden Gewerbe anzuwenden, bekam er von den Makowskis.

Wer noch immer meint, Namen seien Schall und Rauch, den möchte ich an einen verräterischen Vers erinnern: Oh, wie gut, daß niemand weiß, daß ich Rumpelstilzchen heiß! Die den Namen der Märchengestalt erfuhr, gewann Gewalt über sie. Und der Jüngling Parzival konnte erst er selbst werden, als er seinen Namen kannte.

Wenn man den Namen kennt, kann man zu den Dingen finden. Sind die Dinge gefunden, lassen sie sich ordnen. So wie unsere Namen.

18

Die Leinendecke

Wir erwarten Gäste in unserer Warschauer Wohnung.

„Bitte, Ulli, hilf mir den Tisch decken.“

Wer kommt denn zu Besuch?“ fragt er, während er zwei Tische zusammenrückt.

„Kollegen aus der DDR. Sie bleiben ein paar Tage in Warschau.“

„Kenne ich sie?“

„Ich glaube nicht.“

Ulli schiebt Sessel an die niedrigen Tische und zählt: „... fünf, sechs – mit der Couch sind es sieben Plätze, reicht das?“ Ich nicke und gehe in die Küche, um das Tablett mit Geschirr zu holen.

„Welche Decke soll ich nehmen?“

„Die rosa Leinendecke“, rufe ich aus der Küche.

„Die ist doch viel zu groß“, wendet er ein.

„Schlag sie um, dann geht's.“

„Hast du keine andere? Eine weiße Decke wäre sowieso hübscher.“

„Das kommt drauf an.“ Ich stehe schon mit dem Tablett in der Tür und weiß nicht, wohin damit. Er hält die rosa Decke noch immer in der Hand. „Diskutier nicht so lange.“

Er breitet die Decke über beide Tische, schlägt an einer Seite einen halben Meter nach innen um und stellt triumphierend fest: „Bitte sehr, wie sieht das aus!“

Ich setze mich, das Tablett auf den Knien.

Das hätte ich ihm vorher sagen können. Ich möchte aber, daß heute diese Decke auf den Tisch kommt.

„Laß sie gleichmäßig lang über die Kanten hängen.“ Auch das ist nicht die beste Lösung, ich habe es schon ausprobiert. Aber wir haben in dieser Wohnung keinen großen Tisch. Auf einer richtigen Tafel, selbstverständlich, da wirkt sie viel besser.

„Findest du die Decke eigentlich schön?" fragt mich mein Sohn mit kritischem Blick.

„Ich muß ehrlich sein: Es gibt schönere." Aber sie ist kostbar, möchte ich hinzufügen, lasse es aber, denn es würde ihn nicht überzeugen.

„Warum hast du sie dann mit nach Warschau geschleppt? Wir brauchen sie doch gar nicht."

„Sie paßt hierher. – Soll ich das Geschirr noch lange so halten?"

Er nimmt mir das Tablett ab und verteilt Teller, Tassen, Löffel. Dabei zupft er mal hier, mal dort, um das dichte, steife Gewebe zu zwingen, glatt an den Seiten herabzuhängen.

Das wird ihm nicht gelingen. Ich kenne den widerspenstigen Stoff.

„Na ja", sagt er schließlich, „wenn die Kuchenplatte und alles andere drauf steht, geht es vielleicht."

Er meint, dann achtet man nicht so auf die Decke. Ich denke, nun ist er beruhigt, und will wieder in die Küche gehen, da hält er mich mit der nächsten Frage zurück: „Warum ausgerechnet die?"

„Sie hat schon auf dem Geburtstagstisch meiner Großmutter gelegen, in der Naunynstraße."

„Was? So alt ist die? Sieht aber gar nicht so aus." Wenigstens etwas, was ihm Anerkennung abverlangt.

Letzte Handgriffe, dann klingelt es. Bevor ich die Tür öffnen kann, bringt er noch eine Frage an: „Warum existiert sie überhaupt noch?"

„Später, Ulli, später ..."

Ich öffne die Tür. Begrüßung. Blumen, überreicht mit dem Ausruf: „Jetzt im Dezember, nicht vorstellbar! Warum können wir das nicht?" Gedränge auf dem Korridor, während die Besucher ihre Mäntel ablegen und die Pelzmützen vom ersten Schnee befreien. „Ulli, zwei Bügel fehlen noch.“ – „Wie groß der Junge geworden ist.“ – „Gemütlich habt ihr es hier.“ Und mit einem Blick auf den Kaffeetisch im Wohnzimmer: „Extra für uns? Wie schön.“

Ich sehe Ulli an, und er versteht: Niemand stört sich an den ungleichen Tischen und der zu großen Decke und ihrem intensiven Rosa.

Während das Gespräch in Gang kommt, Neuigkeiten ausgetauscht werden und, wie das so ist, die Situation zu Hause und hierzulande erörtert wird, habe ich das Gefühl, daß Ulli weniger beteiligt dabeisitzt als sonst. Auf einmal wird er munter. Meine Kollegin, die hübsche blonde Christine, die schon eine Weile mit der zu weit herabhängenden Decke gekämpft hat, befühlt den Stoff und wendet sich an mich: „Das ist wohl polnisches Leinen? Bekommt man so was in Warschau zu kaufen?“

„Nein, sicher nicht.“

„Ein originelles Dessin, rustikal und doch elegant.“

„Das liegt an den Damastornamenten“, erwidere ich.

„Woher hast du die Decke?“

Ulli bekommt große Neugieraugen.

„Von meiner Mutter.“

Da mischt sich Ulli ein. „Ich denke, deiner Großmutter gehörte die Decke?“

„Das kann ja wohl nicht sein“, meint Christine, „dann wäre sie längst hinüber“

„Die Decke ist dreißig Jahre lang nicht benutzt worden“, erläutere ich.

„So etwas gibt es“, stellt einer am Tisch fest. „Ich hatte mal eine Uhr, wißt ihr, so eine mit Sprungdeckel, die hatte ...“ Das Gespräch gleitet ab, entfernt sich von dem, was Ulli hören möchte. Ich werde ihm nachher erzählen, wie alles war, nehme ich mir vor.

Großmutter hatte sich die Decke ja nur geliehen, nur einmal, weil sie zwei große Tücher für die lange Tafel brauchte und nur noch eins besaß. Die rosa Decke reichte bequem für zwölf weitere Gedecke, und so fanden alle an der Geburtstagstafel Platz.

War das damals wirklich eine Geburtstagsfeier gewesen? Ich weiß viel zuwenig über die Familientreffen und über die Tradition. Vor Jahrzehnten hätte ich fragen müssen, wann und warum sie sich trafen, was sie feierten und wie sie es taten, welchen Gesetzen sie folgten und welche sie für überholt hielten.

Nur das weiß ich: Mitte Dezember sagte Mutter: „Wir gehen zu Großmutters Geburtstag." Andere sagten: „Wir treffen uns bei Tale", und von Geburtstag war nicht die Rede. Ich glaube nicht, daß es Zufall war, daß sich die Familie gerade in der Dezembermitte zusammenfand. Großmutters Geburtstag fiel in die Zeit des Chanukka-Festes, und ich halte es für ziemlich wahrscheinlich, daß dieses Fest der Weihe der eigentliche Anlaß für das Familientreffen war. Tale rief die Familie zu sich, sie war nach Max, der mit einer Christin verheiratet war, die Älteste der acht Geschwister. Es kam ihr zu, die Familie zum Fest zu bitten.

Daß diese Decke mit dem kräftigen rosa Damastmuster in der Naunynstraße aufgelegt wurde, als wir zum letztenmal dort beisammensaßen, hat Mutter mir in Erinnerung gebracht. Das heißt, ich glaube mich daran zu erinnern, seit ich weiß, daß es so war. Danach wurde die Decke nicht mehr benutzt. Mutter hat sie verwahrt, so wie es vor ihr schon Hella und Trudes Herbert getan hatten.

Vor dem Krieg hatte Trudes Herbert diese schwere Leinendecke für seine Frau Selma gekauft. Es war ein Festgeschenk.

Es ist Selmas Decke.

Vor der Emigration gab Selma die Decke meiner Großmutter zum Aufbewahren, und Großmutter legte sie das eine Mal über die rote Plüschdecke im großen Berliner Zimmer Da waren Herbert und Selma schon in Frankreich, und Saly hielt die Karte mit dem Eiffelturm in der Hand.

Die Decke wanderte zusammen mit den guten Kleidern von Großmutter und Debora in Ediths Laubenkeller, der vom Krieg verschont blieb.

Trudes Herbert kehrte allein aus Frankreich zurück. Seine Frau und sein Sohn waren aus ihrer Pariser Wohnung geholt und verschleppt worden. Unbekannt, wohin. Herbert fand, wie er erzählte, nur noch eine leere Wohnung vor, als er eines Abends nach Hause kam. Niemand hat Selma und ihren Sohn Deny wiedergesehen.

Herbert erhielt die Decke zurück, konnte sich aber nie entschließen, sie über einen Tisch zu breiten und sich heiter plaudernd mit nichtsahnenden Gästen an diesen Tisch zu setzen. Die Decke blieb im Schrank. Ein Jahrzehnt später heiratete er Hella; sie ließ die Decke, wo sie war. Erst nach einem weiteren Jahrzehnt trennte sich Herbert von dem Tuch, er gab es meiner Mutter. Aber auch sie benutzte es nicht, sondern gab es mir. Alle reichten sie die Erinnerung weiter, sie mochten nicht mit ihr leben.

Es ist viel Zeit verstrichen seit jenem Tag, als Selma Deutschland verließ. Irgendwann, meine ich, muß man mit der Vergangenheit leben. Irgendwann muß man es bewußt tun. Irgendwie wird es auch gehen. Ein rosa gefärbtes Leinentuch hilft mir, mich daran zu gewöhnen. Ich habe wohl von allen, durch deren Hände die Decke gegangen ist, den größten Abstand zu der mit ihr verbundenen Geschichte.

Ich – oder Hella; denn sie hat Selma nicht gekannt. Aber Hella weiß womöglich am ehesten, wie es Selma mit ihrem Sohn ergangen sein mag. Hella hat das Warschauer Ghetto überlebt. Sie war so jung wie ich, damals, und hat Mutter, Vater und alle Geschwister an Hunger sterben sehen.

Viel Zeit ist vergangen. Der reiche Herbert Makowski, Vertreter ausländischer Webereien, nahm die schöne junge Hella zur Frau, hüllte sie ein in Eleganz und Nichtstun und zog mit ihr in die vornehmste Gegend Düsseldorfs und ließ sie in den teuersten Geschäften das Geld ausgeben, das der im großen betriebene Handel mit Stoffen ihm einbrachte.

Als ich Hella kennenlernte, bedauerte sie mich: „Wie schade, daß du ausgerechnet einen Kommunisten geheiratet hast.“ Es war ehrliches Bedauern. Ich tat ihr leid. Und sie mir noch mehr.

Die Gespräche an unserem Tisch sind wieder bei dem rosa Leinen angekommen.

„Du bist uns noch die Antwort schuldig“, sagt jemand auf fordernd.

„Was für eine Antwort?“ frage ich.

„Na, von wem stammt denn nun die Decke?“

„Habe ich das nicht schon gesagt?“

Selma.

Sie rief eines Tages an, um uns zu sagen, daß sie dabei sei, die letzten Sachen zusammenzupacken. Sie werde in spätestens einer Stunde abfahren.

Die Wohnung der Makowskis befand sich in der Blumenstraße, das war nur ein Katzensprung von uns. Ich lief hin, um Selma auf Wiedersehen zu sagen, bevor sie mit dem kleinen Sohn und mit ihrem Mann emigrierte. In der fast leeren Wohnung war Selma über einen Koffer gebeugt. Die Tür war nicht verschlossen, und ich war eingetreten, ohne daß sie es gehört hatte. Obwohl wir, nachdem auch Mutter noch gekommen war, eine Weile miteinander gesprochen hatten, sehe ich Selma immer nur so vor mir: kramend über den Koffer gebeugt.

„Gibst du mir das Marzipanschweinchen, Tante Selma?“

„Was für eins denn?“

„Das da, auf dem Ofensims.“

„Aber, Kind, das ist doch ganz hart. Das kann man nicht mehr essend

„Ich will es ja auch nicht essen."

Sie langte auf den Sims, holte das rosa Schweinchen herunter – sein Rosa war viel blasser als das der Decke – und gab es mir.

Ich hob es auf, wie es Selmas Sohn zuvor aufgehoben hatte. Solche Marzipanfiguren sind nicht zum Essen gemacht. So etwas zerbröckelt man nicht, das tut doch weh. Das rosa Schweinchen ist mit Schrank und Tisch und Ofen und Haus im Feuer verglüht. Da waren Selma, die es mir vom Sims geholt, und ihr Junge, der es zuvor dort hingestellt hatte, schon lange verschwunden, aus einer Pariser Wohnung geholt und für immer verschwunden.

Es ist spät geworden. Unsere Gäste verabschieden sich. Wir räumen ein bißchen auf. Ulli nimmt die Decke zusammen, bedächtig, nachdenklich, wie mir scheint.

„Träum nicht", sage ich. Und er, vorsichtig, als würde er eine Idee formulieren, der er nicht ganz traut: „Sag mal, deine Großmutter hatte im Dezember Geburtstag ..."

„Ja, am fünfzehnten."

„Das ist doch heute. Dann war das ja ..."

Er hat es erraten: eine Geburtstagsfeier.

Die hundertundfünfte.

An Chanukka, Weihe, hat niemand gedacht.

Teil IV

19

Ein Güterzug voller Freiwilliger

Herbst zog ins Land.

Ob die Bäume wirklich ihre Blätter färbten wie eh und je, beachtete ich in jenem letzten Kriegsherbst nicht. Zu sehr beanspruchte mich der nächste Tag und immer nur der nächste. Es war schon möglich, daß ernteschwere Wagen in Scheunen gefahren, Hochzeiten gefeiert, Kinder in den Schlaf gesungen wurden. Sicher schauten glänzende Augen den Vögeln zu, die nicht in den Süden geflogen waren. Mancher wird sogar das Vergnügen genossen haben, durch den Herbstwind zu laufen und seine Kräfte mit ihm zu messen.

Es wurde zeitig kalt. Ich fühlte, wie der Wind durch die Kleider drang und daß die Wärme meines Körpers nicht reichte, die Kälte abzuwehren.

Schnell wurden die Tage kürzer und die Stunden dunkler. Um die spitze Ecke der Weberstraße fegte ein feuchter Wind. Die Kinder hatten längst aufgehört, auf den Granitplatten Hopse zu spielen. Nicht einmal auf den Rosten über den Schächten der Kellerfenster hockten sie, um mit geknickten Löffeln an langen Stangen Pfennige und Groschen aus dem Staub zu angeln.

Um mich herum wurde es feucht, kalt und unruhig.

Der Krieg verlief günstig, die Front kam näher. Wir konnten hoffen, daß das Ende des Krieges nahe war. Um diese Zeit nahmen die Bombardements zu. Der Schlaf wurde rar. Ich notierte die Tage nach dem Sirenengeheul: Das war vorgestern, als schon um zehn Nachtalarm war. Wann ich ihn getroffen habe? Am Morgen nach den drei Angriffen. Die Sirene riß uns immer häufiger hoch, und die Zeit für den Weg in den Keller wurde mehr und mehr beschnitten. Manchmal waren die Flugzeuge schon im

Lichtkreuz der Scheinwerfer zu sehen, wenn uns das ziehende Heulen der Sirene aufschreckte.

Ich zitterte nicht vor den Bomben und nicht vor dem Sterben, obwohl ich mich fürchtete. Aber ein schneller Tod durch stürzende Steine oder den Splitter einer Bombe schien mir beinahe normal zu sein. Er hatte Zufälliges an sich, konnte mich oder einen anderen treffen. Splitter und Bomben machten keinen Unterschied wie die Uniform in Sanssouci. Ein Stück Metall oder Stein und Staub – gewiß, der Gedanke war nicht schön, aber alle mußten ihn ertragen, jeder um mich herum. Das hatte ich mit allen gemeinsam. Das unterschied mich nicht von ihnen und sie nicht von mir. Damit konnte ich fertig werden.

Eine andere Gefahr erschreckte mich. Gerüchte gingen um, wieder einmal. Es hieß, neue Angriffe stünden bevor, und sie würden uns gelten, den Familien in Mischehe. Die im Frühjahr des Vorjahres abgebrochenen Aktionen sollten weitergeführt werden. Wir rechneten damit, daß alle Juden und Halbjuden aus diesen Familien zur Arbeit verpflichtet würden. Schon Monate vorher waren Mutter und ich einer Aufforderung des Arbeitsamtes für Juden in der Sonnenallee gefolgt. Die Kartei, die die restlichen, in Berlin verbliebenen Personen nicht oder nicht ausreichend arischer Abstammung registrierte, war aus dauerhaftem Metall. Blechtafeln mit eingestanzten Daten hatten erfaßt, was man über uns zu wissen für nötig hielt, und sie wurden in schweren Stahlschränken aufbewahrt.

Mutter verließ nur noch selten die Wohnung. Soweit es ging, besorgte ich die Einkäufe. Ich arbeitete bei Kärger und war überzeugt, daß meine Situation einigermaßen geklärt war. Aus einem Rüstungsbetrieb kam man um diese Zeit nicht mehr heraus. Auf normalem Wege nicht. Nur bei meiner Mutter war noch alles offen. Immer hielten wir sie für besonders gefährdet, eigentlich nur sie.

„Wenn es sein muß, gehe ich arbeiten. Die Hauptsache ist, daß ich in Berlin bleibe.“ Nur keine Trennung, das war ihre Sorge. Sich trennen war Unglück, Einsamkeit, Gefahr.

Ein amtliches Schreiben kam ins Haus. Gutes konnte es nicht bringen. Die erwartete Arbeitsverpflichtung für meine Mutter war es nicht, sondern eine Aufforderung an meinen Vater, sich für eine Organisation bereit zu halten, die sich Todt nannte.

„Was ist denn das nun wieder.“ Mutters Stimme klang mutlos.

„Irgendeine Organisation, halb militärisch, wie es aussieht“, sagte Vater unsicher. „Auf jeden Fall geht daraus hervor, daß Männer zum Arbeitseinsatz geholt werden.“

„Aber du giltst doch als wehrunwürdige

„Zum Arbeiten nehmen sie jeden.“

„Und wo soll das sein?“ Das war die wunde Stelle.

„Nicht in Berlin. Hier steht, ich soll mich bei dieser OT melden, sofort, um mir einen Abmarschbefehl zu holen.“

Wenige Tage später, am 8. November 1944, trat mein Vater mit vorgeschriebenem Gepäck zur vorgegebenen Stunde an.

Also doch die Trennung. Anders zwar, als wir gefürchtet hatten, aber eine Trennung. Noch immer war uns unverständlich, was Vater in dieser Organisation Todt sollte. Er nahm an, daß es sich um Aufräumungstrupps handelte, ältere Männer, das letzte Aufgebot für die Beseitigung von Trümmern. Es werde schon nicht so schlimm werden. Er packte einen Koffer und trat an, wie ihm geheißen.

Er hätte nicht anzutreten brauchen.

Als er sich von der Organisation Todt den Abmarschbefehl holen wollte, hatte man ihn vor die Wahl gestellt: entweder Arbeitsverpflichtung oder Scheidung. Es ging also nicht einfach um die Einberufung von älteren Männern für Aufräumungstrupps. Da wurde mal wieder ausgesondert. Männer mit jüdischen Frauen wurden ausgesondert.

Auch das stimmte nicht. Auf dem Bahnhof Eichkamp, wo sie angetreten waren, standen auch viele junge Männer in der Reihe. Sie konnten keine Jüdin zur Frau haben, denn seit den Nürnberger Gesetzen wurden solche Ehen wohl nicht mehr geschlossen. Es waren Söhne.

Aus einiger Entfernung beobachteten wir alles. Mit uns waren Hunderte Frauen gekommen, um von ihren Männern und Söhnen, von Vätern und Brüdern Abschied zu nehmen. Entlang dem Bahnsteig standen die Männer, mit dem Rücken zum Güterzug, in den sie einsteigen würden. Ein Mann, ein Koffer, ein Mann, ein Koffer, in militärischer Ordnung, gerade, aufrecht. Hinter der vorderen Reihe noch zwei Reihen. Sie standen in Reih und Glied. Vor ihnen liefen Uniformierte auf und ab, die Befehle gaben, OT-Offiziere oder wie sie sich bezeichnet haben mögen. Einer hielt eine kurze Rede. Wir verstanden nichts, aber den Befehlston hörten wir heraus. Er schritt die vordere Reihe ab, machte ein paarmal halt und schien die Rede zu wiederholen. Einzelne Männer aus der langen Reihe traten vor. Wir zählten, es waren sechs. Begleitet von einem OT-Mann, verließen sie den Bahnsteig.

Diese sechs hatten sich, als sie ein letztes Mal aufgefordert wurden, zwischen Abtransport und Trennung von der Familie zu wählen, für ihre eigene Sicherheit entschieden. Die Sechs lieferten ihre Frauen und Kinder damit der SS aus. Sechs Männer von den vielen, die auf dem Bahnsteig angetreten waren.

Die anderen nahmen ihre Koffer auf. Sie stiegen, wenn man so will, freiwillig in den Güterzug ein, diszipliniert. Sie unterwarfen sich dem Zwang, um ihre Angehörigen für eine unbestimmte Zeit zu schützen.

Es war ein ganzer Güterzug mit Männern, mutigen Männern. Ich winkte wie alle dem Zug hinterher. Wir winkten und weinten. Ich fröstelte.

Als der Zug abfuhr, wußte noch niemand, daß die Männer in KZ-ähnliche Lager kamen, in Lager allerdings ohne elektrisch geladenen Zaun. Den brauchte man nicht, denn diese Häftlinge versuchten nicht zu fliehen. Für sie genügten leere Gebäude und eine Wachmannschaft der OT. Sie waren schon auf dem Bahnsteig Häftlinge gewesen. Bis auf sechs von ihnen.

Das war der Anfang einer neuen Verfolgungswelle. Doch wir glaubten es noch immer nicht.

Sie hatten ja die Arier geholt und die Söhne jüdischer Frauen. Nicht die Frauen. Es war wohl doch wegen der Arbeit.

20

Mutter und ich

Nun waren wir allein, Mutter und ich.

Ohne Vater war alles viel schwieriger. Wir waren immer wir drei gewesen, und nun hatte ich, wenn ich mit Mutter am Tisch saß, das Gefühl, Vater müsse gleich hereinkommen und sich zu uns setzen. Ich gewöhnte mich schwer daran, ohne ihn mit dem Essen zu beginnen, ohne ihn zum Bunker zu laufen, ohne ihn den täglichen beschwerlichen Kleinkram zu besprechen.

Um so enger schloß ich mich an Mutter an. Andere in meinem Alter strebten weg von zu Hause. Ich nicht. Natürlich würde auch ich mich mal von den Eltern lösen, jeder muß es einmal tun. Aber vorläufig war ich mehr als je an Vater und Mutter gebunden. An den Vater im Lager und an Mutter, an die einzige, die mir Wärme gab. Sie sorgte für mich, sie tröstete mich, wenn ich mutlos war, und ich tröstete sie. Ich glaube, wir brauchten uns sehr.

Immer seltener trafen wir Freunde und Verwandte. Sie wohnten in den dichtbesiedelten östlichen Stadtbezirken, dort, wo die meisten Bomben fielen. Die alten Wohnungen fand man oft nicht mehr, und ehe die neue Unterkunft ausfindig gemacht war, war auch sie ausgebrannt. Also ließen wir das Suchen. Später, wenn wieder Ruhe war, würde Zeit dafür sein. Die einzigen, mit denen wir enge Verbindung hielten, waren die Wurls. Mit den Verwandten verständigten wir uns, so gut es noch ging. Mutter besuchte in größer werdenden Abständen Dora und Berta, mit Edith sprach sie nur noch telefonisch. Von Lufts hörten wir lange nichts, nachdem das Haus in der Blankenfelder Straße zerstört worden war. Max war mit seiner Familie in einem Außenbezirk untergekommen, zu weit für einen Besuch in so unruhigen Tagen.

Ziemlich regelmäßig, erstaunlich regelmäßig klopfte noch immer der Briefträger bei uns. Er brachte Briefe von Vater. Nach einer Karte aus Theresienstadt fragte Mutter seit Februar vergeblich. Sie fragte trotzdem danach.

Es war Winter geworden, die Öfen waren so rissig, daß wir den Feuerschein durch die Fugen sehen konnten. Auch die Schornsteine hatten ihre Festigkeit verloren. Mancher Stein lockerte sich, rutschte in die Esse und drückte den Qualm ins Zimmer. Wir versuchten, mal den einen und mal den anderen Ofen warm zu bekommen. Bis Januar etwa hatten wir damit Erfolg. Dann mußten wir das Heizen aufgeben. Es ging nicht mehr. Obwohl wir noch Kohlen und Holz im Keller hatten und genug eichene Möbel rumstanden, mußten wir auf einen warmen Ofen verzichten. Wozu auch heizen? Die Pappe, mit der die Fenster dicht gemacht wurden, flog sowieso mindestens einmal in der Woche vom Druck einer Luftmine raus.

Zu unserem Glück hatten wir fast den ganzen Winter hindurch Strom. Also richteten wir uns darauf ein, mit Hilfe eines Elektroofens Wärme zu erzeugen. Als sicherstes Mittel gegen die Kälte blieben uns wollene Decken, mit denen wir gut versorgt waren.

Widriger als die Kälte war der Staub. Ein Mittel gegen den Staub, der aus dem bröckelnden Putz oder von einstürzenden Nachbarhäusern her in die Wohnung drang, gab es nicht. Mit einer Ausdauer, die mehr war als Gewohnheit, beseitigten wir täglich den kalkigen Belag von den Fußböden und Möbeln. Nach keinem Nachtangriff, der unsere Gegend traf, gingen wir ins Bett, bevor nicht die Pappe wieder angenagelt und die Ordnung einigermaßen wiederhergestellt war. Die größte Last mit dem Staub hatte Mutter. Verbissen hantierte sie mit Besen und Tuch. Das meiste erledigte sie tagsüber, wenn ich auf Arbeit war.

„Das macht warm“, sagte sie, „und außerdem muß ich mich bewegen. Nur so rumsitzen, das kann ich nicht.“

Wenn ich mich sträubte, mitten in der Nacht aufzuräumen, warf sie mir vor, ich wolle wohl, daß wir im Staub erstickten. „Sich dem Staub ergeben, das wäre das letzte“, grollte sie.

Uns wurde unerwartet Hilfe angeboten. Über uns wohnte Kupczak, der Mann mit dem goldenen Abzeichen der NSDAP, verliehen für langjährige Treue. Seit Vater weg war, versäumte er es nie, nach einem schweren Angriff nach uns zu sehen.

„Brauchen Sie Hilfe?“

„Nein, danke, Herr Kupczak, wir kommen schon zurecht.“

„Soll ich Ihnen nicht die Fenster dicht machen? Ich kann das vielleicht besser als Sie.“

„Ach, das schaffen wir schon.“

„Dann schicke ich meine Große runter, daß sie Ihnen Pappe und Nägel bringt. Ich habe genug davon.“

„Das nehme ich gern. Vielen Dank“, sagte Mutter.

Hin und wieder fragte er wie nebenbei: „Hat Ihr Mann geschrieben? Was macht er? Ist er gesund?“

Er fragte aus Sorge, nicht so sehr um meinen Vater als vielmehr um seine eigene Familie. Der Krieg ging unaufhaltsam seinem Ende zu, und der Mann hatte sieben Kinder. Kalte Berechnung? Mutter meinte, das sei es wohl nicht, was ihn veranlaßte sich um uns zu kümmern, obschon ein bißchen davon im Spiel sein mochte. „Ich glaube, es ist die Einsicht, daß er eventuell etwas ganz Wichtiges im Leben falsch gemacht hat. Auf jeden Fall haben wir von ihm nichts zu fürchten.“ Er konnte uns natürlich nicht die Schwierigkeiten abnehmen. Aber es war schon wichtig zu wissen, daß er uns nicht schaden würde, denn die verpappten Fenster ließen viele Geräusche durch, und der Volksempfänger, vor dem wir abends saßen, wurde mitunter lauter und durchdringender, als gut war.

Wenn nicht allzuviel passiert war, bat ich: „Laß uns doch schlafen gehen."

„Gut", willigte Mutter ein, „leg dich hin. Ich bleibe noch eine Weile auf." Dann hantierte sie vorsichtig, und zwischendurch lauschte sie den Nachrichten. Ich schlief dabei ein.

Ich merkte sehr wohl, was Mutter antrieb, wach zu bleiben. Es war vor allem die innere Unruhe. Die Nachtstunden ängstigten sie. Sie mußte hören, ob jemand über den Hof kam. Dabei hatten bisher die meisten Aktionen gegen die Juden am Tage stattgefunden. Trotzdem diese Unruhe. Das brachte die Nacht so mit sich.

Einmal, nur ein einziges Mal, wollte ich kapitulieren. „Wozu das alles? Die Fenster, klar, die müssen dicht sein, sonst halten wir es vor Kälte nicht aus. Aber immer aufräumen und saubermachen! Ist es denn wichtig, wie ich meinen Mantel an den Haken hänge, mit Bügel oder ohne? Müssen die Möbel denn alle Tage abgestaubt werden? Alle Tage? Du kriegst es fertig und putzt die paar Scheiben, die noch ganz sind. Wozu eigentlich, wozu?"

„Das ist unser Zuhause, Vera. Solange das Haus steht, ist diese Wohnung hier unser Zuhause." Sie hielt es fest.

Ich verstand so ungefähr, warum. Für Vater, damit er nicht erschrak, wenn er wiederkam. Für mich, damit ich wußte, wohin ich gehen konnte, wenn ich das Tor in der Krautstraße hinter mich ließ. Damit ich wußte, wohin ich gehörte. Und für sich selbst tat sie es. Sie sah ja kaum noch etwas anderes als diese Umgebung. Sie hatte nur diese Aufgabe: unser Zuhause.

Auch ich fürchtete mich oft. Ich wollte es nicht eingestehen, aber es war so. Gingen harte Schritte über den Hof, dann hörten wir beide auf zu sprechen. Es war immer nur ein Augenblick, wir mußten heraushören, ob nur einer über den Hof ging oder mehrere. Ein einzelner Mann, das war keine Gefahr, auch wenn die

Schritte laut von der gegenüberliegenden Hauswand widerhallten. Sie kamen nie allein.

Wir sagten nicht: Ob sie zu uns kommen werden? Aber wir dachten es.

Dabei wurde es kälter, unser Hunger wurde größer, und die Müdigkeit verließ uns nicht mehr.

Von Kärger erzählte ich zu Hause nichts, von der Plackerei mit den Schreibmaschinen nicht, von dem dummen Gerede nicht und nichts von jenem Vormittag im Zimmer des Obmanns.

Während der Arbeit stand ich unter anhaltender Spannung. Ich lief von Kärger immer eilig nach Hause. Nur ein paar Minuten brauchte ich – die Krautstraße entlang bis zur Großen Frankfurter, links um die Ecke, ins vierte Haus, durch die schwarze Tür und den breiten Hausflur über den Hof und zum ersten Stock hinauf. Rechts die Klingel, drei mal kurz draufgetippt. Es waren nur wenige Minuten jeden Abend, und ich lief, ertappte mich dabei, daß ich rannte. Bis vor die Wohnungstür beherrschte mich unterschwellige Angst. Sobald Mutter öffnete, verschwand die Spannung. Sie war da.

Meistens öffnete sie, ehe ich geklingelt hatte. Sie hörte mich wohl schon über den Hof kommen. Sie wartete jeden Abend auf mich.

Was machte sie am Tage? Sie holte den versäumten Nachtschlaf nach, stand nach Brot an, versuchte etwas gegen Zucker oder Mehl einzutauschen, immer öfter vergeblich. Sie hielt die Wohnung in Ordnung, wusch die Wäsche, nähte, hantierte. Ihre Hände hatten zu tun. Trotzdem weiß ich wenig darüber, was Mutter tagsüber gemacht hat. Sie hat bestimmt gewartet. Es gab so vieles, worauf sie gewartet haben muß: auf den Briefträger, auf die nächste Radiomeldung, auf mich. Das Warten muß sie in einen ähnlichen Zustand versetzt haben wie mich, wenn ich nach Arbeitsschluß die Krautstraße entlanglief.

Woran soll man denken, wenn man allein in einer Wohnung ist, der Mann im Lager, die Tochter nicht da? Wenn das Mädchen nun eines Tages nur noch die leere Wohnung vorfindet? Wenn zwei Männer kommen – ihre harten Schritte hallen über den Hof – und sie, Charlotte Sara, auffordern, auf einen LKW zu steigen? Muß man nicht Vorbereitungen treffen?

Mich wollte sie vorbereiten. Sie ging dabei sehr vorsichtig zu Werke, suchte eine günstige Stunde, um mit mir zu sprechen. Aber welche Stunde war günstig – der Augenblick der Entspannung beim Betreten der Wohnung, nach der Arbeit? Oder wenn gerade ein Brief aus dem Lager auf dem Tisch lag, war das dann günstig? Oder wenn wir aus dem Keller kamen und die Fenster vernagelten oder wenn es gelungen war, Zucker aufzutreiben, und wenn wir berieten, ob wir ihn für uns behalten oder an Vater oder nach Theresienstadt schicken sollten – waren das günstige Momente?

Alles, was wir taten und sagten und dachten, zerrte an mir. Ich lebte ohne Hast, aber nur weil ich so unendlich müde war. Mutter wird meine Angst bemerkt haben.

Doch sie hatte sich vorgenommen, mich vorzubereiten, und sie sprach mit mir. Es mußte sein. Sie wählte einen weiten Umweg, um ganz behutsam einem bestimmten Ziel zuzustreben. Jedoch sie hatte kaum ein Wort gesagt, als ich verstand, wohin sie mich führen wollte.

Mutter stand vor dem Elektrokocher und rührte in einem Topf. Sie wandte mir den Rücken zu und sagte wie beiläufig und konnte doch nicht die mahnende Dringlichkeit ganz verbergen: „Vera, du mußt dir immer die Strümpfe stopfen und die Fingernägel pflegen, die Sachen waschen und ...“

Weiter kam sie nicht. Ich klammerte mich an sie und schrie, schrie, ich schrie voller Angst alle Spannung, alle Verzweiflung heraus, bis ich völlig erschöpft war. Das war der günstige Moment. Mutter sprach weiter, sachlich und ruhig sagte sie, was zu tun sei im schlimmsten Fall. Ich konnte wieder sprechen, ich war wieder bereit zu denken.

Wir redeten an diesem Abend darüber und an den folgenden. In mir hatte sich etwas gewandelt.

„Warum wartest du, bis sie dich holen?" Ich sagte es fordernd, ganz und gar unduldsam.

„Was soll ich denn machen?"

„Einfach nur dasitzen und warten, das geht doch nicht. Du mußt raus aus der Wohnung."

„Unsinn, dann bist du gefährdet, Vera."

„Die kommen nur am Tage, da bin ich bei Kärger."

„Das wissen sie. Ob Wohnung oder Büro, ist gleich. Ich habe schon hin und her überlegt und bin zu keinem Schluß gekommen. Wenn diese Wohnung eine Gefahr ist, müßten wir beide verschwinden. Wir müßten irgendwo untertauchen, illegal leben. Aber das geht eben nicht."

„Warum nicht? Wir müßten Wurls fragen."

„Ich habe mit Wurls gesprochen. Für kurze Zeit, das ginge, zwar nicht bei ihnen, aber bei Leuten, die sicher sind."

„Der Krieg kann nicht mehr lange dauern."

„Trotzdem geht es nicht." Mutter wußte einen triftigen Grund: „Die Adresse hier muß bleiben."

Ich war immer noch nicht einverstanden. „Morgen ist das Haus vielleicht schon in Trümmern."

„Dann werden wir eine andere Adresse haben, aber es wird keine illegale sein. Papa kann seine Post dorthin senden, und falls Briefe aus Theresienstadt kommen, werden sie uns erreichen. Und wir können schreiben. Wir müssen einfach da sein."

Dagegen konnte ich nichts sagen.

Wenn wir Vater schrieben, daß wir uns verbergen wollten, und wir müßten es ihn ja wissen lassen, dann würde er vor Angst um uns ... Er müßte ja annehmen, daß wir gesucht würden.

Mutter hatte Ähnliches gedacht, sie sagte „Er ist nicht der Stärkste. Er würde irgend etwas anstellen, um zu uns zu kommen. Nein, nein. Er muß immer glauben, daß bei uns alles in Ordnung ist. Nur dann übersteht er das Lager."

Auch darin hatte sie recht.

„Alles muß so bleiben, wie es ist. Das ist wirklich das Beste, Vera, glaub mir. Außerdem kann ich für dich sorgen. Ich kann beschaffen, was wir brauchen, solange wir das hier alles noch haben."

Mutter hatte mit ihren Gründen meine Unduldsamkeit besänftigt. Ich war bereit, ihr zuzustimmen, obwohl sich in mir etwas sträubte, unsere Lage für unabänderlich zu halten. Ich habe nichts mehr erwidert, denn ich brauchte Zeit, alles zu bedenken.

An diesem Abend wußte ich nichts zu erwidern. Mutter merkte es. Und wie zum Trost fügte sie hinzu: „Du brauchst keine Angst zu haben. Ich lasse mich nicht quälen. Ich werfe mich vor einen Zug."

Sie hatte sich getäuscht. Soweit war ich noch nicht. Das hätte sie nicht sagen dürfen. Ich war nur noch Widerspruch. Mutter hatte mir einen Augenblick zu früh die Konsequenz gezeigt.

Einfach mitgehen, stillhalten, sich umbringen.

Als wenn das der Ausweg wäre. Sich umbringen! Ich begehrte auf, ohne zu schreien. Das hatte ich hinter mir.

„Du gehst mit niemandem mit, Mutter, hörst du, mit niemandem! Sie dürfen gar nicht in die Wohnung kommen. Es sind immer nur zwei. Oder drei. Wir müssen sie aufhalten. Wenn wir uns doch wehren könnten! Du gehst nicht mit."

Mutter sagte: „Aber Vera, denk doch an Papa, er ist im Lager, in ihrer Hand."

„Trotzdem! Immer nur warten und warten."

„Laß uns morgen weiter darüber sprechen. So schnell finden wir keine Lösung."

Ich bin sicher, daß sie eine Pause suchte, damit ich mich beruhigen und den Gedanken ertragen lernen möge, den sie ein wenig vor der Zeit hatte laut werden lassen. Ein Trost sollte es für mich sein, daß sie den Tod der Qual vorziehen würde. Mitgehen wollte sie, und das hieße, sich nicht mehr wiedersehen. Das wollte sie mir sagen. Darauf wollte sie mich vorbereiten. Sie hatte schon alles bedacht gehabt, als sie mir riet, mich immer zu pflegen. Ich sollte auf mich achten, wenn sie nicht mehr da war.

Sie werde sich nicht quälen lassen. Das sollte ich wissen, weil nur noch ich da war, der sie es sagen konnte. Daß vor dem Tod der Schmerz stehen konnte, das war das schrecklichste für uns alle. Und sie wollte verhindern, daß wir je daran dachten, daß man sie gequält haben könnte. Wir sollten wissen, sie würde den Tod suchen, den selbstgewählten, erlösenden Tod.

Wie kam sie nur darauf, daß das möglich sei, sich vor einen Zug zu werfen? So, in dieser sinnlosen Konkretheit, muß sie sich beim Warten in der einsamen Wohnung oft ihren Tod vorgestellt haben. Sie sagte nicht: Ich werde mir das Leben nehmen. Sie sagte: Ich werfe mich vor einen Zug.

Am nächsten Abend sahen wir unsere Wohnungstür genauer an. Sie war stabil. So leicht würde keiner hineinkommen. Die Innenseite war vollständig mit einer dünnen Stahlplatte abgedeckt, auf der zwei starke Riegel saßen, die hinter den Türrahmen faßten. Das war ursprünglich der Hintereingang einer Wohnung, die vom Vorderhaus bis zu der Treppe des Quergebäudes reichte. Sie war geteilt worden, als wir einzogen. Vorher hatte sie einem Arzt gehört, der nur den Vorderhauseingang benutzt und die hintere Tür, weil sie ein bißchen außerhalb des Blickfeldes lag, gut gesichert hatte. Ja sie würde eine Weile halten.

„Wenn man nicht reinkommt, kommt man auch nicht raus.“

„Doch“, sagte Mutter, „man kommt raus. Nach vorn ist noch ein Ausgang.“

Unsere Wohnung endete an einer Tür unserer großen Stube. Dahinter lag der Korridor.des Mieters, der den vorderen Wohnungsteil bewohnte, ein Junggeselle. Nur eine Tür trennte uns. Der Mann war Soldat. Wer weiß, ob er bis zum Ende des Krieges noch einmal auf Urlaub käme.

Wir nahmen die Sofadecke ab, mit der die Tür verhängt war. Es war eine gewöhnliche Zimmertür, wie man sie noch heute in Berliner Altbauwohnungen findet: mit festem Rand, in drei Felder unterteilt, die nur mit dünnem Holz gefüllt sind. Es würde nicht schwer sein, sie aufzubrechen.

„Hol doch mal alle Türschlüssel, die wir haben“, bat Mutter. Einer paßte. Das Schloß klickte, und die Tür ließ sich in unser Zimmer ziehen. Durch den Spalt war zu erkennen, daß der Rahmen auf der anderen Seite als Garderobennische genutzt wurde. Wir schlossen wieder ab, ließen den Schlüssel stecken und hängten die Decke nicht mehr davor.

Nun wußten wir, wie man in die Wohnung des Nachbarn kam, aber wie konnte man seine Wohnungstür öffnen? Das klärte Mutter, als ich nicht dabei war. Neben der Tür hinge ein Schlüsselbrett, man brauche sich nur zu bedienen.

„Hast du daran gedacht, Vera, daß wir vielleicht beide diesen Weg durch die Nachbarwohnung gehen müssen?“

„Sicher“, sagte ich. „Aber das ist doch egal, ob du allein oder wir beide.“

„Hast du auch daran gedacht, daß wir aus dem Haus hinauskommen müssen, ohne angehalten zu werden? Traust du dir das zu?“ fragte mich Mutter.

„Wir werden ganz ruhig aus der Haustür gehen und das Auto, das vor dem Haustor steht, nicht bemerken. Gar nicht hinsehen oder höchstens so, als gehe uns das nichts an." Ich sagte das nicht nur, um Mutter zu beruhigen. Ich war ziemlich sicher: Wenn es sein müßte, würde ich schon Mut haben.

„Und wenn es Nacht ist, Vera?"

Sie hatte viel Zeit gehabt, alles zu bedenken.

„Vielleicht geht gerade die Sirene, dann fällt es nicht auf. Ach was, immer sind welche unterwegs, die zum Bunker wollen. Oder wir laufen über den Hof und in die Trümmer dahinter."

Im Notfall würden wir fliehen, Mutter und ich. Das fand ich tausendmal besser als Nichtstun, viel, viel besser, als mit zugehen. Ich ängstigte mich jetzt weniger

Mutter versprach mir, den Weg durch das Vorderhaus zu gehen, falls Gefahr für sie bestünde. Und ich vergaß keinen Morgen, beim Weggehen zu mahnen: Riegle die Tür hinter mir zu! Ich lief auch weiter den Weg von Kärger nach Hause in aller Eile, aber ich sah erst in den Aufgang zum Vorderhaus. Wenn dort mit einem Nagel ein Kreuz in die Wand geritzt wäre, würde ich nicht mehr zum Hinteraufgang gehen, sondern auf direktem Wege zu den Wurls.

21

Risiken

Jede Zeit hat ihre Gefahren, jedes Leben seine Risiken. Die Glätte auf der Autobahn – wenn du unbedingt fahren mußt, dann fahre. Der Sturm über den Dächern – willst du gerade in dieser Stunde nach Hause gehen? Eine grassierende Infektion, aber der Patient muß gepflegt werden. Die Arbeit unter Tage, die Landung im Nebel, das Fensterputzen im sechsten Stock, die morsche Leiter, das Klettergerüst, der fallende Baum, der Kaiserschnitt, die Bereitschaft zur Liebe, ein Urlaub in der Nachsaison, das Examen, jeder Schritt ins Leben. Immer ist da ein Risiko. Dein Risiko. Entscheide. Dieser Moment ist von Bedeutung. Ich frage trotzdem: Was ist denn Risiko?

Was bedeutete dieses Wort damals, für uns, für mich? Untätig sein, das war ohne Risiko, aber das gefahrvollste Verhalten. Nichts tun hieß, anderen die Tat zu überlassen. Wer das Risiko wählt, der wählt zwischen der Gefahr und der Chance, ihr zu entgehen. Er entscheidet sich für die Chance.

Sollten wir je den Ausgang zum Vorderhaus benutzen, dann ginge es um diese Chance. Wir waren uns einig, sie zu wählen.

Vieles, was Mutter und ich in den letzten Kriegsmonaten machten, war riskant, aber auf ganz andere Art als eine Flucht durch eine fremde Wohnung. Wir lebten sozusagen mit selbstprovozierten Risiken. Zum Beispiel das nächtliche Radiohören bei nicht mehr schalldichten Fenstern oder die kurzen Reisen, Hamsterfahrten genannt, oder meine abendlichen Fahrten zum Anhalter Bahnhof. Nur die Bomben waren eine Gefahr, die wir nicht gewollt und bei der wir nichts zu wählen hatten. Es gab Leute, die schlugen, um sich davor zu schützen, ihr Bett im Keller auf, andere gingen mit Kissen und Decke abends in den Bunker. Wir wollten uns nicht verkriechen in den wenigen Stunden, die wir für uns hatten, nicht nur Kellerluft atmen. Ich kannte Luftschutzkeller, die noch nach Jahren nach Kohlen und alten Kartoffeln rochen, andere waren getüncht und mit Bänken, Tischen, Feldbetten, Decken und Sanitätskästen ausgestattet, aber muffig waren auch sie. Sie stanken nach den Ausdünstungen erhitzter, angstnasser Körper und nach Kloake.

Wir zogen das eigene Zimmer vor. Wir dachten nicht daran, uns von vornherein in den Keller zu legen und darauf zu warten, daß die Trümmer uns zudecken. Wir hatten es nicht nötig, den Schmutz des Bunkers zu ertragen, solange wir noch ein Bett besaßen in einem ungeschützten, aber immer wieder vom Staub gereinigten Zimmer. Wir bewahrten, was wir hatten, so gut es ging und so lange es ging. Trotz des Risikos.

Wir mußten mit vielerlei Risiken leben. Ich will von solchen berichten, die wir selbst heraufbeschworen hatten. Sie gehörten zu unserem Alltag, als Mutter und ich allein waren.

Fast täglich fuhr ich mit der U- und S-Bahn zum Anhalter Bahnhof. Von hier gingen die Züge nach Merseburg ab. In der Nähe von Merseburg war das Lager der OT, in dem sich Vater befand. Zu jedem Zug aus Berlin wurde eine Gruppe von Häftlingen kommandiert, um Briefe und Pakete für die Lagerleitung abzuholen. Auch die Post für die Häftlinge.

Die Häftlinge erhielten Briefe und konnten selbst schreiben. Von den Paketen, die für sie ankamen, wurden ihnen nur sehr wenige ausgehändigt. Trotzdem schickten wir, was wir hatten. Andere Frauen taten das gleiche, einfach in der Hoffnung, daß die Männer wenigstens einiges davon bekämen.

Mit unseren Briefen an meinen Vater mußte ich direkt zum Zug gehen, denn sie im Berliner Osten in einen Briefkasten zu stecken und zu glauben, sie würden beim Empfänger ankommen, war eine Illusion. Ich fuhr oft, damit Vater immer erfuhr, wie es uns ginge. Was wirklich los war, schrieben wir ihm nicht. Er sollte nur wissen, daß wir da waren. Unsere Briefe gingen nicht durch die Zensur, ein Lokführer nahm sie mir ab und steckte sie den Häftlingen zu, die vom Lager zum Postabholen geschickt wurden. Vater hatte uns wissen lassen, an wen ich mich wenden sollte. Es klappte gleich beim erstenmal. Danach ging ich regelmäßig den Bahnsteig entlang bis zur Spitze des Zuges und gab meinen Brief ab, auf dem Vaters Name und die Chiffre FJ1717 stand. Auf dem gleichen Weg erhielt ich auch Post von Vater, aber viel weniger, weil er einen Teil seiner Briefe durch die Zensur gehen lassen mußte.

Wie gern hätte ich auch mal etwas zu essen für Vater mitgegeben. Doch es war ausgemacht: nur Briefe, nicht einmal eine Schachtel Zigaretten.

Wie viele Briefe von wie vielen Frauen auf diesem Weg ins Lager gelangten, weiß ich nicht. Es müssen, wie Vater später erzählten viele gewesen sein. Doch nur hin und wieder traf ich auf dem Bahnsteig Gesichter, die mir durch wiederholte Begegnung bekannt waren.

Manchmal kam ich unverrichteterdinge zurück. Dann war ein anderer Lokführer da, oder es liefen Wachen auf dem Bahnsteig herum, oder ich war durch Alarm aufgehalten worden, und der Zug war abgefahren. Mutter atmete auf, wenn ich wieder da war, obwohl ich in der Bahn unter der Erde vor Bomben relativ sicher war.

Unsere Hamsterfahrten waren risikovoller. Hamsterfahrten, ein dummes Wort. Mit Hamstern hatte es wirklich nichts zu tun. Mag sein, daß es Leute gab, die von solchen Fahrten mehr nach Hause brachten, als sie verbrauchen konnten. Ich denke aber an die Frauen, die keuchend ihre Taschen und Säcke verstauten, nachdem sie sie zuvor kilometerweit geschleppt hatten. Die Anstrengung stand ihnen noch nach langen Minuten im Gesicht. Nur ein ganz Satter kann das Wort geprägt haben oder ein Mensch mit Galgenhumor. In die Dörfer wurden Mäntel, Bettzeug, Geschirr, Decken, Töpfe getragen und gegen Lebensmittel eingetauscht. Es waren durchweg ungleiche Werte, aus heutiger Sicht. Die damals hinausfuhren, hatten den Maßstab des leeren Magens und den der Vergänglichkeit materieller Güter im Bombenhagel.

„Traust du dich, mit mir eine Hamsterfahrt zu machen?" hatte Mutter mich im November gefragt.

„Muß es sein?" hatte ich zurückgefragt. Ich dachte an das Verbot. Wir durften mit keinem Zug fahren.

„Ich weiß nicht mehr, wie ich was zu essen beschaffen soll."

„Dann müssen wir eben fahren."

„Ich habe eine Adresse von Leuten, die Kleider gegen Kartoffeln, Gemüse und Eier tauschen."

„Und wo ist das?"

„In Paulinenaue, hinter Nauen."

Sonntag früh fuhren wir nach Paulinenaue. Die Leute, die wir suchten, wohnten nicht direkt in diesem Ort, sondern in einiger Entfernung davon. Auf einem winzigen Bahnsteig stiegen wir aus dem Bummelzug und standen direkt neben den Gleisen. Ein Feldweg führte zu flachen Landarbeiterkaten. Ein halbes Dutzend davon stand wie verlassen am Rande eines Feldes, über das naßkalter Wind fegte. Man wartete auf uns, das heißt auf die Frauen, die den Feldweg daherkamen und ihre Sonntagskleider, ihre Vorkriegsschuhe, den ererbten Schmuck oder lange geschonte Bettwäsche mitbrachten. Weil der Winter vor der Tür stand, hatten wir warme Kleider und einen Bleyle-Rock mit, aber wir fanden keine begeisterten Abnehmer. Für den Winter seien sie ganz gut versorgt, erklärte uns eine Frau. Ob wir nicht Sommerkleider hätten? Die Töchter hätten ungefähr meine Figur. Wir versprachen mit den gewünschten Dingen wiederzukommen, schon nächsten Sonntag. Auf diese Zusage hin war die Frau doch noch bereit zu tauschen. Keine große Ausbeute für uns, aber es war ein Anfang gemacht.

Nächsten Sonntag packten wir meine besten Sommerkleider ein. Sie wurden zu Kohl, Eiern und Sirup. Wir fuhren noch ein paarmal, und wenn wir Glück hatten, war auf der Rückfahrt ein Stück Speck in unseren Taschen. Bis zum Sommer war es noch lange hin, dann würde man weitersehen. Auch Nettis Pepitakleid, das sie bei uns gelassen hatte, bevor sie auf Transport ging, wechselte den Besitzer, zusammen mit Deboras schwarzen Pumps und der Tasche, die zu den Schuhen paßte.

Als wir die Wünsche der Katenbewohner kannten, lohnten sich unsere Fahrten. Für uns selbst blieb dennoch recht wenig, weil das meiste nach Merseburg oder nach Theresienstadt ging.

Es war vom Risiko die Rede.

Es mochte vier oder fünf Wochen glatt gegangen sein, abgesehen vielleicht von dem Bombenangriff, der uns einmal auf der Rückfahrt überraschte. Wir konnten noch rechtzeitig in den Wald hinter dem Bahndamm laufen, und alles ging gut. Dann, auf einer Rückfahrt, passierte das, was wir immer befürchten mußten – die Ausweiskontrolle. Wir hatten viel gewagt. Jetzt konnte nur ein ganz großer Zufall helfen.

Noch saßen wir nichtsahnend im Abteil, als die Zugbegleiterin kam, um die Fahrkarten zu kontrollieren. Da war er, der Zufall, den wir brauchten, noch ohne zu wissen, daß wir ihn brauchen würden. Es war einer jener unwahrscheinlichen Umstände, die man nicht erzählen mag, weil man leicht als unglaubwürdig gelten kann. Unser Zufall war die Zugbegleiterin, Bertas Stieftochter Erika. Wir waren nicht sonderlich erstaunt, sie zu treffen. Schließlich war es ihr Beruf, Züge zu begleiten und sich die Fahrkarten von den Reisenden zeigen zu lassen. Jedoch, es geschah gerade in diesem einen Zug, der an einem Sonntagabend des letzten Kriegswinters, von Nauen kommend, der Großstadt zustrebte. Gerade in diesem Zug fuhren wir, und außer uns und den vielen anderen Frauen auch zwei Männer in Zivil, die Personen ohne Legitimation aussonderten. Mutters Ausweis würde ihnen keineswegs genügen. Wie gesagt, noch ahnten wir nicht, was sich da langsam von Abteil zu Abteil auf uns zubewegte. Als die Tür aufging, sahen wir nur Erika in ihrer Eisenbahneruniform. Sie war den beiden Männern einige Abteile voraus. Sie sagte nicht: Wo kommt ihr denn her? Wie geht's? Nichts dergleichen. Sie stand in der Abteiltür und starrte uns an. Es sah nicht freundlich aus. Dann kam ein sehr besorgtes, leises „O Lotte" über ihre Lippen. Sie winkte uns, auf den Gang zu gehen, fertigte die Reisenden ab und kam aus dem Abteil.

„Streife im Zug. Geht ins Dienstabteil!" Zwei Männer in Zivil tauchten am Ende des Waggons auf. Wir gingen in die andere Richtung, zum Dienstabteil. Wir warteten auf Erika, die noch die Fahrgäste in den restlichen Abteilen abfertigte.

Mutter war blaß, sagte nichts. Erika kam, sie hatte sich beeilt. „Laßt mich nur machen."

Als die beiden Männer eintraten, stellte Erika uns vor: „Meine Cousine und ihre Tochter. Der Zug ist so voll, da habe ich sie ins Dienstabteil mitgenommen. Ich hoffe, Sie haben nichts dagegen."

„Aber nein", antwortete der eine, und der andere fügte mit einem Blick auf meine Mutter, die ihre freundlichste Miene zeigte, hinzu: „Wer sollte wohl etwas gegen eine nette Begleitung haben?"

Mutter wurde zu einer charmanten Frau. Sie gab sich liebenswürdig und nahm den Plauderton auf, den die Männer angeschlagen hatten. Sie sprach über Zarah Leander und Marika Rökk, über den Farbfilm und das Schwarzweißgeflimmer und redete, als sei sie erst am letzten Wochenende im Kino gewesen. Alles, was ich ihr geschildert hatte, brachte sie an den Mann. Sie selbst hatte Zarah Leander nie auf der Leinwand gesehen und kannte die tanzende Rökk nur vom Hörensagen. Aber sie wußte temperamentvoll davon zu erzählen. Ich sammelte allen Mut, den ich aufbringen konnte, und schaltete mich bescheiden ab und zu in die Unterhaltung ein, indem ich ein Stichwort dazwischen warf, damit Mutter sich erinnerte und nicht den Faden verlor.

Eine Fahrt ist unheimlich lang, wenn man zwei Männern gegenüber sitzt, die man ablenken muß von ihrem Auftrag, Menschen auszusondern.

Die Minuten krochen nur. Mutter mußte zu anderen Themen überwechseln. Wovon aber reden, ohne eine Meinung zu sagen? Und nicht einfach reden, nein unterhaltsam plaudern, zwei verhaßte Männer am Denken hindern. Mutter schaffte es. Ihrem Lachen war kein Zittern anzumerken.

Als wir endlich diesen Zug verlassen konnten, sagte Mutter nur: „Nie wieder. Lieber hungern."

Wir hatten wirklich zuviel gewagt.

Mit dem Namen Paulinenaue verbinde ich seither diese Episode im Zug, die bange Stunde unserer letzten Hamsterfahrt. Viel, viel später habe ich eine junge Frau kennengelernt, die liebenswürdige Freundlichkeit ausstrahlte und einen Traumberuf hatte. Sie züchtete Rosen. Die Rosenzüchterin war aus Paulinenaue, wo die Akademie gärtnerische Anlagen besitzt. Diese neue, in jeder Weise angenehme Beziehung zu dem Ort Paulinenaue konnte jene älteren Assoziationen nicht verdrängen.

22

Salamander

Kurz vor Weihnachten bekam ich einen Verpflichtungsbescheid mit dem handschriftlich hinzugefügten Kennzeichen V6m. Nach dem Fest hatte ich mich in einem Reparaturwerk von Salamander zu melden. Mit dem Brief vom Arbeitsamt in der Sonnenallee ging ich zum Personalchef von Kärger. Das war ein Doktor Müller, ein leicht erregbarer Mann mit fahrigen Bewegungen.

Der Brief ärgerte ihn.

„Was soll der Unsinn! Ich brauche hier jede Kraft, was denken die sich da? Hier werden Drehbänke gebaut, Drehbänke, keine Schuhe geflickt. Salamander kann sich die Leute woanders suchen."

Aber ich hatte mich dort zu melden. Doktor Müllers Ärger und seine Drehbänke gingen mich nichts an.

Der Personalchef griff zum Telefon und begann sich mit jemandem zu streiten. Um mich. Ich wurde ein Fall für ihn. Mir klopfte die Ader am Halse. Er tat mir keinen Dienst damit. Es ging ihm ja auch gar nicht um mich, sondern um die Anordnung, deren Sinn er nicht einsehen wollte. So werde man nicht siegen. Der Mensch am anderen Ende der Leitung schien wenig beeindruckt zu sein.

Doktor Müller geriet in Wut, schmiß den Hörer auf die Gabel und stürmte aus dem Zimmer. Einen Moment später riß er die Tür wieder auf, nahm seinen Mantel heftig vom Haken und winkte mir mitzukommen.

Auf dem Hof stieg er in sein Auto. Ich wußte nicht, ob ich mitfahren sollte oder nicht.

„Steigen Sie endlich ein", sagte er in barschem Ton. Und zu dem Fahrer gewandt: „Zur Gauleitung."

Um Gottes willen, dachte ich, eine Beschwerde, direkt bei der NSDAP. Er war Mitglied und glaubte etwas sagen zu dürfen. Vor einem Gebäude mit breiter Treppe hielten wir. Wenn ich mich recht entsinne; war es in der Gegend der Französischen Straße. Ich hätte gern bei dem Fahrer im Auto gewartet, aber Doktor Müller winkte so energisch, daß ich nicht wagte, etwas zu sagen. Er ging mit schnellen Schritten ins Haus, die Treppe zum Hochparterre hinauf und durch eine Gittertür, vorbei an zwei Männern in braunen Uniformen. Und ich folgte ihm.

Hinter uns fiel die Gittertür ins Schloß. Bei diesem Klicken zuckte ich zusammen. Wie im Gefängnis. Ich hielt mich dicht neben Doktor Müller. Nur er konnte dafür sorgen, daß ich hier wieder herauskam. Doch er öffnete die Tür zu einem Chefzimmer und fuhr mich an: „Sie warten draußen."

Da stand ich auf dem Gang. Aus dem Zimmer hinter der dunklen Eichentür hörte ich erregte Stimmen. Ich fühlte noch immer das Klicken der Gittertür in meinem Rücken. O Gott, gib, daß ich hier wieder rauskomme!

Der Streit da drinnen brach ab. Doktor Müller kam aus der Tür, dem Schritt nach zu urteilen, noch wütender als vorher. Er achtete nicht auf mich, lief mit wehendem Mantel den Gang entlang und hätte mich glatt vergessen, wenn ich ihm nicht auf den Fersen geblieben wäre. Sie würden mich wieder rauslassen, wenn ich nur dicht bei dem Wüterich bliebe. Sie öffneten die Tür. Wir konnten passieren.

Er hatte nichts erreicht. Was hätte er auch erreichen sollen.

Es wäre schon gut gewesen, wenn ich in der Krautstraße hätte bleiben können, bei der Schreibmaschine und den langen Listen mit den unverständlichen Symbolketten, bei den neugierigen Kolleginnen und dem bedächtigen alten Herrn. Ich hätte die Maschine auch weiter in den Keller geschleppt. Was ist, das weiß man. was sein wird, kann niemand sagen. Nur besser wird es nicht sein, besser bestimmt nicht.

Ich begann mit der Arbeit bei Salamander. Mein Verpflichtungsbescheid wies mich zur Salamander A.G., Reparatur-Betrieb, Berlin SO 36, Köpenicker Str. 6a-7.

„Ich begann mit der Arbeit", habe ich geschrieben und muß es wieder streichen. Es drückt nicht aus, was ich schildern möchte. Meine Kinder zum Beispiel werden nicht verstehen, was ich meine. Arbeit, so meinen sie, müsse auch Freude machen. Sie wollen sich beweisen in der Arbeit. Recht haben sie.

Wenn ich diesen Satz stehenlasse: „Ich begann mit der Arbeit", dann muß ich hinzufügen, daß sie vergessen müssen, was sie sich unter Arbeit vorstellen. Es hat nichts mit dem zu tun, was bei Salamander war.

Daß Arbeit anstrengend ist, sehr oft sogar mühselige Plackerei, werden sie verstehen, das haben sie selbst schon erfahren. Also fange ich bei der Anstrengung an:

In einem Fabrikgelände auf einem Hof in der Nähe der Warschauer Brücke verbrachte ich von nun an die Tage. Ich kam, bevor die Sonne aufging, und durfte das Gebäude verlassen, wenn es wieder dunkel war.

Ich arbeitete im vierten Stock.

Ich stand vor schweren Karren auf eisernen Rollen, die plumpen Regalen ähnelten. Auf ihnen wurden die Schuhe zwischen den Arbeitsplätzen hin und her transportiert. Von links wurden mir die Karren zugeschoben, beladen mit getragenen, zertretenen, verschwitzten Schuhen. Sie waren reparaturbedürftig, und ich hatte zu prüfen, welche Reparatur zu machen war. Ich mußte die Schuhe in die Hand nehmen, den Schaden bestimmen und die Paare in andere Karren umsortieren: zum Steppen, zum Kleben, zum Besohlen und so weiter. Wenn ein Karren voll war, schob ich ihn dorthin, wo gesteppt, geklebt oder genagelt wurde. Die Karren rollten schwer. Trotzdem war ich immer froh, wenn einer voll war und ich meinen Platz für eine kleine Weile verlassen konnte. Es war die einzige Möglichkeit, mal den Blickwinkel zu wechseln. Auch meinen Beinen tat es gut, sie entspannten sich, wenn ich mehr als drei Schritte gehen konnte. Der Rücken schmerzte nicht so wie bei dem ständigen Drehen und Bücken während des Sortierens.

Ich arbeitete an der Stirnseite der Halle. Hinter mir befanden sich mannshohe, fest montierte Regale, in die ich beim Umsortieren Schuhe ablegte und stapelte. Die Regale bildeten eine Wand und schlossen diesen Teil der Halle ab. Dahinter befand sich ein kleinerer Teil, dort hantierten Franzosen an lederverarbeitenden Maschinen. Was dort entstand, sah nach Oberteilen von Stiefeln aus. Wenn ich nur wenig Schuhe in die Regale gestapelt hatte, konnte ich hindurchsehen zu den Franzosen.

Wenn es nur das Sortieren gewesen wäre und das Stehen vor den Regalen, könnte ich nicht mehr sagen als dies: Es war schwere, ungewohnte Arbeit.

Aber es war Zwangsarbeit.

Das Regal hatte ich im Rücken, die Halle vor mir. Links und rechts von mir waren Gänge, die bis zum anderen Ende der Halle reichten. Auf ihnen gingen die Aufseher auf und ab. Den Gang zu meiner Rechten beherrschte eine Frau. Sie trug immer einen biegsamen Stock bei sich, um auf Schuhschäden zeigen zu können, ohne die Schuhe anfassen zu müssen. Sie trug den Stock wie ein Dompteur seine Peitsche. Die Aufseher waren SS-Leute, auch die Frau zur Rechten.

Sie wachten darüber, daß wir nichts anderes taten als arbeiten. Wir, das waren polnische Schuster, Frauen aus Serbien, französische Arbeiter, jüdische Frauen, Mädchen wie Hannchen und ich. Niemand durfte mit niemandem sprechen. Wer bei der Arbeit sitzen mußte, durfte nur sitzen. Wer zu stehen hatte wie ich, durfte nur stehen. Sie bewachten unsere Arbeit und das Tempo der Bewegungen. Das SS-Weib drückte, um mir den Arbeitsrhythmus beizubringen, ihren Stock in meinen Rücken, als sei ich ein verschwitzter Schuh, an dem sie sich ihre Finger nicht schmutzig machen wollte „Ein bißchen Tempo, wenn ich bitten darf.“

Ich bewegte mich schneller, ich bückte mich, drehte mich, meine Hände hantierten, meine Augen suchten, Hände und Augen prüften, alles zugleich und nacheinander; nach links in die Karre gegriffen, nach mehreren Seiten einsortiert, der nächste Griff in die Karre, ins Regal, die nächste Drehung, bücken, aufrichten, so wanderten die Schuhe durch meine Finger in die Karren. Manchmal wurde mir dunkel vor den Augen. Das kam vom schnellen Drehen und Bücken oder vom leeren Magen oder von beidem. Dann hielt ich mich am Karren fest und hoffte, die Aufseherin würde es nicht merken.

Schläge hatten wir nicht zu fürchten, aber stets gegenwärtig war die Drohung, man werde uns ins Lager schicken so wie das Mädchen, das vor mir hier die Schuhe geprüft und die Karren geschoben hatte.

Sicher kann man bei solcher Tätigkeit eine gewisse Routine bekommen. An körperliche Belastungen gewöhnt man sich. Vielleicht wäre auch mir mit der Zeit alles nicht so schwer gefallen. Aber das SS-Weib hatte sich für mich etwas ausgedacht: Viele Schuhe hatten über der Naht am Hacken einen schmalen Lederstreifen, der aufgesteppt war, sich aber nach längerem Tragen löste. Dann wurde er wieder angeklebt, mit einem Leim, der Ago hieß. Bei allen Schuhen mit solchen aufgesetzten Streifen am Hakken mußte ich prüfen, ob die Steppnaht noch fest war oder ob sich der Streifen vom Schuh lösen ließ. Dazu benutzte man normalerweise ein Werkzeug, das wie ein abgebrochenes Messer aussah.

„So macht man das“, erklärte mir die Aufseherin und zog das Metallblatt unter den Lederstreifen lang. Manche lösten sich davon, manche nicht. Mit etwas Druck auf das Metallblatt konnte man jeden Streifen vom Schuh lösen.

Ich dachte, sie würde mir das Werkzeug geben.

„Los, fang an!“

„Womit denn?“ fragte ich.

„Hast du keine Fingernägel?“

Ich zog also einen Fingernagel unter einem Lederstreifen lang und prüfte seine Festigkeit.

„Na bitte, wie gut du begreifst.“

Sie ließ mich mit den Schuhen allein. Die Gemeinheit wurde mir nach wenigen Stunden bewußt. Sie beobachtete, wie ich langsam verstand, was sie sich ausgedacht hatte.

Fingernägel nutzen sich ab. Wenn sie ständig unter Lederstreifen entlanggezogen werden, verbrauchen sie sich schnell und haben zuwenig Zeit zum Nachwachsen. Fingernägel bedecken die weiche Haut der Kuppen und schützen sie. Ohne die Nägel ist die Haut, die darunterliegt, dem Material ausgesetzt, das wir berühren. Das ist unangenehm. Wird diese Haut jedoch ständig an hartem, rauhem Leder gerieben, führt es zu quälenden Schmerzen.

Als ich merkte, daß sich meine Fingernägel abnutzten und die Haut wund wurde, wechselte ich die Finger und schonte die wundesten. Ich wechselte zu schnell, so daß alle entzündet waren. Dann hantierte ich nach Plan: Ich benutzte immer nur einen Finger je Tag. Drei Tage hielt ich es durch, dann wechselte ich doch wieder schneller. Nach kurzer Zeit war das Weiße der Nägel völlig abgewetzt, der Hautansatz schwoll, rieb sich durch, verschmutzte und fing an zu eitern. Meine Fingerspitzen waren eine verquollene Masse.

Mutter kühlte die brennenden Finger und salbte die aufgeriebene Haut. Sie ließ mich nichts anfassen, sie zog mich an und aus und wusch mich. sie trocknete meine Tränen, denn auch das konnten meine Finger nicht verrichten.

„Ob ich je wieder richtige Fingernägel haben werde?“

„Aber natürlich, Kind, das wächst wieder.“

Damals glaubte ich es nicht.

Das Interesse der Aufseherin an mir ließ nach. Ich nutzte das und kontrollierte nur noch mit den Augen. Was abgetragen aussah, lud ich auf den Ago-Karren.

Einige Tage ging alles gut, dann kam die Aufseherin auf mich zu. „Komm mit!“

Sie machte kehrt, ich ging hinter ihr her. Mitten in der Halle führte eine breite Treppe einen halben Stock hinunter. An der Treppe stand Hannchen. Sie war auch Halbjüdin, auch Zwangsarbeiterin und noch ein halbes Jahr jünger als ich. Am anderen Ende der Halle hatte sie die gleiche Arbeit zu machen wie ich: Schuhe kontrollieren, sortieren, umstapeln. Ihre Finger sahen aus wie meine.

Die Aufseherin führte Hannchen und mich zum Rapport. Am Fuß der Treppe stand ein SS-Mann mit gespreizten Beinen in langen schwarzen Stiefeln. Während wir die Treppe hinuntergingen, sagte Hannchen leise zu mir: „Der wartet auf uns.“

Unwillkürlich drehte ich meine Hände so, daß er die Finger nicht sehen konnte. Ich hatte das Gefühl, sie vor ihm schützen zu müssen.

Er stand da und zeigte auf einen Berg Schuhe mit losen Lederstreifen.

„Das ist eure Sauarbeit!“ Die Aufseherin nahm von einem zweiten Berg einen Schuh nach dem anderen und riß mit einem Metallblatt die Streifen ab, eine Kleinigkeit war das, jedes Kind hätte es mühelos nachmachen können.

Wir wurden belehrt, wie wir zu arbeiten hätten und welche leichte Aufgabe man uns zugewiesen habe. Das grinsende SS-Weib setzte das Metallblatt an und ratschte mit leichter Hand an den Steppfaden unter dem Lederstreifen entlang. Einen Schuh nach dem anderen nahm sie und löste die Streifen. So leicht, so einfach gehe es.

Und wir standen da, Hannchen und ich, ohne Fingernägel und mit noch immer eiternden Kuppen. Uns taten schon beim Zusehen die Finger weh. Dazu die schneidende Stimme des Mannes, der in steifer Haltung vor uns stand. „Wenn ihr nicht arbeiten wollt, dann ab mit euch ins Lager.“

Ja, ich hatte Angst, die Angst der Getretenen vor dem nächsten, härteren Tritt. In diesem Augenblick spürte ich nichts anderes. Alles, was sie von mir verlangten, war ich zu verrichten bereit, alles. Was ist, das kennt man, darauf richtet man sich ein, damit glaubt man fertig werden zu können. Jede Veränderung würde alles viel, viel schlimmer machen. Sicher war auch, daß ich mich, wenn sich etwas änderte, unweigerlich von meiner Mutter trennen müßte. Sie würde allein zurückbleiben. Würde ich sie wiederfinden, später?

Lieber alles dulden, hier, bei den dreimal verfluchten Schuhen. Nur nicht weg von diesem Platz bei den Karren, den ich abends verlassen durfte, um nach Hause zu gehen. Solange ich das durfte, wollte ich mich fügen und die schmerzenden Finger ertragen. Das war besser, als sich vor einen Zug zu werfen.

Wir durften wieder zu den Karren gehen.

Hannchen liefen Tränen übers Gesicht. Ich hätte sie gern ermutigt, um meine eigene Angst zu überwinden, aber die Aufseherin folgte uns die Treppe zur Halle hinauf. In der Halle gingen wir in entgegengesetzter Richtung auseinander. Während der Arbeit konnte ich Hannchen nicht sehen, doch in der Mittagspause, wenn wir unseren Teller Suppe aßen, waren wir von nun an immer zusammen.

Die Szene im Zwischenstock, am Fuß der Treppe, war beobachtet worden. Alles, was geschah, wurde beobachtet. Nahe der Treppe arbeiteten polnische Schuhmacher. Ihnen schob ich immer die Karren mit den Schuhen zum Ago-Kleben zu.

Fast alle Schuhmacher in der Halle waren Polen. Einer von ihnen, Jacek, schob die Karren zu mir, wenn ein neuer Schub kam oder wenn die Reparaturen ausgeführt waren: die Karren von den Ago-Klebern nahe der Treppe ebenso wie die Karren mit den gesteppten, besohlten, genagelten oder geklebten Schuhen von anderen Plätzen der Halle. Jacek hatte mit mir noch nicht viel gesprochen. Nur am ersten Tag. „Ich bin Jacek. Und du?"

„Vera."

Jacek war vorsichtig. Nicht wegen des Sprechverbots. Mir traute er nicht.

Nachdem Hannchen und ich vor dem SS-Mann gestanden hatten, fragte Jacek, während er mir einen Karren hinschob: „Warum bist du hier?"

„Ich bin zwangsverpflichtet."

Das muß ihm nicht viel gesagt haben. Als er den nächsten Karren brachte, Sagte er wieder: „Warum bist du hier?"

„Weil ich Halbjüdin bin."

„Ich verstehe nicht. Jüdin oder nicht Jüdin? Was ist halbe Jüdin?"

„Meine Mutter ist Jüdin. Mein Vater ist Christ." Länger konnte er sich nicht aufhalten, die Aufseherin kam näher. Aber beim nächsten Karren stellte er wieder eine Frage: „Du – Deutsche?"

„Ja."

Und wieder: „Aber warum hier?"

Wie sollte ich Jacek erklären, warum ich hier war? Ich verstand es ja selbst nicht. Doch Jacek sagte, als er wiederkam: „Ich verstehe."

Aber nun hatte ich eine Frage: „Glaubst du mir, Jacek?"

„Ja."

„Wegen vorhin, unten an der Treppe?"

„Nein. Weil ... deine Hände. Und du hast Angst, das andere Mädchen auch."

Mehr als einen Monat unterhielt ich mich auf diese Weise mit Jacek, dem polnischen Schuhmacher. Wir führten Kurzdialoge in Fortsetzungen.

Wenn Jacek nicht gewesen wäre, hätte ich doch wieder die schwachen Ansätze von Horn an meinen Fingern unter das Leder geschoben. Das erste, was er mir am nächsten Morgen sagte, war dies: „Meine Freunde sagen: Alle Schuhe mit Lederstreifen zum Ago-Kleben. Nicht anfassen. Du verstehst?"

„Nichts prüfen? Alles gleich auf den Ago-Karren packen?"

„Richtig. Hände müssen heilen."

Als Jacek den nächsten Karren brachte, war der Dialog sehr kurz.

„Danke, Jacek."

Er nickte nur.

Wenn ich die Karren zu den Polen schob, die die Lederstreifen über die Hackennähte zu kleben hatten, blickten sie nicht auf. Sie sahen mich nicht an und achteten nicht auf mich. Aber sie hatten jene Werkzeuge in der Hand, die wie abgebrochene Messer aussahen, und erledigten damit das, was meine Nägel nicht zu leisten vermochten. Alles, was von meiner Prüfstelle als erledigt wegrollte, war sauber und fest verklebt. Niemand konnte etwas beanstanden.

Jacek erzählte mir, daß er aus einem kleinen Ort bei Kolo stamme. Dort waren seine Frau und seine beiden Kinder. Am 12. Januar 1945 hatte die Offensive an der Ostfront begonnen. Langsam rückte die Front näher, und Jacek interessierte nur eins: „Hast du Radio?"

„Ja."

„Wo ist die Front?"

Ich nannte ihm die Orte, die befreit worden waren. Es waren die Nachrichten der letzten Nacht.

Jeden Morgen gab ich ihm die neuesten Informationen. Anfang Februar muß es gewesen sein, da nannte ich einen Ort, nach dem er mich die Tage vorher schon gefragt hatte. Es war der nächste größere Ort bei seinem Heimatdorf.

„Sie sind frei!"

So leise er es auch sagte, es war Siegesjubel. Danach habe ich Jacek nicht mehr gesehen. Ich sagte einer Serbin, die abends manchmal mit zu uns nach Hause kam, daß ich Jacek vermisse, und hörte von ihr, er habe sich auf den Weg gemacht, nach Hause, zu seiner Frau und seinen Kindern. Sein Dorf sei befreit worden. Jemand habe es ihm erzählt.

Viel Glück auf den Weg, Jacek, dachte ich, und sei wachsam, wenn du die Front passierst.

Kolo ist ein hübscher Ort an der Strecke Berlin – Warschau. Er hebt sich wohltuend von der eintönigen flachen Umgebung ab. Wenn wir auf den Reisen zwischen unserem ständigen und unserem zeitweiligen Zuhause durch Kolo kommen, muß ich an Jacek denken. In dieser Gegend lebte er. „Was ist halbe Jüdin?“ “Hände müssen heilen.“ Meinen Händen sieht man die Vergangenheit nicht an, ich würde es mir von Jacek gern bestätigen lassen.

Damals, als die Schwellung an meinen Fingern langsam wich und feine Ansätze von Nägeln sich zeigten, gingen Gerüchte durch die Halle von Salamander, daß die deutschen Frauen nach Ostpreußen geschickt werden sollten, um Schützengräben auszuheben. Dann hieß es: Nicht nach Ostpreußen, sondern hinter die Oder: Wir waren zwölf Frauen. Außer Hannchen und mir waren es mit arischen Männern verheiratete Jüdinnen. Sie saßen an der Fensterseite in einer Reihe, mit dem Rücken zur Halle, und machten Kleinreparaturen.

Mittags in der Kantine, als wir unsere Suppe löffelten, bestellte mir Hannchen: „Die Frauen sagen, wir beide würden als erste merken, wenn sie uns holen wollten. Wir haben den Halleneingang im Blick, und wir sollen ein Zeichen geben, wenn wir was merken.“

„Wozu? Weglaufen kann hier niemand.“

„Trotzdem. Versprich den Frauen, daß du darauf achtest, was passiert. Sie fühlen sich dann ruhiger, sagen sie.“

„Gut, ich passe auf.“

Die Frauen sollten sicher sein, daß nicht plötzlich jemand hinter ihnen stand und sie aufforderte mitzukommen. Daß es sie nicht ganz und gar unvorbereitet traf, dafür wollte ich schon sorgen.

„Vera, wenn sie uns holen, wir bleiben immer dicht zusammen, ja?“

Ich faßte Hannchen um die Schultern. Es tat gut, einen Menschen zu fühlen.

„Wenn wir nicht mehr nach Hause können, das wird schwer, Hannchen. Jetzt, bei der Kälte, Gräben buddeln. Wir müssen uns was ausdenken.“

„Wir ziehen ab morgen alles doppelt an, Strümpfe, Hemd, Schlüpfer. Und in den Beutel, den wir unten abgeben müssen, packen wir einen Pullover und was wir unbedingt brauchen."

„Kernseife und was zum Nähen."

„Hauptsache, wir bleiben zusammen", schloß Hannchen das Gespräch.

Seit die Front näher rollte, war es hinter dem Regal nicht mehr so ruhig. Ich hörte die Franzosen, die dort, gesondert von uns, an den Maschinen standen, pfeifen und singen. Es übertönte kaum den Lärm der Halle, aber ich hörte es doch, jeden Tag, das erstemal im Januar. Der Februar kam, und es ging viel zu langsam vorwärts an der Front. Wir mußten uns noch immer schinden, und die Tage wurden noch immer nicht heller.

Die einzige Erholung war die Mittagspause. Wir bekamen eine warme Suppe mit Kartoffeln oder Nudeln. Die Suppe und die Fahrkarte für die Straßenbahn waren unser Lohn. Jeden Mittag ging ich mit Hannchen und den anderen in einen Raum, der als Kantine hergerichtet war. Immerhin, wir konnten uns auf Bänke setzen und unsere Schüsseln auf Tische stellen. Hier durften wir, die Deutschen, miteinander sprechen. Zu den Männern und Frauen, die mit einem Stoffschild an der Jacke als Ostarbeiter gekennzeichnet waren, war uns auch hier der Kontakt untersagt.

Zu der Kantine gelangten wir durch einen fensterlosen Gang. Er hatte zwei dunkle Nischen, auf die die SS besonders achtete. Dort saßen sowjetische Gefangene auf dem Boden. Sie wurden in diese Nischen geführt, bevor wir den Gang passierten, und sie saßen auch noch dort, wenn wir in die Halle zurückgingen. In diesen Nischen saßen sie und aßen Pellkartoffeln. Jeder hatte eine Handvoll davon, nichts weiter. Tag für Tag das gleiche. Sie aßen sie mit Schale, wie ich es von Henk kannte, und ich wünschte nur, daß die Kartoffeln wenigstens heiß wären. Diese Männer mußten in die dunkelsten Ecken kriechen, um die paar Kartoffeln, die man ihnen hinwarf, essen zu können. Für uns gab es immerhin die Kantine mit Tischen, Bänken und Fenstern, mit Schüsseln und Löffeln. Wir gingen an diesen Männern vorbei und wußten nichts über sie. Man ließ sie nicht aus den Augen. Welche Arbeit sie für Salamander machen mußten und wo sie arbeiteten, habe ich nie erfahren.

Vater schrieben wir nichts davon, daß ich jetzt unter SS-Aufsicht bei Salamander arbeiten mußte. Er wunderte sich zwar, daß die Frauen und Töchter der Mitgefangenen zwangsverpflichtet waren und wir davon verschont blieben, aber er vertraute Mutter und glaubte, was sie ihm schrieb. So ganz falsch war es ja auch nicht, wenn sie ihm mitteilte, sie sei noch immer zu Hause und Vera gehe weiter zur Arbeit. Mutter schien man vergessen zu haben, oder ihre Karteikarte aus dauerhaftem Metall war, wie Mutter es behauptete, verschwunden. Je mehr Zeit verstrich, ohne daß man sie zur Arbeit holte, um so überzeugter war sie, daß es ihre Karteikarte nicht mehr gäbe.

„Die Beamtin in der Sonnenallee hat mir versichert, daß ich mir keine Sorgen zu machen brauche, man werde mich nicht zur Arbeit holen. Sie hat bestimmt die Blechkarte beiseite geschafft." Eine andere Erklärung wußte Mutter nicht.

Alle Frauen und Mädchen waren erfaßt worden. So sagte man es jedenfalls, und doch – auch das wurde erzählt – sollte es Ausnahmen geben.

Mutter hätte die Schinderei kaum durchgehalten, ihr Herz war nicht mehr gesund. Es wäre ihr möglicherweise so ergangen wie der Frau in der Fensterreihe bei Salamander, die eines Tages vom Hocker fiel und nach Luft rang. Sie wurde aufgehoben und wieder auf den Hocker gesetzt. Die beiden Frauen zur Rechten und zur Linken hielten sie an den Armen fest, und ich schob einen Karren davor und sorgte dafür, daß mir Schuhe herausfielen. Umständlich sortierte ich sie wieder ein, so daß die Gruppe der drei Frauen eine Weile außer Sicht war. Die herzkranke Jüdin war die ganze Zeit, so gut es ging, geschont worden. Die anderen hatten den größten Teil ihrer Arbeit mitgemacht. Und trotzdem war sie vom Hocker gefallen. Sie hatte Glück, daß die Aufpasser es nicht gemerkt hatten. Arbeitsunfähige wurden ausgesondert.

Bei Salamander wurden flinke Hände gebraucht. Es waren getragene Schuhe herzurichten, und zwar in großen Mengen und zügig. Nicht einschlafen, ihr Faulenzer.

Getragene Schuhe liefen durch meine Hände, Halbschuhe von Männern und Frauen, in allen Größen. Keine Stiefel. Keine Kinderschuhe.

Wem gehörten diese Schuhe eigentlich?

Es mußte in Berlin viele ziemlich naive Menschen geben, die ihre Schuhe – zu der Zeit eine unersetzbare Habe – einer Reparaturannahmestelle übergaben und damit rechneten, sie repariert zurückzuerhalten. Bedachten sie nicht, daß ihre Schuhe von der Annahmestelle zur Fabrik in der Köpenicker Straße gebracht und von dort wieder zurücktransportiert werden mußten, daß dazwischen Tage und Wege lagen? Jetzt, wo es dauernd Bombenangriffe gab? Wenn schon besohlt oder geflickt werden mußte, sollte man das nicht von einem der vielen kleineren Schuster in den Kellerläden nebenan machen lassen, bei denen man notfalls gleich warten konnte?

Wo waren eigentlich die Annahmestellen von Salamander? Nach der Menge der Schuhe zu urteilen, die allein in der einen Halle bearbeitet wurden, mußten es sehr viele Läden gewesen sein oder sehr große mit ständigem Betrieb von Schuhbringern und Schuhabholern. Ich kannte keinen einzigen und niemanden, der in einem solchen Kunde war.

Die Leute, die ihre Halbschuhe zur Reparatur gaben, schienen auch keine besonderen Wünsche gehabt zu haben. Wenn ich zum Schuster gehe, damals wie heute, bestelle ich mir neue Sohlen oder

Absätze, oder ich lasse eine ausgerissene Naht steppen, ein loses Stück Leder kleben. Oder ich sage: „Können Sie mir das hier wieder in Ordnung bringen?“ Nie habe ich erlebt, daß jemand sagte: „Hier sind ein paar Schuhe, sehen Sie mal nach, was daran gemacht werden muß.“ Die Kunden von Salamander müssen aber durchweg solche Ausnahmen gewesen sein.

Und die Leute, die sie bedienten, gingen recht sorglos mit den abgegebenen Schuhen um. Sie markierten keinen Schuh, keiner war mit einer Nummer, mit einem Schildchen oder Stempel versehen, wo doch die Schuhe durch die ganze Stadt gefahren und wieder zurückgebracht werden mußten, denn die Besitzer würden sie doch wiederhaben wollen. Und keiner der Schuster und keine der Frauen bei Salamander merkten an, welche Arbeit ausgeführt worden war und den Kunden berechnet werden müßte, damit alles seine Richtigkeit hatte und bezahlt werden konnte!

Wirklich sonderbare Kunden müssen das gewesen sein, denen Salamander seine Dienste bot: wunschlose Kunden, sorglose Kunden, unbeeindruckt von dem leichtfertigen Umgang mit ihrem Eigentum.

Wo gab es diese Kunden? Woher kamen die Schuhe, und wohin gingen sie? Kinderschuhe waren nicht dabei. Nur Halbschuhe aller Fabrikate.

Mag sich in unserer Zeit, Jahrzehnte danach, Salamander Schuhe kaufen, wer will. Ich jedenfalls, das ist sicher, werde keine Schuhe mit diesem Namen tragen. Ich muß, wenn ich diesen Namen höre, an die Schuhe ohne Besitzer denken. Und ich kann die Vorstellung nicht loswerden, daß einstmals an ihnen die Nägel von Mädchenhänden zerrieben wurden. Wenn ich daran denke, glaube ich noch heute den gemeinen Schmerz von den Fingerspitzen bis zu den Haarwurzeln zu spüren. Es stimmt nicht, daß die Zeit alle Wunden heilt.

23

Zwischen Trümmern und Flammen

Es war Ende März. Die Rote Armee stand seit mehreren Wochen an der Oder.

Ich war müde geworden unter dem Zwang der Arbeit, des Hungers und der Bombennächte. Allein die Aussicht, daß die Befreiung Berlins bevorstand, verlieh mir Kraft. Ich träumte mir alles herbei, was ich mir vorstellen konnte. Es war schön, daran zu denken, was kommen würde, bald. Ganz unbemerkt war ich in diesen Tagen siebzehn geworden. Je näher das Ende des Krieges rückte, um so mehr wurde mir bewußt, wie jung ich war, und es wuchs der Wille, frei zu sein, ohne Zwang zu leben. Ich würde ausschlafen, mich in die Sonne legen, meine Nägel pflegen, ein neues Kleid aus sattroter Seide tragen, einen Freund suchen, glücklich sein.

Am frühen Vormittag eines Märztages wurde Salamander von einer Bombe getroffen. Wir aus dem vierten Stock befanden uns im Luftschutzkeller Die Bombe schlug genau über uns ein. Um mich herum grelle Schreie. Hannchen krallte ihre Hände um meinen Arm. Beim Krach der Explosion schwankten die Wände. Das Licht flackerte. Ich starrte zur Decke, sah Kalk fallen. Dann war es dunkel. Gleich mußten die Wände stürzen, noch einen Moment, dann... Sie schreien. Es tut doch nicht weh. Jetzt!

Die Wände schwankten. Sie hielten. Kalkstaub drang in Hals und Nase. Wir mußten husten, das Schreien hörte auf. Noch immer Hannchens verkrampfte Hände an meinem Arm. Ich löste ihre Hände und faßte sie fest um die Schultern. Ein Streichholz wurde angezündet, ein zweites, ein drittes. Wenige Lichtsekunden. Frauen waren im Keller und die Franzosen. Was nun? Die Franzosen begannen beruhigend auf uns einzureden. Niemand verstand die französischen Worte, aber alle begriffen. Die Männer erreichten, daß Ruhe eintrat und alle auf ihren Plätzen blieben.

Der Kellerausgang war verschüttet. „Man wird uns rausbuddeln“, flüsterte Hannchen.

„Ich glaube, wir müssen uns selbst helfen“, erwiderte ich ihr ebenso leise.

Zum Keller des Nachbarhauses gab es einen der üblichen Mauerdurchbrüche: Die Grundmauer war aufgestemmt und nur mit schmalem Stein wieder zugemauert worden. Für den Notfall. Der war jetzt eingetreten. Die Franzosen gingen daran, den Durchbruch zu öffnen. Wieder verbreitete sich Kalkstaub. Im kurzen Lichtschein eines Streichholzes war zu erkennen, daß die ersten Ziegel schon ausgebrochen waren. Schließlich war das Loch so groß, daß man hindurchkriechen konnte.

Die Franzosen untersuchten den Keller des Nebenhauses. Er war leer, aber auch verschüttet. Wir mußten in dem finsteren, von Kalkstaub erfüllten Keller ausharren, bis noch ein zweiter und noch ein dritter Mauerdurchbruch überwunden war. Als wir endlich wieder Tageslicht sahen, war mir, als seien Stunden vergangen. Kann sein, daß die Flugzeuge, die ich am Himmel sah, als ich aus den Trümmern kroch, noch dieselben waren, die die Häuser über uns zerstört hatten. Es können aber auch schon die Flugzeuge mit der nächsten Bombenlast gewesen sein. Die Zeit war mir aus dem Bewußtsein geglitten. Ich sah nur die Flugzeuge am Himmel, sah, wie die Bomben zur Erde schaukelten. Ein Spiel, das ich noch nie gesehen hatte. Alles war so fern von mir, so als sei ich nicht mittendrin. Verwirrt und taumelig ließ ich den Keller und Salamander hinter mir. Ich konnte gehen, einfach so, immer an der Spree entlang. Mich plagten weder Müdigkeit noch Hunger, mir war leicht zumute. Ich vergaß Hannchen und die anderen und lief das Südufer der Spree abwärts, ohne zu merken, daß ich nach Hause lief. Daß ich in einen Luftschutzkeller gehen müßte, kam mir nicht in den Sinn, ich war ja gerade erst aus einem solchen herausgekrochen. Kein Mensch war auf der Straße, auch das fiel mir nicht auf. Ich nahm nichts wahr, ein Fuß setzte sich von ganz allein vor den anderen.

Ohne ein Wort zu sagen, war ich weggegangen. Von keinem hatte ich mich verabschiedet, nicht einmal von Hannchen. Keinen meiner Gefährten habe ich wiedergesehen.

Über die Schillingbrücke kam ich auf die andere Spreeseite. Ich ging die Andreasstraße hinauf und kam der Frankfurter näher. Die Rauchwolken wurden dichter, Aschefetzen flogen durch die Luft, Häuser brannten. Das ganze Viertel war zerstört. Über die alten Trümmer hatten sich neue geschichtet, und was nicht zertrümmert war, wurde ein Opfer der Flammen.

Flugzeuge waren nicht mehr zu sehen. Die Straßen füllten sich mit Menschen, die in wirrer Eile ihre Habe aus den Häusern holten. So kam ich zum Strausberger Platz. Es schien, als stünde ringsum alles in Flammen. Ich erreichte unser Haus: Es stand noch. Auf dem Hof war es heiß, aber das Haus brannte nicht. Die Wohnung war leer, das Bett aufgeschlagen. Die Tasche, die Mutter immer zum Bunker mitnahm, war nicht da. Also wird sie zum Bunker gelaufen sein. wie lange braucht man von dort nach Hause? Nicht so lange wie von Salamander. Aber ich bin ja schon auf dem Wege gewesen, als die Flugzeuge noch da waren. Es wird wohl noch die erste Staffel gewesen sein. wie unordentlich es hier aussah, ich müßte aufräumen. Mutter würde gleich kommen.

Ich wollte es denken, ich wollte ganz deutlich denken: Sie wird gleich kommen. Doch ich war so leer, ausgebrannt wie die Häuser an der Straße.

Ich werde unten auf Mutter warten, vor der Haustür. Dann sehe ich, wenn sie kommt. Ich will warten – das konnte ich denken. Ich muß warten.

Was die Nachbarn rennen! Sie sind so laut. ihr Geschrei tut mir weh.

Ja, hier neben dem Haustor bleibe ich. Da störe ich die Leute nicht. Es ist warm, ich hätte den Mantel oben lassen können. Sie wird ja gleich kommen. Bis dahin kann ich den Mantel anbehalten.

Das Haus da drüben brennt runter. Da bleibt nichts übrig. Dieser Rauch! Das meiste zieht nach oben, aber trotzdem. Die Augen tränen, ich muß doch ein Taschentuch haben. Ich müßte es suchen. Es steckt bestimmt in der Manteltasche. Jetzt fängt das Haus daneben an zu brennen. Das Dach zuerst. Da klirren Fensterscheiben. Daß die noch Scheiben haben! Die Flammen schlagen außen um die Mauer rum. Wie das rauscht.

Wenn das nächste Haus brennt, muß ich in den Hausflur gehen, dann ist es hier draußen vor Qualm nicht mehr auszuhalten. Es brennt ja schon. Das ging aber schnell. Eine Weile kann ich noch hier stehenbleiben.

Unser Nebenhaus, die Nummer 96, kann nicht mehr abbrennen. Ist schon lange kaputt. Aber das dahinter ist jetzt dran. Die Funken können auf unser Dach fliegen. Ja, das ist möglich.

„Willst du nicht eure Sachen retten?"

Ich muß doch warten. Mutter kommt gleich.

Gegenüber wohnt Inge, mit der bin ich mal zur Schule gegangen. Und Geburtstag habe ich mit ihr gefeiert, da wollte der Lange mit ihr ausgehen, das war, als er noch keine Uniform trug wie später in Sanssouci. Sie räumen die Wohnung hinter dem Möbelladen aus. Dabei ist er noch gar nicht vom Feuer erfaßt worden. Sie tragen Betten raus, Kleider, Eimer. Und ihre alten Möbel. Warum nehmen sie nicht die neuen aus dem Laden? Ich könnte ihnen helfen. Aber sie haben Zeit zum Ausräumen. Und ich bin so müde. Ich muß hier warten. Sie haben Zeit, bis jetzt brennt ja nur das Dach. Wie langsam sich die Flammen zum Parterre durchfressen. Sie müßten die Sachen mehr in die Mitte der Straße stellen, sonst brennen ihnen noch die Betten weg.

Hier im Flur stehe ich besser, hier ist nicht soviel Rauch. Gut, daß die kleine Scheibe immer noch in der Tür ist. Ich wische mal mit dem Ärmel darüber, damit ich besser durchsehen kann. Draußen konnte ich mehr sehen.

Mutter muß von der linken Seite kommen. Links wird sie aber nicht durchkommen. Da ist so viel Feuer, und Trümmer liegen auf der Straße. Die Fassaden müssen direkt auf die Straße gekippt sein. sie wird einen Umweg machen vom Bunker und von rechts kommen. Nach rechts habe ich auch viel bessere Sicht. Dieser verdammte Rauch, der kratzt ja im Hals.

Der Möbelladen ist ausgebrannt. Jetzt kauft sowieso niemand Möbel. Ob es schon dunkel wird? Ich muß mal hinausgehen. Hier im Flur ist es ja immer dunkel. Ich glaube, es ist schon Abend. Das Feuer hat alles hell und warm gemacht, aber jetzt brennt es nicht mehr. Nur hier und da noch ein bißchen Feuerschein. Es ist ruhiger geworden hier draußen, glaube ich. Die Leute sind mit ihren Sachen weg. Da stehen noch einige, sie warten auf was.

Aha, die ganze Häuserreihe auf der anderen Seite ist runtergebrannt. Aber auf unserer Seite steht noch was. Unser Haus und das nebenan, auch die Nummer 99. Aber von dem nächsten sehe ich nicht viel. Wenn ich nicht mehr so müde bin, gehe ich mal hin.

Ich glaube, ich bin jetzt ganz allein. Es ist schon Nacht. Oben ist die leere Wohnung. Was soll ich dort? Ich kann nicht hinaufgehen, ich muß doch warten. Wie dunkel es jetzt ist! Das Rauschen des Feuers ist auch vorbei, und die Menschen sind weggegangen.

Am Strausberger Platz bewegen sich Schatten. Sie müssen aus der Weberstraße gekommen sein. Jemand kommt. Mutter! Mutter. Sie kommt. Sie hustet und röchelt. Ich fasse sie unter und bringe sie nach oben. sie hat viel Rauch geschluckt.

Mutter wollte zum Bunker laufen, als die Sirene heulte, aber sie kam nicht weit, vielleicht hundert Meter, dann fielen schon die Bomben.

Sie sprang in einen Hausflur und preßte sich an einen Pfeiler am Treppenaufgang. Das Haus stürzte bis zum zweiten Stock zusammen. Noch benommen, ging Mutter durch den frei gebliebenen Ausgang zum Hof hinaus, kletterte über Trümmer und kam an der Weberstraße raus. Die schmale Weberstraße brannte zu beiden Seiten, es war unmöglich, hindurchzugehen. In der St.-Markus-Kirche, die von einem Fleckchen Park umgeben war, fand Mutter Schutz. Hier liefen die Leute aus den umliegenden Häusern zusammen. Aber schon bald war der Rauch in der Kirche dichter als im Freien und das Atmen schwerer als draußen.

Die Menschen bei der Kirche waren von einem Flammengürtel umgeben. Er hatte sich um sie geschlossen, nahm ihnen den Sauerstoff und fegte heißen Dunst und Rauchschwaden über sie. Sie mußten ausharren, bis das Feuer erloschen war. Darüber wurde es Nacht. Dann erst konnten sie sich einen Weg suchen über die heißen Trümmer, die die Straße bedeckten, zum Strausberger Platz.

„Du brauchst einen Arzt, Mutter."

Sie winkte ab. „Wir schlafen erst mal." Schlafen ist gut. Mochten neue Bomben kommen. Um uns her gab es nichts mehr zu zerstören, und keine Sirene war mehr da, die uns aufschrecken konnte. Es hatte ja auch keine Entwarnung gegeben. Und Salamander war in Trümmern, und vom Anhalter Bahnhof fuhr in den nächsten Stunden bestimmt kein Zug.

Als wir wieder Kraft gesammelt hatten, schrieben wir einen Brief an Vater: Alles in Ordnung, wir sind wohlauf, die Wohnung steht noch. Jedes Wort stimmte, wir schrieben nicht die Unwahrheit. Daß die Gegend ein Trümmerfeld war, besagte nichts. Außerdem fühlten wir uns in diesen Resten einer Straße wirklich wohl, nach allem, was gewesen war. Wir hatten noch immer ein Zuhause. Und Mutter war da.

Nach zwei Tagen sagte Mutter: „Du mußt dich melden. Geh zum Arbeitsamt."

„Ich habe genug, Mutter. Ich bleibe zu Hause, bis der Krieg aus ist."

Mutter war bestürzt. „Das geht nicht, Kind."

„Warum nicht? Wer weiß denn, daß ich überhaupt noch lebe? Meinst du, da hat jemand nachgeguckt, ob ich aus dem Kellerloch rausgekommen bin?"

„Die Franzosen sind bestimmt in ihr Quartier zurückgegangen, also werden sie wissen, daß ihr rausgekommen seid."

„Auf dem Weg kann mich ein Splitter erwischt haben."

„Dann müßte ich es melden, bei der Polizei."

„Und wenn es dich auch nicht mehr gäbe? Wir tun eben so, als gäbe es uns nicht."

Ich hatte mir fest vorgenommen, mich nicht von neuem in eine bewachte Halle zu stellen, auf den Eingang zu achten und mich auf den Abtransport in eine frontnahe Gegend vorzubereiten.

Mutter ließ mir noch einen Tag Freiheit. Dann forderte sie dringlicher: „Melde dich."

„Warum willst du mich wegschicken? Wir haben nur immer Angst gehabt, Angst, Angst, Angst. Hör doch mal auf damit."

„Was du vorhast, ist leichtsinnig. Wir können uns nicht tot stellen."

Um Ruhe zu haben, verkroch ich mich ins Bett und schlief bis zum nächsten Bombenangriff. Danach ließ mich Mutter gewähren, aber öfter als nötig lief sie durch die Wohnung, dann wieder stand sie lange am Fenster. Wenn jemand die Treppe heraufkam, lauschte sie hinter der Tür. Vor jeder Nachrichtensendung wurde sie krankhaft unruhig. Der Krieg war noch nicht zu Ende. Vor den Bomben fühlten wir uns jetzt, da nur noch dreieinhalb Häuser in unserer Umgebung standen, beinahe sicher. Was Mutter fürchtete, war die SS. Es könnte doch sein, meinte sie, daß sie die zerstreuten Zwangsarbeiter wieder zusammentrieben. „Sei vernünftig", bat Mutter.

Am 27. März, es war ein Montag, holte ich mir einen neuen Verpflichtungsbescheid, wieder einen mit dem Zeichen V6m darauf. Man wies mir neue Arbeit zu, in einer Lederbude in der Neuen Königstraße 69/70, unweit der Gollnowstraße, zweiter Hinterhof, gleich unterm Dach. Sie gehörte einem Wolfram Krentzlin.

„Die Amerikaner setzen schon über den Rhein. Vielleicht beginnt morgen oder übermorgen die Offensive an der Oder, und alles ist ganz schnell zu Ende. Laß uns noch abwarten, Mutter."

„Du hast eine Verpflichtung zur Zwangsarbeit in der Tasche!" Mutter war ärgerlich. Die Nachrichten, die wir in der Nacht hörten, stimmten sie optimistisch, so daß sie es duldete, daß ich bis in den Vormittag hinein schlief. Auch am Mittwoch und am Donnerstag glaubten wir, der Sturm auf Berlin werde beginnen. Doch soweit war es noch nicht.

Da lenkte ich ein: „Wenn bis Sonnabend nichts geschieht, gehe ich Montag früh zu der Lederbude."

Montag war der 3. April. Ich fing an, Leder zu stanzen. Mit einem Holzhammer und messerscharfen Formen mußte ich kleine Stücke aus gegerbten Tierhäuten hauen. Eine Stunde, und es reicht für den ganzen Tag, wenn man diese Arbeit nicht gewohnt ist.

Mit mir waren vier Italienerinnen im Raum, keine sprach mit mir ein Wort. Ich bin sicher, daß sie verstanden, was ich sagte, denn sie verstanden den Meister, der ab und zu hereinkam, Anweisungen gab und uns zu beaufsichtigen hatte. Rechts neben mir stand eine junge Frau, die eigentlich auch stanzen sollte, es aber nur tat, wenn der Meister in Sicht war. Meist saß sie auf einem Hocker und strickte. Dabei klemmte sie eine lange Nadel unter den linken Arm und kettete mit einer zweiten Nadel die Maschen. Sie machte flinke Bewegungen, aber immer nur mit der rechten Hand. Ich hätte gern genauer erfahren, wie sie das machte, schon um mit jemandem ins Gespräch zu kommen. Sobald ich aber mit dem Stanzen innehielt und mich ihr zuwandte, drehte sie sich um. Sie sprach nicht mit mir. Keine der vier Frauen wollte etwas mit mir zu tun haben. Es nutzte nichts, daß ich mich so verhielt wie sie und auch nur stanzte, wenn der Meister durch die Tür kam.

Ein schleimiger Kerl war das, dieser Meister. Er stellte sich immer dicht neben mich und redete leise auf mich ein. Er flüsterte gemeine Dinge, und ich traute mich nicht, mich zu wehren. Und zu allem Übel mußten es die Italienerinnen für Kumpanei halten.

Es blieb mir keine Zeit, die Frauen zu überzeugen. Nach zehn Tagen lag ein Blindgänger in der Lederbude. Der oberste Stock war zerstört.

Es war früh gegen sechs. Ich wollte in den Hof, wurde aber am Tor daran gehindert.

„Ich muß zu der Lederbude im Hinterhaus."

„Aber Frolleinchen, die gibt's nicht mehr. Gehn Sie man nach Hause."

Der Rat war gut. Ich sah mich um, entdeckte aber niemanden aus der Lederstanzerei. Da ging ich nach Hause, entschlossen, nun wirklich nichts mehr zu tun, bis die Rote Armee kam. Mutter sagte nichts dazu.

Am nächsten Tag, am 14. April, stand mein Vater vor der Tür.

„Schorsch ! Aber wieso ...?"

Wir waren wieder zusammen.

Vater hatte das Lager nicht ohne Schaden überstanden, er war verändert. Schmutz und Läuse ließen sich schnell beseitigen, aber nicht Nachwirkungen durchlebter Angst, die Folgen von Erniedrigungen und Schlägen. Mutter merkte es, als sie mit ihm hinunterging, um etwas zu besorgen. Auf der Straße wurde sie von einer Frau aus dem Nebenhaus angesprochen, eine belanglose Sache.

Vater ging drohend auf die Frau zu, die erschreckt zur Seite trat.

„Lassen Sie meine Frau in Ruhe!"

Mutter meinte, es sei ein Mißverständnis, und wollte vermitteln.

„Aber Schorsch, das ist doch ..."

Er erregte sich noch mehr. „Das ist mir doch egal, ich werde es ihr schon zeigen! Meine Frau belästigen! Wer ist sie denn schon ..."

Mutter begriff, daß er krank war.

Wir blieben in der Wohnung, auch wenn Bomben fielen. Er brauchte einige Tage, um sich abzureagieren. Bis er sich wieder voll in der Gewalt hatte, vergingen Monate. Der körperliche Schaden ließ sich nicht beheben.

Vater war während eines Bombenangriffs auf das Leuna Werk geflohen. Der Häftlingstrupp, dem er zugeordnet war, war zur Trümmerbeseitigung nach Leuna kommandiert worden. Die zerstörten Anlagen hatten aus dem Werkgelände ein unübersichtliches und unwegsames Labyrinth gemacht. Als die Sirene ertönte und im selben Augenblick auch schon Bomben explodierten, rannte die Wachmannschaft in schützende Deckung. Die Situation war günstig. Mein Vater lief mit zwei anderen Häftlingen durch das Chaos von Rohren und Schutt. Sie gelangten zur Straße und machten sich auf den Heimweg. Alle drei waren aus Berlin. Es war höchste Zeit für sie, wenn sie noch vor dem Sturm auf Berlin in der Stadt sein wollten. Und es war spät genug, um sicher zu sein, daß man nicht mehr nach ihnen oder nach ihren Frauen suchen würde. Drei Tage waren die Männer unterwegs. Am 14. April erreichten sie Berlin, am 16. begann der Angriff auf die Hauptstadt, am 25. hatte sich der Ring um Berlin geschlossen.

24

Im Bunker am Alex

Die Eingänge des Bunkers waren Betonkanäle, die stufenlos in Windungen abwärts führten. Tief unten befand sich eine Sohle, die die Hineinströmenden aufnahm. Das war der Bunker am Alex.

Wo die Landsberger Straße auf den Alex mündete, wenige Meter vom Straßenring des Platzes entfernt, befand sich einer der Eingänge. Ein Betonüberbau schirmte den kanalartigen Gang ab. Eine Stahltür schützte vor Splittern und vor Detonationsdruck. Etwas weiter vom Platz weg war ein zweiter Eingang, eingebaut in das Gebäude des Arbeitsamtes dieses Stadtteils. Diesem zweiten Eingang direkt gegenüber lag eine kleine Querstraße, die etwa parallel zur Frankfurter verlief, die Kurze Straße.

Zwischen dem Bunker und der U-Bahn gab es eine Verbindung: Von der Bunkersohle aus führte eine Treppe weiter abwärts. Auf ihr gelangte man zu einem Betongang, der mit einer Tür abschloß. Ging man durch diese Tür hindurch, stand man am Ostende des Bahnsteigs der Linie E, die unter der Großen Frankfurter Straße entlangfuhr.

In diesem Bunker hatten wir viele Male Zuflucht gesucht, während die Stadt um uns in Schutt und Asche fiel. Hier verbrachten wir die letzten Kriegstage.

Zwei Drittel des April waren schon vorüber, als wir von Detonationen erwachten.

„Das sind doch keine Bombeneinschläge!“

„Nein“, sagte Vater, „das sind Granaten. Die Rote Armee! Kein Zweifel, Granaten. Berlin wird angegriffen. Zum Bunker!“

„Was nehmen wir mit?“

„Das Übliche.“

„Und etwas zu essen und eine Decke zum Hinlegen, es kann ja ein paar Stunden dauern“, sagte Mutter.

„Aber jeder nimmt nur eine Tasche, und ich trage die Decke. Wir müssen uns bewegen können.“

In meiner Tasche befanden sich die Schuhe von Debora, ein Umschlag mit Fotos und wertlose Kleinigkeiten, an denen ich hing. Mutter trug nur eine Handtasche mit Papieren und Schmuck, und einen gelben Davidstern hatte sie bei sich. Sie hatte ihn von Deboras Mantel abgetrennt. Vater hatte unsere letzte Lebensmittelreserve in seiner Tasche: ein Stück Speck und eine Büchse voll Zucker. Er legte die Decke darüber. Die Einschläge waren verdächtig nahe. Es war höchste Zeit für den Weg zum Bunker. Wir liefen die Frankfurter entlang zum Alex.

„Ich habe das Brot liegenlassen!“ rief Mutter aufgeregt und wollte zurück.

„Jetzt ist es zu spät, komm weiter, Lotte, wir werden ohne das Stück Brot auskommen. Es wird nicht lange dauern.“

Granaten flogen über uns hinweg, genau die Frankfurter Allee entlang in Richtung Alex.

„Sie schießen sich ein. wir müssen von der Frankfurter runter.“ Vater sah noch mal zu unserem Haus zurück, das aus den Trümmern herausragte. „Es steht noch.“

Unaufhörlich, in schneller Folge, krachten die Granaten.

„Stalinorgeln“, stellte Vater fest. „Das müssen die Stalinorgeln sein.“

Wir eilten zum Bunker. Trotz aller Angst erfüllte mich ein Gefühl von Erhabenheit, von Erwartung. Heute abend würde alles vorbei sein: der Zwang, die ständige Gefahr. Mit dem Haus in der Großen Frankfurter Straße, das in den folgenden Kämpfen in Flammen aufging, ließ ich alles zurück, was zur Vergangenheit gehörte. Ich drehte mich nicht danach um wie Vater.

Vor beiden Bunkereingängen drängten sich Trauben von Menschen. Wir stellten uns dazu und wurden sofort von Nachfolgenden eingeschlossen. Immer heftiger wurden wir vorwärtsgeschoben. Der Gang war zu schmal für die vielen Menschen. Wir hatten die Torpfosten schon passiert und schoben uns gerade den schrägen Gang zur ersten Windung hinab, als in nächster Nähe Granaten einschlugen. Geschrei setzte ein. Die noch draußen standen, drückten in panischer Angst nach, auf dem Gang preßte sich ein Körper an den anderen. Ich stemmte mich nach oben, wurde hochgedrückt, tastete mit den Fußspitzen nach dem Boden, ohne ihn zu berühren. Die Masse trug mich um die erste Windung, da fühlte ich wieder Beton unter den Füßen. Ich wandte den Kopf zur Seite und sah meine Eltern. Wir konnten uns wieder bewegen.

Das Blut drückte gegen die Schläfen. Vorbei die Stimmung der Erhabenheit. Vorgeschmack von der Härte des Endes, das vor dem Anfang stand.

Der Bunker war überfüllt. Auf der Sohle saßen die Menschen dicht beieinander. Wir hockten uns in eine Ecke. So vergingen mehrere Stunden. Die Luft wurde zunehmend schlechter. Es war stickig, heiß und feucht. Nach und nach suchten sich die Menschen einen Platz auf einem der beiden Gänge, in die ein wenig von der Außenluft hereinfiel, wenn in den Feuerpausen die Tore geöffnet wurden. Granaten sind keine Luftminen, ein oder zwei Windungen des Betonkanals reichten als Schutz. Auf der Sohle war es immer noch eng.

Wir gingen vom Bunker in die U-Bahn, die zwar weniger Sicherheit, dafür aber mehr Bewegungsfreiheit bot. Unser ganzer Komfort bestand in der Decke. Das mußte reichen. Bis zum Abend wollten wir wieder in der Wohnung sein. Länger als bis zum Abend oder höchstens bis zum anderen Morgen würde der Kampf bestimmt nicht dauern. Es vergingen weitere Stunden, ohne daß irgend etwas geschah. Draußen schien Ruhe eingetreten zu sein.

„Sollten wir uns nicht einen bequemen Platz suchen?“ Als Mutter das sagte, ahnte sie, daß wir uns auf eine längere Zeit einrichten müßten.

„Ich gehe mal den Bahnsteig entlang und gucke“, sagte ich, froh, daß ich eine Aufgabe hatte. Vor mir waren schon andere auf die Suche gegangen. Die bequemen Plätze waren belegt, als solche galten alle, die eine normale Sitzhaltung ermöglichten. Man kann nicht ohne Pein lange Zeit auf flachem Boden ausharren.

„Vera!“ Jemand hatte mich gerufen. Es waren Franzosen von Kärger. „Komm, ein Platz für dich.“ Sie winkten mich heran.

„Ich bin nicht allein. Meine Eltern sind auch hier.“

„Macht nichts. Kommt her. wir haben Platz.“

Sie rückten zusammen. Vater und Mutter konnten sich setzen. Sie bekamen einen Platz zwischen den Franzosen, auf der Holzverkleidung der Stromschiene.

Auf einem elastischen, engmaschigen Gitter, das wie eine Matratze über die Schienen gelegt war, wurde für mich Platz gemacht.

„Ihr könntet die Decke auf das Gitter legen.“

„Das ist gut, Mutter.“ Pierre ließ alle aufstehen, breitete bedächtig die Decke aus – wir hatten Zeit, viel Zeit – und stellte fest: „Wie zu Hause.“

Abwechselnd legten wir uns auf das Gitter. Hier konnte man Arme und Beine entspannen. Das war etwas anderes als der harte Beton.

„Woher habt ihr das Gitter?“ wollte ich wissen.

„Sieh mal, da.“ Einer zeigte unter die Bahnsteigkante.

„Ach, das sind Auffanggitter!“

„Richtig. Und sehr bequem. Darauf kann man sogar schlafen.“

Einer fing an zu singen; Eine leises wehmütige Melodie. Er hatte eine schöne Stimme. „Er singt immer, wenn er fröhlich ist, weißt du“, erklärte mir Pierre.

„Das klingt ja traurig.“

„Aber er singt.“

Sie machten Pläne, wie sie am schnellsten nach Hause kämen. Nach Hause! Das war das wichtigste Thema.

Der mit der schönen Stimme, den ich bisher nur vom Sehen kannte, begann von seiner Heimat zu erzählen: „Ich wohne direkt am Meer. Immer frischer Wind. Kennst du das Meer?"

Ich hatte das Meer noch nie gesehen.

„Vera, ich nehme dich mit. Frankreich ist schön. Du wirst sehen, besonders im April, da ist die Luft so ..." Ihm fehlten die Worte.

Ich hatte nichts gegen Aprilluft am Meer. Sauber und klar stellte ich sie mir vor.

„Geh nicht mit ihm", wehrte Pierre ab, „er ist Fischer und riecht immer nach Tran."

„Wirklich, Vera, ich nehme dich mit. Nur Steine und Hunger hier. Was willst du hier?" Der Fischer meinte es ernst. In dieser Stunde im U-Bahn-Schacht meinte er es tatsächlich ernst.

„Nein, nein, ich bleibe hier. Alles wird hier ganz anders werden."

Eine Nachricht sprach sich herum: Sowjetische Panzer dringen im U-Bahn-Schacht vor und nähern sich dem Alex.

„Sie sollen schon an der Samariterstraße sein."

Bewegung setzte ein. Viele standen auf, liefen umher, griffen nach ihren Sachen. Plätze wurden frei und wieder besetzt. Man rief nach denen, die auf dem Bahnsteig standen, und die auf dem Bahnsteig riefen auch. Durch die aufgestörte Menge gingen Bewaffnete. „Alle Ausländer raus!"

An der Treppe sammelte sich eine Gruppe von Ausländern.

„Gehen wir?" flüsterte Pierre, der eben noch so fröhlich gewesen war.

„Nein!" entschied der Fischer. „Nicht sprechen, ganz ruhig," Vater begann auf sie einzureden, nicht allzu laut, aber so, daß man es drei Schritte weiter hören konnte. „Ich weiß es ganz genau, das war im Januar, das muß so der zehnte oder zwölfte gewesen sein, ich wollte gerade ..."

Die Uniformierten gingen vorüber, dem Ausgang zu und die Treppe hinauf. Die Ausländer, die dort standen, nahmen sie mit.

Die Franzosen beschlossen, zu ihrem Quartier zurückzugehen.

„Draußen wird geschossen", warnte Mutter.

„Wir sind vorsichtig", versicherte der Fischer.

„Wir sehen uns wieder. Mach's gut, Mädchen."

Sie gingen.

Wir suchten uns wieder einen Platz im Bunker. Wenn es stimmte, daß Panzer im Schacht waren, würde es im Bunker sicherer sein. Wir gingen den Gang hinauf, der im Gebäude des Arbeitsamtes endete. Unweit des Ausgangs setzten wir uns. Vater breitete die Decke aus, wir streckten uns darauf aus und legten den Kopf auf eine Tasche.

Von da an mußten wir an diesem Platz bleiben, zuerst wegen der vielen Leute und später, weil wir zunehmend träger wurden. Nach und nach verließen manche den Bunker, um das Ende im Keller ihres Hauses abzuwarten. Für uns war der Weg nach Hause zu weit, und außerdem kannte uns hier niemand.

Ab und zu machte einer von uns einen Ausflug, um sich zu bewegen: den Gang hinunter bis zur Sohle, die Treppe hinab, durch den Verbindungsgang zur U-Bahn, einmal über den Bahnsteig E und wieder zurück. So vergingen mehrere Tage. Wir hatten Speck bei uns und Zucker. Man kann nicht davon essen, wenn man kein Wasser hat. Durst plagte uns. Nirgends ein Tropfen Trinkbares. Und draußen wurde gekämpft.

Einmal hieß es, hinter den Ruinen der Georgenkirche gäbe es Brot. Ein Bäcker hatte Brot gebacken!

„Ich gehe hin", sagte Vater. „Bleib, wir können sowieso nichts essen. Auch nicht Brot."

„Vielleicht finde ich Wasser. Es ist gerade ruhig draußen." Mutter wehrte nur schwach ab. Wasser, das wäre gut.

Vater war noch keine halbe Stunde weg, da setzte wieder Kampflärm ein.

„Warum habe ich ihn bloß gehen lassen?“ Mutter machte sich heftige Vorwürfe. „Wenn ihm etwas passiert, so kurz vor dem Ende ... Ich bin schuld, ich hätte ihn nicht gehen lassen dürfen.“

Nach vier Stunden kam Vater erschöpft den Gang herun ter. Ohne Brot und Wasser.

„Es gab keinen Bäcker. Ich habe überall gesucht. Dann wurde wieder geschossen. Wasser habe ich auch nicht gefunden.

„Wo warst du denn die ganze Zeit?“

„In einer Hausnische, gar nicht weit.“

„Die ganze Zeit?“

„Ja. Ich konnte nicht weg, es wurde geschossen.“

Wir gingen seltener zur U-Bahn runter. Es kostete Kraft, und, was schlimmer war, der Verbindungsgang war inzwischen als Abort benutzt worden. Man konnte ihn nur noch über Bretter gehend passieren. Beton ist dicht. Nichts versickert. Wenn man ungeschickt auftrat, schwappte das Brett in die stinkende Masse.

Auf unserem Platz nahe dem Ausgang war wenig Bewegung. Ab und zu stand einer auf, reckte Arme und Beine, legte sich wieder auf den harten Boden. Vom Essen wurde kaum noch gesprochen, vom Trinken gar nicht. Es wurde überhaupt nur das Nötigste gesagt. Wir waren sogar zum Sprechen zu träge. Wir saßen oder lagen in absoluter Untätigkeit bei müde flackerndem Kerzenschein. Die Russen mußten doch bald kommen. Sie waren doch schon vor einer Woche mit Panzern an der Samariterstraße gewesen.

Die erste Begegnung mit Rotarmisten hatten wir am neunten Bunkertag. Wieder einmal war draußen Ruhe eingetreten. Da sahen wir, wie die etwas höher im Gang Lagernden aufstanden und die Hände erhoben. Zwei sowjetische Soldaten kamen den Gang herunter, sehr langsam, jeden von uns musternd, mit schußbereitem Karabiner. Stille herrschte. Absolute Stille. Die beiden Soldaten gingen an uns vorbei, fahles Grau lag auf ihren Gesichtern. Es waren sehr junge Gesichter, das sah man trotz des Gefechtsstaubes auf der Haut und trotz der dürftigen Beleuchtung.

Das waren Befreier?

Ja, das waren sie. Die Stille, die herrschte, war alles andere als erhaben. Die Menschen fürchteten die Gewehrläufe, die auf sie gerichtet waren. Manche waren einfach vor Erschöpfung still.

Als die Soldaten hinter der nächsten Windung verschwunden waren, setzten wir uns wieder. Es blieb weiter still. Niemand rührte sich. Nach einiger Zeit kamen die beiden zurück und postierten sich am Bunkerausgang. Von uns nahmen sie keinerlei Notiz mehr.

„Nun sind die Russen da, nun können wir doch nach Hause gehen." Jemand sagte es laut in die Stille hinein.

„Geh mal rauf und versuch's." Plötzlich sprachen alle mit allen.

Einer stand auf, ging hinauf, kam aber gleich wieder zurück. „Die lassen keinen raus. Bis zum Ausgang darfst du gehen, kannst Luft schnappen, wenn du willst. Aber raus kommst du nicht."

Sie hatten Gründe. Die Kämpfe waren noch nicht zu Ende, und der Bunker war noch immer der sicherste Platz.

Die Rotarmisten standen nur wenige Stunden da oben, eine Windung über uns. Aus der Tiefe des Bunkers stürmten plötzlich drei bewaffnete SS-Leute nach oben. Wir erstarrten. Alle grauen, schmutzigen Bunkerinsassen, die gerade erst aus ihrer Trägheit gerissen worden waren und wieder zu sprechen begonnen hatten, wurden starr vor Schreck. Oben gab es ein kurzes Feuergefecht, dann trat wieder Ruhe ein. Keiner wagte zu sagen: Geh doch mal rauf und sieh nach. Da kamen zwei sowjetische Soldaten den Gang herunter. Es waren nicht die beiden jungen von vorhin.

Oben am Ausgang lagen fünf Tote: die drei SS-Leute und die beiden jungen Rotarmisten. Wieviel Mut mag dazu gehört haben, als erste in diesen dunklen, vor Dreck stinkenden Gang hinunterzugehen. Sie waren nicht vorsichtig genug gewesen.

Es verging noch ein Bunkertag, und ein weiterer kam. Nach zehn Nächten und elf Tagen wurden wir energisch aufgescheucht und unmißverständlich zum Ausgang beordert. Der Bunker wurde geräumt.

Wir wollten nach Hause. Aber langsam. Jetzt hatten wir Zeit. Jetzt war doch alles überstanden. So schnell kommt man nicht vorwärts, wenn der Körper zweihundertfünfzig Stunden am Beton geklebt hat.

Der Krieg war noch nicht zu Ende.

„Da wird geschossen!" Der das rief, stand schon am Ausgang, wollte zurück, aber ein quergehaltenes Gewehr versperrte ihm den Weg in den Bunker. Man bedeutete ihm, über die Straße in die direkt gegenüberliegende Kurze Straße zu laufen. Dawei, davei. Drüben standen sowjetische Truppen. Die kleine Straße lag nicht im Feuerbereich. Dort war Schutz – und Wasser. Bestimmt gab es dort Wasser.

Zwischen dieser Straße und dem Bunkerausgang lag die breite Landsberger Straße, durch die Gewehrschüsse peitschten. Die Schüsse kamen aus der Richtung der S-Bahn. Die Soldaten gaben Zeichen, wann man den Sprung über die Straße machen sollte. In kleinen Gruppen liefen die Bunkerinsassen hinüber. Es schien, als hätten sie alle wieder Kraft genug zum schnellen Lauf. Die Straße war aufgerissen, mit Steinen bedeckt. Dazwischen wanden sich die Drähte der Oberleitung der Straßenbahn. Das ungewohnte Tageslicht blendete. Da hinüber?

„Wir laufen zusammen. Keine Angst." Vater lächelte uns zu. Nichts von der kranken Gereiztheit der Tage nach seiner Rückkehr. Als der Soldat am Torpfosten mit der Hand über die Straße wies, liefen wir los. Ich sah nur auf das Pflaster vor meinen Füßen, nicht rechts und nicht links, immer nur auf den Fleck vor mir. Schnell, dachte ich. Nicht stolpern! Auf der Mitte der Straße stürzte ich, berührte kurz mit den Händen den Boden, erhob mich und lief weiter. Mir war übel, als ich die andere Seite erreichte.

Der Körper gehorchte nicht mehr dem Willen. Der Magen rebellierte, die Beine versagten den Dienst, und auch die Brust wollte sich noch nicht auf die Luft außerhalb der Betonmauern einstellen. Das hätte das Stolpern und die Übelkeit erklären können, doch es war nicht die Ursache. Auf der Mitte der Straße wollte ich meinen Fuß auf eine Stelle setzen, konnte ihn aber gerade noch wegziehen. Jedoch der Schwung des Laufes riß mich zu Boden. Diese Stelle, auf die ich hatte treten wollen, war das tote Gesicht eines Soldaten. Asphaltgrau lag es zwischen Steinen. Ich berührte es nicht. Dennoch entstand das Gefühl von etwas Weichem unter dem Fuß. Mich würgte es.

Jemand gab mir einen Becher mit Tee. Es ging schon wieder.

Wir waren in der Nebenstraße, aber hier konnten wir nicht bleiben. Wir mußten weiter, nach Hause. Zur Frankfurter ließ man uns nicht. Wir mußten parallel zu ihr weiterlaufen, weg vom Kampfgeschehen, immer weiter weg von unserem Haus, das zu diesem Zeitpunkt schon nicht mehr existierte. Vater hätte gern mal in die Frankfurter geguckt. Er durfte es nicht. Weiter, weiter. Am Küstriner Platz mußten wir in einen Luftschutzkeller gehen. Man gab uns Brot und etwas Warmes zu trinken. Es dunkelte.

25

Der 1. Mai und später

Wir haben uns auf den Weg gemacht, Mutter, Vater und ich. Wir liefen und wußten nicht, wohin. Wir waren aus dem Bunker gekommen und durften nicht zum Strausberger Platz zurück, nicht einmal nachsehen, ob das Haus noch stand. Wir mußten weitergehen, weitergehen.

„Welches Datum haben wir eigentlich?"

„Den ersten Mai, glaube ich."

„Da haben wir früher demonstriert. Ist heute wirklich der erste?"

„Ich weiß es nicht. Vielleicht haben wir auch schon den zweiten."

Als der April zu Ende ging, zählten wir zwar, wie oft Tag und Nacht wechselten, doch das Datum merkten wir uns nicht. Sollte der erste Mai schon vorüber sein?

Nehmen wir an, daß es der erste Maitag war, an dem wir vom Küstriner Platz aus einen großen Marsch unternahmen. Es muß der erste gewesen sein, das gäbe Sinn: ein Maimarsch in die neue Zeit. Nur – danach war uns nicht zumute. Wir fühlten uns alle drei elend wie nach einer argen Niederlage. Wenn wir etwas zu erobern trachteten, dann ein festes Dach über dem Kopf, mindestens für ein paar Nächte. Unser Marschraum war begrenzt, er reichte von der S-Bahn bis zum Spree-Ufer und öffnete sich nur nach Südosten. Rotarmisten standen links und rechts der Straße und hießen uns weiterzugehen, das Zentrum im Rücken zu lassen.

Sobald es dunkelte, mußten wir von der Straße sein. Wieder in einen Keller gehen, in den nächsten und dann noch einmal und immer so fort?

„Wohin Schorsch?"

„Wir können nicht wählen.“

„Eine Unterkunft, nur für ein paar Tage, das muß es doch geben.“

„Sicher.“ Vater sagte es ohne jede Zuversicht.

„Vielleicht können wir bald in unsere Wohnung zurück.“

„Ja, vielleicht. Aber jetzt müssen wir in die entgegengesetzte Richtung. Vor uns liegt Karlshorst. Auf diesem Wege kommen wir nach Rüdersdorf.“

„Das ist weit, Schorsch.“

„Aber da haben wir Freunde!“

„Wer weiß, ob wir sie finden werden. Nach so vielen Jahren.“

Vater überlegte eine Weile. „Wir haben keine Wahl“, sagte er schließlich, „laßt uns nach Rüdersdorf gehen.“

Also marschierten wir. Wir passierten Köpenick und Friedrichshagen, dann ging der Tag zu Ende.

„Wir schaffen es nicht bis zum Dunkelwerden.“ Mutter setzte sich auf einen Baumstumpf.

„Wir können nach Fichtenau gehen, das ist nicht mehr weit“, schlug Vater vor.

„Zu deinen Verwandten?“

„Aber, Lotte, zu meiner Mutter, was ist dabei?“

Bis jetzt war ich wortlos neben meinen Eltern hergelaufen. Nun wurde ich wach.

„Lieber schlafe ich im Wald.“

„Sei vernünftig“, bat Vater.

„Ausgerechnet zu denen! Zu uns sind sie nicht gekommen, wegen der Sternträger. Es stimmt doch, daß sie sich mit ihnen nicht an einen Tisch setzen wollten, oder etwa nicht?“

„Es geht nicht anders. Vater hat recht.“

Ich war zu erschöpft, um bei meinem Widerspruch zu bleiben. Uns würde wohl auch kaum ein Fremder hereinlassen. So wie wir aussahen.

So ähnlich hatte Onkel Hans ausgesehen, als er an unserer Tür stand, im letzten Winter, Vater war schon lange im Lager. Ich hatte die Tür geöffnet. Er stand im Treppenhaus, Hans, der Moskau-Eroberer, Vaters Bruder. Neben ihm noch ein Soldat. „Dürfen wir hereinkommen?" fragte er. „Wir haben in der Nähe enttrümmert. Bitte, wir möchten uns nur waschen und, wenn es möglich ist, ein bißchen aufwärmen." Die beiden sahen müde und schmutzig aus.

„Ich muß erst meine Mutter fragen", sagte ich, schloß die Tür und ließ die beiden draußen stehen.

„Laß sie herein, Vera. Ich werde ihnen Tee kochen. Er ist schließlich Vaters Bruder."

Ich glaube, ich wäre fähig gewesen, die beiden wegzuschicken. Vaters Bruder Hans, der für die Nazis siegen wollte, ist noch kurz vor Kriegsende gefallen. Mutter und ich waren die letzten, die ihn gesprochen haben. Nach Fichtenau ist Hans nicht mehr gekommen. Sein Weg führte von Berlin zur Ostfront, doch das erfuhren wir erst in den Maitagen nach unserem langen Marsch.

Als wir in Fichtenau ankamen, wurden gerade die Häuser der kleinen Straße, zu der wir uns schleppten, geräumt. Ein Armeestab machte hier Quartier. Vaters Verwandte standen auf der Straße. Sollten wir denn immer noch weiterziehen?

Mutter sprach mit einem Offizier, sie bat um Aufschub bis zum anderen Morgen, für ein paar Stunden Schlaf. Er winkte ab. Da holte Mutter den gelben Stern aus ihrer Tasche und bat noch einmal: „Machen Sie für uns eine Ausnahme. Bitte."

Der Offizier nahm den Stern und legte ihn auf seine flache Hand. Er rief in der Nähe stehende Soldaten heran, wies auf den Stern, dann an seine Brust und sprach mit ernster Stimme auf sie ein. Dann erinnerte er sich, daß er um etwas gebeten worden war.

„Gut. Charascho. Bleiben Sie hier."

„Wir alle? Können wir alle hierbleiben?"

„Ja. Die ganze Familie. Aber nicht aus dem Haus gehen. Sie sagen den Soldaten, was Sie brauchen. Nur eine Woche, dann werden wir sehen."

Eine Gruppe von Offizieren bezog den ersten Stock, wir richteten uns im Parterre ein, und einige Soldaten machten Quartier in den Kellerräumen.

Die Soldaten sorgten für uns, sie brachten Brot und Hühnerfleisch und verbrannten im Garten unsere Kleidung mitsamt den Läusen, die darin nisteten. Ich wusch mein Haar und bekämpfte mit Pulver und mit einem dichten Kamm die Läuse.

Als ich mich spät in der Nacht auf einem weißen Laken ausstreckte, umhüllt von einem sauberen Nachthemd, meinte ich nun wirklich etwas von dem beginnenden Neuen zu spüren. Ich war todmüde, müder kann man nicht sein, aber der Schlaf kam nicht gleich. Ich genoß die Frische der Wäsche und das Gefühl eines vorsichtig gesättigten Magens.

Die Soldaten, die in den Keller gezogen waren, damit wir und Vaters Verwandte in diesem Hause bleiben konnten, sangen zur Harmonika.

Ist jetzt alles neu und anders? fragte ich mich. Du bist frei, das kannst du glauben. Du darfst dieses Haus nicht verlassen, aber du bist frei, wie du es dir vorgestellt hast. Bestimmt wirst du morgen wieder Hunger haben, denn es ist nicht viel zu essen in diesem Haus, und wenn du Brot oder Suppe bekommst, wird es nicht lange sättigen. Aber dieses Haus wird nicht zusammenstürzen über dir, und deine Fingernägel wirst du nie mehr unter rauhem Leder entlangziehen müssen.

Meine Kleider sind verbrannt. Ich habe kein Hemd mehr.

Was macht's?

Warum ist mir jetzt erst, als hätte ich alles überstanden? Ich habe die Rotarmisten im Bunker schon Befreier genannt.

Sicher, aber sie starben. Der Bunker – das war noch Krieg.

Als ich die Straße vor dem Bunker überquert hatte, war ich da nicht frei?

Ja, aber noch ohne Obdach, und darum fandest du noch keine Ruhe und mußtest laufen und laufen.

Wann hat das Neue wirklich angefangen? Was meinst du? Ich merkte es, als der Offizier den gelben Stern auf seine Hand legte. Als kenne er die Leidensgeschichten. Dabei sind sie noch gar nicht geschrieben worden.

Man wird sie schreiben. Vorher müssen aber die wieder da sein, die sie erzählen können

Die solche Sterne trugen. Die auf Transport gingen.

Wo sie wohl sind?

Du wirst sie wiedersehen. Sie sind jetzt frei wie du. Hörst du – sie stimmen ein Lied an. sie spielen Harmonika. Vorsichtig streichen sie über weißes Leinen, um die Schlafenden, die darunterliegen, nicht zu wecken. Die da schlafen, sind sehr, sehr müde. Ihre Gesichter sind asphaltgrau.

Warum kriege ich keine Luft mehr? Ich muß doch atmen, ich muß raus aus dem Keller. Nehmt doch das Tuch weg. Luft, Luft ...

Es riß mich hoch, als mir der Hals eng wurde. Ich mußte husten, der Kopf spannte, nur langsam wurde der Atem ruhiger. Dann legte ich mich auf das weiche, weiße Kissen zurück und schlief wieder ein.

Eine Woche später ging Vater nach Rüdersdorf und kam voller Hoffnung zurück. Er hatte Freunde aus der Zeit vor dreiunddreißig getroffen. Es war nicht schwer, sie zu finden, er brauchte nur nach dem Bürgermeister zu fragen. Das war ein Genosse, den er kannte, ich will ihn Erich nennen.

„Wir sollen kommen. Erich hat eine Wohnung für uns mit allem, was wir brauchen. Bloß kein Bettzeug."

„Erich ist wieder da?"

In den ersten Monaten nach der Befreiung war Rüdersdorf noch in drei Orte geteilt: Tasdorf, Kalkberge und Alt Rüdersdorf. Erich war der neue Bürgermeister von Tasdorf.

Die Verwandten, die vor acht Tagen sichtlich erfreut waren über unser Kommen, weil sie nicht wie ihre Nachbarn das Haus verlassen mußten, ließen uns gern gehen. Wir waren für sie im geeigneten Moment gekommen. Nun normalisierte sich ihr Leben, und jeder weitere Tag, den wir bei ihnen blieben, wurde eine Verpflichtung für sie. Pflichten sind lästig. Also gaben sie uns das Nötigste, was wir brauchten, um nach Rüdersdorf gehen zu können.

Die Sonne brannte auf den Weg. In wenigen Tagen war es Sommer geworden, heißes, trockenes Maiwetter. In einem Waschsamtkleid und einem Wintermantel war ich nach Fichtenau gekommen. Nun ging ich in einer rosa Bluse durch die warme Sonne. Die schiefen Absätze meiner Halbschuhe verrieten, daß ich sie schon lange trug. Sie waren nicht dem Feuer im Garten zum Opfer gefallen wie die Strümpfe. Schuhe und Mantel hatte ein Soldat desinfiziert zurückgebracht. „Winter wird sein. Du wirst das brauchen."

Der Mantel lag mit Decken, Kissen und unseren Taschen auf dem Handwagen, den Vater und ich zogen.

Wir gingen einem Ort entgegen, an den ich mich blaß erinnern konnte. Wir würden eine Wohnung haben und Freunde.

Die Hand an der Deichsel, zog ich an Vaters Seite den Wagen. Es fiel mir schwer, der Bunker hatte viel Kraft gekostet. Schweiß brach mir aus allen Poren. Der Rock, den ich trug, war hart und hing schwer auf meinen Hüften.

„Sobald es möglich ist, schmeiße ich den scheußlichen Rock weg." Das hatte ich gar nicht laut sagen wollen. Zu der rosa Bluse, die die Tante aus ihrem Schrank geholt und mir sichtlich ungern überlassen hatte, fand sich ein uralter, vielfach geflickter Rock. Der grobe Stoff rieb an den strumpflosen Beinen. Das Unbehagen verstärkte sich, wenn ich an mir hinabsah. Von der Taille bis zu den Zehen, vom Rock bis zu den abgelaufenen Schuhen, in denen die nackten Füße steckten, glich ich einem Aschenputtel

„Sei nicht so eitel“, ermahnte mich Mutter. „Wir müssen zufrieden sein, daß sie uns geholfen haben.“

„Wer hat denn wem geholfen? Sie waren doch froh, daß wir kamen. Sonst hätten sie das Haus räumen müssen.“

„Du bist undankbar, Vera!“ Vater sagte es ungehalten.

„Wofür soll ich dankbar sein? Etwa für den braunen Sack, den ich anhabe? Oder für die Bluse? Irgendwas muß ich ja wohl anziehen. Für ein paar Söckchen, daß die Schuhe nicht so scheuern, hat es nicht gereicht. Dabei wohnen vier Frauen in dem Haus, vier Frauen, die nichts verloren haben.“

„Sie haben uns aufgenommen, wie es Christenpflicht ist. Du solltest wirklich dankbar sein“, sagte Vater. „Dankbar, dankbar! Sie haben nichts gern gegeben.“

Vater machte noch einen Versöhnungsversuch. „Sie haben es auch nicht leicht, jetzt, wo Onkel Hans tot ist.“

„Er hat es so gewollt!“

„Du bist hart, Vera!“

„Ich bin für Gerechtigkeit.“

Nun sagte auch Mutter: „Trotzdem, sei nicht so hart, Kind.“

„Jedenfalls war das mein letzter Besuch dort. Wenn ihr nun wieder nach Fichtenau fahren wollt, bitte, ohne mich. Was habe ich mit denen zu schaffen?“

Letzter Einwand von Vater: „Versündige dich nicht.“

„Keine Angst. Ich werde mich einfach nicht um sie kümmern. Du wirst sehen, sie legen auch gar keinen Wert darauf.“

Das war ein Irrtum. Ich unterschätzte damals das Leben mit seinen Überraschungen. Viele Jahre vergingen, ich blieb meinem Vorsatz treu. Doch eines Tages, als Vaters Mutter längst ohne meine

Begleitung zu Grabe getragen worden war, als Hans' Witwe ihrem Sohn nach Bremen gefolgt und ihre Tochter bei einem Unfall ums Leben gekommen war, da wurde ich zu den beiden allein gebliebenen Tanten gerufen, zu Vaters Schwestern. Es gab niemanden, den sie um Hilfe hätten bitten können. Und sie brauchten Hilfe. Da fuhr ich zu ihnen.

Nach mehr als zwanzig Jahren traf ich zwei alte, kranke Frauen an, die mich brauchten. Mir fiel die Aufgabe zu, erst die eine und später die andere unter die Erde zu bringen und den Haushalt aufzulösen, die letzte Hinterlassenschaft jenes Großvaters, der kein freundliches Wort sprechen konnte, weil seine Zähne eine Zigarre halten mußten Vom Großvater war der Haushalt auf Vaters Schwestern übergegangen, und ich, ausgerechnet ich, mußte diese Erbschaft übernehmen. Ich mußte sichten, sortieren, aufräumen und wegschaffen, verschenken und verbrennen, leere Räume saubermachen und einem nachfolgenden Mieter übergeben. Ausgerechnet ich erlaubte mir, den gedrechselten eichenen Schreibtischsessel dieses Großvaters in unser Haus mitzunehmen. Und den Rauchtisch aus geschlagener Bronze dazu. Dabei hätte er es mir am wenigsten gegönnt. An mich hat er bestimmt als letzte gedacht, wenn er sich spätere Zeiten vorstellte. Mit Behagen setzte ich mich in den Sessel. Wenn der Alte wüßte, daß ich dies tat. und wenn er gar wüßte, daß sein Sessel das Opfer eines unbekannten, blind um sich schlagenden, zufällig auf unser Grundstück geratenen Betrunkenen geworden ist! Wie unwürdig. Das gute Stück durch trunkene Arme an Baum und Mauerecke zerschlagen. So ist nur der Bronzetisch geblieben. Und die Grabstätte, auf die ich Blumen pflanzen lasse, denn den Toten will ich nun nichts mehr nachtragen.

Nur der verunglückten Cousine gedenken noch viele Freunde, denn sie wurde eine tüchtige Frau. Ich hatte der ganzen Familie abgesagt und hörte dann voll Staunen von der Achtung, die man meiner Cousine zollte, ich hörte es aus der Rede an ihrem Grabe und merkte es an den vielen Menschen, die gekommen waren, um sie mit Blumen ein letztes Mal zu ehren. Da bedauerte ich meine absolute Absage, die versäumten Erlebnisse mit einer aus dieser Familie.

In Rüdersdorf zogen wir in ein kleines Haus ein, das ein Nazi bewohnt hatte. Nun hatten wir Möbel und das ersehnte Dach über dem Kopf. Ein guter Anfang. Bald würde auch wieder Wäsche im Schrank liegen, die leeren Bügel würden Kleider tragen, und der Tisch, unter den wir jetzt unsere Füße streckten, würde auch wieder gedeckt sein. Doch vorläufig mußte ich die Bluse, die ich abends wusch, am anderen Morgen wieder anziehen. Und Brotphantasien verfolgten mich bis in den Schlaf.

Am Tag unserer Ankunft in Rüdersdorf begrüßte uns der Genosse Erich. Er nahm meine Mutter in den Arm. „Daß du wieder da bist, wie mich das freut!“ Dann musterte er mich: „Weißt du, daß ich dich schon auf dem Arm trug, als du noch so klein warst?“ Seiner Geste nach zu urteilen, muß ich sehr klein gewesen sein. Erich hätte mein Vater sein können. Er hatte leicht ergrautes Haar und hundert kleine Fältchen um Augen und Mund. Sein Lachen war kräftig und herzhaft. Das gefiel mir.

„Was kannst du, Mädchen? Hast du was gelernt?“

„Ich kann maschineschreiben und ein bißchen Buchführung.“

„Das ist gut. Dann komm morgen früh zu mir ins Gemeindebüro. Du kannst bei mir arbeiten.“

„Ich komme“

So erhielt ich meine erste Arbeitsstelle, sie hatte keine Bezeichnung. Der Beruf, den ich ausübte, wird in keinem Index geführt. Ich arbeitete beim Bürgermeister. Ohne Papiere, ohne Vertrag, ohne Geld. Ich machte alles, was nötig war: Ich schrieb Listen für die neue Verwaltung und Tagesberichte für den sowjetischen Kommandanten. Ich half das Übernommene zu sichten und zu registrieren. Ich teilte die Leute, die sich morgens meldeten, für die Feldarbeit ein und notierte ihre Leistung abends für den Kommandanten: 3 Morgen Rüben verzogen, 2 Morgen Kartoffeln gehäufelt, 4 Morgen Unkraut gejätet und so fort. Wenn ich nur ein bißchen Ahnung von solcher Arbeit gehabt hätte! Ich war bis dahin nie auf einem Acker gewesen, hatte nie eine Hacke in der Hand gehalten. Ein paarmal ging ich mit aufs Feld, um zu erfahren, wie lang eine Reihe Rüben ist, wenn man sie, auf den Knien rutschend, vor sich sieht. Ich hatte nicht den Mut, blindlings Zahlen und Wörter aufzuschreiben. Es konnte ja sein, daß der Kommandant auf die Idee kam nachzuprüfen, weil die Angaben zu unwahrscheinlich waren. Außerdem war an manchen Tagen Not am Mann – auf den Feldern, nicht in der Schreibstube.

Der Kommandant prüfte wirklich. Es kam vor, daß Erich mir sagte: „Da war gestern ein Fehler in der Rechnung, der Kommandant hat es entdeckt. Laß dir mehr Zeit dafür.“ Oder: „Der Kommandant will wissen, ob die Liste vom Zwanzigsten stimmt: achtzehn Morgen an einem Tag, mit den paar Leuten. Kontrollier es noch mal.“ Meine Tagesrapporte vom Frühsommer 1945 wurden gelesen, von späteren Berichten kann ich das nicht so bestimmt sagen.

Alles, was ich schrieb, wurde per Fuß oder Fahrrad befördert. Briefe an Empfänger in entfernten Orten brauchte ich nicht zu schreiben. Vorläufig war unser Aktionsradius klein.

Der Lohn für meine Arbeit bestand in Brotmarken. Die Kasse der Gemeinde war leer. Auch die Feldarbeiter wurden mit Brotmarken entlohnt. Brot war wichtiger als Geld. Ich brauchte keinen neuen Rock, keine zweite Bluse, wenn ich nur Brot hatte. Dennoch kam ich eher zu einem Rock und zu einem Kleid als zu ausreichend Brot. Es gab Freunde, die mir Kleidung schenkten, aber Brot hatte keiner übrig.

Im Büro des Bürgermeisters, des Genossen Erich, machte ich eine Lehre eigener Art durch. Ich lernte, was zwischen Aussaat und Ernte auf den Feldern vor sich ging. Ich lernte zu improvisieren und exakt abzurechnen. Nach einiger Zeit konnte ich Roggen und Hafer unterscheiden, und ich gewöhnte mich wieder an die Schreibmaschine.

Als erstes aber erfuhr ich in diesem Büro, wann und wie der Krieg zu Ende gegangen war. So lange hatte ich darauf gewartet, und dann war das Ende unbemerkt gekommen. Ich habe nicht sagen können: Jetzt ist der Krieg aus. Dabei hatte ich es mir so schön vorgestellt, einmal diesen Satz sagen zu können oder wenigstens: Jetzt, in diesem Moment. Es ist eben so, ich habe das Ende nicht wahrgenommen. Es muß gewesen sein, als die Offiziere und Soldaten aus dem Haus in Fichtenau auszogen.

Das ist der Tag des Sieges gewesen.

Teil V

26

Der Major und die anderen

Ungeachtet der Mühsal des Tages war es von der ersten Stunde an eine gute Zeit. Es wurde ganz und gar unsere, meine Zeit. Zwar begriffen wir langsam, daß unsere Familie zerstört war, daß wir nie wieder zusammensitzen würden wie an Großmutters Geburtstagstafel. Aber das änderte nichts. Die Trauer gehörte zu dieser Zeit, aber auch Lachen und Schönheit und Arbeit.

Und neue Freunde gehörten dazu: Erich und die anderen Genossen hatten Freunde in der Roten Armee, und so lernten wir den Major aus Charkow kennen.

Er war oft zu später Stunde mit einem Sergeanten und zwei oder drei Soldaten unterwegs. Wenn sie in ihrem offenen Wagen vorbeifuhren und bei uns noch Licht sahen, kamen sie herein.

„Nur zehn Minuten, Vater." Der Major kam gut ohne seinen Dolmetscher, den Sergeanten, aus.

Sie kamen, wie sie sagten, das Klavier besuchen. Einer setzte sich an das Instrument, das in unserem Wohnzimmer stand, und spielte. Wenn es ein Lied war, wurde mitgesungen, gefühlvoll. Sie sangen gern, auch der Major, der nur einen einzigen Orden trug. Mutter konnte auch ein bißchen Klavier spielen, die Walzer ihrer Jugend, und damit traf sie die Wünsche unserer Besucher. Sie liebten Strauß. Ein Wiener Walzer, das mußte man verstehen, war von aller Musik die schönste, wenn sie am späten Abend beisammensaßen und nicht mit den Liedern der Heimat die Sehnsucht auf kommen lassen wollten.

Wenn der Major beim Eintritt sagte: „Zehn Minuten", blieben sie zehn Minuten. Sagte er: „Eine halbe Stunde", gingen sie nach einer halben Stunde. Hin und wieder trat der Major ein, ohne die Zeit zu begrenzen. Dann brachten sie Speisen und Getränke mit.

Sie stellten Wodka auf den Tisch, legten Brot und Käse dazu und gaben Mutter ein Stück Fleisch.

„Matka, mach das Fleisch. Wir wollen essen und trinken."

Der erste lange Besuch hatte katastrophale Folgen für mich. Ich hätte Brot und Käse essen und das Fleisch probieren sollen, vielleicht auch den Wodka. Aber der Sergeant stellte Ölsardinen auf den Tisch und freute sich, etwas Besonderes anbieten zu können. Er konnte nicht wissen, wie entwöhnt mein Körper war, ich kannte mich nur im Hungern aus, im Essen war ich unerfahren. Drei Tage lang war ich krank. Am ersten Tag dachte ich, es würde mir den Leib zerreißen. Am zweiten Tag glaubte ich, daß ich es überleben würde, und am dritten war ich nur noch erschöpft.

Nach dieser Erfahrung ging ich mit mir sehr fürsorglich um, so daß ich spätere Besuche ohne Schwierigkeiten überstand.

In der Begleitung des Majors war oft ein Soldat, der Laute spielte.

„Matka, bring ein Messer für den Jungen", forderte der Major.

„Ein Messer, wozu?"

„Für Musik", sagte der Major, während der Soldat die Laute nahm.

„Wie kann man mit einem Messer auf einer Laute Musik machen?"

„Du wirst sehen."

Der Soldat entlockte der Laute mit dem Messerrücken weiche, schwingende Töne. Er legte das Instrument auf die Knie und strich mit dem Messer sanft über die Saiten. Er tat es beinahe mit Andacht, und alle hörten ihm zu. Der Soldat sprach kein Wort, er war weit, weit fort. Er lächelte, wenn ich ihn ansprach, und verstand weder meine Worte, noch was ich meinte. Er lächelte, weil ich etwas sagte, und blickte dabei den Tönen hinterher, die, zwischen Wehmut und Heiterkeit wechselnd, durch den Raum klangen. Auch auf die Gespräche der anderen achtete er nie. Die wußten es und ließen ihn gewähren, aber seine Melodien summte mal der eine, mal der andere mit, vorsichtig, damit der Träumer nicht gestört wurde. Ich lernte es zu respektieren.

Manchmal spielte er eine Melodie, die ich kannte. Dann begleitete Mutter ihn auf dem Klavier. Das überbrückte die sprachliche Barriere.

Glücklicherweise merkten die Besucher nicht, daß das Klavier seltsam dumpf klang. Oder sie überhörten es einfach, damit es ihre Stimmung nicht beeinträchtige.

Es hätte ihre Freude empfindlich gestört, wenn sie den Ursachen nachgegangen wären. Als ich in den Saitenkasten sah, um zu ergründen, woher der fremde Klang kam, fand ich hinter den über Kreuz gespannten Saiten ein großes, eingerahmtes Hitlerbild. Vater kam herein und sah mich da stehen mit dem Bild in den Händen.

„Was hast du denn da?"

„Das war im Klavier."

„Wo willst du damit hin?"

„Ich? Wieso? Das muß weg, Vater."

„Selbstverständlich. Schaff es auf den Müll."

„Das geht doch nicht." Ich hielt das Fundstück noch immer weit von mir, als hätte ich eine tote Ratte aus dem Klavierkasten gezogen. Wohin damit? Warum muß mir so was in die Finger kommen, jetzt noch? „Das wollte einer aufheben, Vater! Der glaubt, der hier kommt wieder."

„Gib her, ich bring es weg."

„Wo ist der jetzt?"

„Wer?"

„Na der, dem das Klavier gehört", sagte ich.

„Das ist nicht mehr sein Klavier, Vera. Er wurde für seine Taten zur Rechenschaft gezogen."

„Es hat einem Nazi gehört, und der wollte es aufheben. Oder sie, seine Frau."

„Na und? Das ist vorbei"

„Die warten darauf, daß sie das Bild wieder aufhängen können." Die ganze gerade erst vergangene Zeit stand wieder auf.

„Nun gib endlich her. Ich steck es in den Ofen, vielleicht brennt es trotz der Hitze im Schornstein."

„Den Rahmen auch. Daß der Rahmen auch wegkommt, Vater."

Genaugenommen waren der Major und die Soldaten nicht unsere Gäste, wir waren die ihren. In jeder Hinsicht. Daß wir satt wurden an diesen Abenden, steht dabei nur am Rande. Sie gaben uns mehr als Brot und Wodka und friedliches Lautenspiel. Vor allem mir, denn sie stellten Fragen. Sie taten es nicht mal mit besonderer Absicht, sondern nur so. Es war ihre Art, etwas zu fragen. Aber ich dachte noch über die Fragen nach, wenn die Besucher längst gegangen waren.

Das ging zum Beispiel so: Der Major schob mir einen Teller mit Käsestückchen herüber und sagte wie beiläufig: „Was liest du gerade, Vera?"

„Ich habe keine Bücher mehr."

„Es wird wieder Bücher geben. Kennst du das: ‚Denk ich an Deutschland in der Nacht, dann bin ich um den Schlaf gebracht', Heine?"

„Wie Sie das sagen ..."

„Sag du zu mir." Er hob sein Glas.

„Gern. Aber ich mag keinen Wodka."

„Nur ein kleines Glas", bat er.

„Gut." Ich trank den Wodka, der gar nicht so brannte, wie ich befürchtet hatte. Warum, überlegte ich, warum hat er den Vers so hart gesprochen? Das liegt am Akzent, dachte ich damals, heute meine ich, daß wir alle an etwas anderes gedacht haben, Heine, der Major und ich.

„Ich möchte den Vers von dir hören", bat der Major.

Ich wiederholte die Zeilen so, wie ich sie empfand. Er hörte die Trauer und die Angst heraus, und es gefiel ihm nicht.

„Wovor hast du Angst?"

Das war so eine Frage, die ich nicht wieder los wurde. Warum konnte ich die Angst nicht vergessen, diese gemeine Angst?

Ein andermal nannte der Major im Gespräch das Kommunistische Manifest. „Hast du es schon gelesen?“

„Nein“, bekannte ich.

„Warum nicht?“ fragte er verwundert.

Ja, warum eigentlich nicht. Er erklärte mir, daß es wichtig war für die Oktoberrevolution in Rußland. „Nach der Revolution wurde alles anders in der Welt.“

„In Deutschland nicht“, entgegnete ich.

„In Deutschland erst jetzt, da hast du recht. Aber im allgemeinen schon neunzehnhundertsiebzehn.“

Er sprach weiter, suchte nach Worten, ich verstand ihn nicht. Hinterher überlegte ich, wie das nun sei: Wurde es schon nach dem ersten Krieg in Deutschland anders oder nicht? Die Weimarer Republik, Faschismus, Krieg – das meinte der Major doch nicht. Im allgemeinen, hatte er gesagt. Im allgemeinen ...? Verstehe das einer.

Bei seinem nächsten Besuch brachte er mir eine abgegriffene Broschüre mit: das Kommunistische Manifest. In deutscher Sprache. „Ich habe es von einem deutschen Genossen“, sagte er, als er mir das Heftchen gab. Mit dem Geschenk verband er eine neue Frage: „Was willst du lernen?“

„Lernen? Ich gehe doch nicht mehr zur Schule.“

„Überlege es dir trotzdem. Du mußt etwas Richtiges lernen.“

„Aber wie denn und wo denn?“

„Es wird für alle eine Schule geben, wie bei uns. Später bestimmt.“

„Kann bei euch jeder lernen?“

„Natürlich.“

„Alles? Was man will?“

„Wenn du fleißig und klug bist, kannst du alles lernen.“

„Auch studieren?“

„Ja, natürlich.“

„Ist das teuer?“

Er lachte.

„Wofür hast du den Orden bekommen?“ wollte ich wissen.

„Eine schwierige Aufgabe, weißt du, und ich hatte Erfolg.“

Der Sergeant mischte sich ein. „Und sehr viel Mut.“

Doch der Major lenkte das Gespräch wieder auf mich: Wer sind deine Freunde? Sprecht ihr über den Krieg? Sprecht ihr über das, was morgen sein soll ...? Warst du schon mal tanzen? Jeden Sonnabend ist jetzt Tanz; du mußt tanzen lernen, unbedingt.

Die Abende waren anstrengend, wegen des schweren Brotes, wegen der Wodkawärme, dazu das irritierende Saitenspiel und die Fragen, dazwischen ein Hoch auf Vater und Mutter und auf die Frauen zu Hause. Bilder wurden herumgereicht, auf denen Kinder zu sehen waren, die in der Sonne spielten.

Der Major hatte eine blonde Frau mit ebenmäßigen Zügen. Er zeigte ihr Foto. „Sie ist schön, nicht wahr? Eine Lettin.“

Bisher hatte ich im Grunde genommen noch wie im Kriege gelebt, von einer Stunde zur anderen. Meine Tage waren voller Betriebsamkeit, die es mir schwer machte, den nächsten und den übernächsten und den darauffolgenden Tag zu bedenken. Langsam ging ich zu größeren Phasen über. Es dauerte lange, ehe ich mich daran gewöhnte, „morgen“ zu denken und „später“ und schließlich sogar „ganz bestimmt im nächsten Jahr“. Im nächsten Jahr müssen wir ... Im nächsten Sommer werde ich ...

Das Wort morgen hatte seinen bedrückenden Sinn verloren. Ich merkte plötzlich: morgen – was für ein schönes Wort. Nächstes Jahr, wie hoffnungsvoll das stimmt. Ich werde ..., ach, alles werde ich.

Zum Beispiel lesen.

Zum Beispiel eine Stulle mit richtiger Butter essen. Nicht erst in einem Jahr. Die Butter wird noch im Sommer dasein, der Major hat's gesagt. Auch Marmelade würde es geben und später Kartoffeln.

Ich werde etwas Richtiges lernen.

Vielleicht, ja, warum soll ich es nicht denken, vielleicht werde ich Bella finden.

27

Sascha

Sascha habe ich nur kurze Minuten gesehen,. und ich habe nicht mehr als einen einzigen Satz zu ihm gesagt: „Ja, ich bin Vera, die Tochter.“

Ich habe Sascha in der Kneipe gesehen, und die Kneipe gehörte meinem Vater.

Ich will bei der Kneipe anfangen: Erich war der Meinung, daß das Leben im Ort wieder normal werden müsse. „Die Geschäfte müssen geöffnet sein und alle Gaststätten, zu normalen, geregelten Zeiten.“

„Die Geschäfte sind doch leer.“

„Es gibt immer etwas zu verkaufen. Nur keine heruntergelassenen Jalousien mehr! Sind wir vielleicht eine belagerte Stadt? Schorsch, du übernimmst den Lebensmittelladen bei euch gegenüber.“

„Der ist doch ausgeplündert worden, als der Eigentümer getürmt ist.“

„Besorg dir die Schlüssel und sieh dich da drinnen um. Und guck auch mal, was mit der Kneipe ist, die dazugehört.“

Schlimm sah es da drinnen aus. Die Leute der Umgebung waren über die Vorräte hergefallen und hatten mehr vernichtet als rausgeschleppt. Die Kästen waren aus den Regalen gerissen worden und lagen umher, zugedeckt von verschütteten, zertretenen Lebensmitteln. Was hier bis Kniehöhe den Boden bedeckte, war einmal Zucker, Mehl, Salz, Kaffee-Ersatz, Nudeln, Marmelade, Seifenpulver gewesen. Der Laden und der angrenzende Speicher boten ein jammervolles Bild. Das einzige, was wir noch herausklauben konnten, waren ein paar Schachteln Süßstoff.

Meine Eltern schaufelten den Unrat weg, reinigten die Kästen und schoben sie in die Regale hinter dem Tresen. Einige Kästen fehlten. Sie waren mitsamt ihrem Inhalt aus dem Laden geschleppt worden. Zwei davon befanden sich in dem Haus, das wir bewohnten. Nach der Geschichte mit dem Bild hatte Vater das Wohnzimmerbüfett, zu dem die Schlüssel fehlten, aufgebrochen und zwei dieser Behälter gefunden, deren Herkunft uns zuerst nicht klar war. Sie waren halbvoll Grieß.

Wir brachten die Kästen – die leeren Kästen – an ihren Platz zurück und konnten nun Grieß essen, der mit Süßstoff verfeinert war.

So wurden meine Eltern Händler und Kneipiers. Zu verkaufen hatten sie so gut wie nichts, es gab keine Reserven in Rüdersdorf, aber Laden und Lokal waren geöffnet.

Erich kam vorbei. „Na, das sieht doch schon gut aus. Das habt ihr schön wieder hergerichtet."

„Wenn wir nur etwas verkaufen könnten. Dazu ist so was doch da, nicht wahr?"

„Abwarten, Schorsch. Übermorgen gibt's Marmelade."

„Richtige Marmelade?" fragte Vater ungläubig.

„So 'ne Art Ersatz, soll aber wie echte schmecken. Und Gewürze habe ich aufgetrieben, die kannst du dir gleich vom Lager holen. Und Kerzen."

„Kerzen kann man nicht essen:"

„Aber verkaufen. Versteh doch, die Leute müssen raus aus ihren Häusern."

„Ich soll sie in den Laden locken?"

„Ja."

„Und in die Kneipe auch?"

„Warum nicht? Die Genossen könnten sich bei dir treffen, zum Beispiel."

„Ohne Bier."

„Jetzt ist Sommer, da genügt Mineralwasser, und das produzieren wir in Rüdersdorf selbst. Also biete Selters an."

Vater stand hinter der Theke, und ab und an floß aus dem Bierhahn sogar Dünnbier. Mutter verkaufte nebenan im Laden. Die Frauen kamen täglich, um zu fragen, was es gerade gäbe, und sie blieben zu einem Schwatz. So war fast immer Betrieb im Laden.

Zwei Geschäfte mit zwei nicht mehr ganz gesunden Menschen zu betreiben ist schwer. Meine Eltern würden es nicht durchhalten können, sobald mehr Ware kam und über Tresen und Theke ging. Also verabschiedete ich mich von Erich und wechselte in die elterlichen Geschäfte über. Mein Lohn stieg dadurch nicht. Erst nach Monaten verdienten wir so viel, daß ich ein Taschengeld bekommen konnte.

Ich pendelte zwischen Laden und Lokal, war mal Verkäuferin, mal Kellnerin, wog Eßbares in Tüten ab, schaufelte Kartoffeln in Beutel, goß Selters in Gläser oder schenkte Bier aus. Unsere Kunden waren Leute aus der Umgebung, Arbeiter vom Kalkwerk, die auf dem Nachhauseweg hereinschauten, und vorüberkommende Soldaten.

Die Soldaten kamen nicht gleich herein. Sie behielten die Klinke in der Hand, steckten kurz die Köpfe durch die Tür und fragten: „Piwo jest?“

Meist lautete die Antwort: „Nein.“

Ich teilte die Zeit in Nein-Tage und Ja-Tage. Es sprach sich unter den Soldaten immer schnell herum, wenn ein Ja-Tag war. Dann kamen sie, tranken stehend ihr Bier und gingen wieder. Sie hatten es immer eilig.

An einem verregneten Oktobertag – es war ein Nein-Tag – wurde die Tür, die wie alle Kneipentüren nach außen aufging, von einem geöffnet, der sein „Piso jest?“ sprach, Vaters Kopfschütteln verstand und die Tür von draußen zuschob. Dann riß er sie wieder auf und trat einen Schritt herein.

Ich wischte gerade über einen Tisch und sah auf. Was wollte er? Warum starrte er Vater so an? Der Soldat riß sein regennasses

Käppi vom Kopf, feuerte es in den Raum, mir direkt vor die Füße, streckte die Hände aus – und dann lagen sich beide in den Armen: Vater und Sascha. Sie weinten. Beiden Männern, dem jungen in der Uniform und dem alten, der mein Vater war, rannen dicke Tränen über die Wangen.

„Schorsch, du lebst!"

„Wie kommst du denn hierher, Sascha?"

Da hörte ich zum erstenmal seinen Namen. Sie kannten sich aus dem Lager. Keiner hatte den anderen mehr am Leben geglaubt.

„Alle sagten, du bist in Leuna umgekommen, beim Angriff."

„Da habe ich mich davongemacht, Sascha, nach Berlin, nach Hause. Und ich habe gedacht, daß du den Angriff nicht überlebt hast. Ich war sicher, dich unter den Trümmern gesehen zu haben."

„Ich auch so" – er machte eine Schlängelbewegung mit der Hand – „weg, zur Armee. Dann habe ich gekämpft. Um Berlin. Nun bin ich hier."

Und ausgerechnet das war ein Nein-Tag. Vater konnte seinem durstigen Freund nicht einmal Bier anbieten.

„Macht nichts." Sascha lachte. Dann sah er sich um. Vater winkte mich heran. Und Sascha sagte: „Ich verstehe, du bist Vera?"

„Ja. Ich bin Vera, die Tochter."

„Und ...", Sascha zögerte, ob er fragen sollte, "ist deine Frau auch da, Schorsch?"

„Ja. Wir sind alle drei wieder zusammen."

Noch einmal schloß Sascha meinen Vater in die Arme. Dann fiel ihm etwas Wichtiges ein. „Habt ihr Hunger?"

„Ja."

„Ich habe keine Zeit, Schorsch. Hast du einen Wagen?"

„Einen Handwagen."

„Dann komm heute abend um acht an die Brücke. Um acht, warte auf mich."

Dann ging er, auch er hatte es eilig. Vater zog abends mit dem Handwagen zur Brücke. Es wurde schon dunkel, und er wußte nicht recht, was er hier sollte. Er wartete eine Stunde, denn Sascha hatte gesagt, er solle warten. Als es ganz dunkel war, schnaufte etwas heran. Vater konnte nicht sehen, was, und es war ihm nicht ganz wohl.

Es war Sascha. Er trug einen Sack auf dem Rücken, warf ihn von den Schultern in den Wagen und wollte schnell weiter. Vater hielt ihn am Arm fest. „Was ist das?“

„Für euch.“

„Was ist da drin?“

„Mehl. Bring es nach Hause. Ich komme morgen zu euch.“

„Ein ganzer Sack Mehl, woher hast du ihn?“

„Aus dem Magazin.“

„Ist der geklaut?“

Was für eine Frage! Natürlich war er geklaut. Aus einem Magazin der Sowjetarmee, von Sascha für uns, weil wir Hunger hatten.

Saschas Einheit zog schon am nächsten Tag weiter. Wir hörten es in der Kneipe. Einer von denen, die nach Bier fragten, richtete Grüße aus. Sascha sei schon am frühen Morgen weitergezogen. Und es war ein Ja-Tag.

Wir kannten seine Adresse nicht, und er hat sich damals unsere nicht aufgeschrieben. Darum haben wir Sascha nicht wiedergesehen.

Aber der Sack Mehl reichte bis zum nächsten Frühling. Saschas Mehl, das aus Freundschaft geklaut worden war, rettete uns über Herbst und Winter.

28

Warten und hoffen

Der Mai war vorüber und der Juni auch. Ein Sommer kam, und ein neues Warten begann. Die spärlichen Nachrichten, die uns erreichten, sagten nichts über den Verbleib der großen Familie, der Verschleppten, der Geflohenen und dennoch Deportierten.

Wer würde wiederkommen? Bertas Herbert hatte versichert: „Wo wir auch sein werden, wir werden uns melden, sobald alles vorbei ist. Ihr könnt ganz sicher sein. Es ist möglich, daß viel Zeit vergeht, aber wir melden uns."

Sie werden Lebenszeichen geben.

Vielleicht.

Es kann auch sein, daß der eine oder der andere eines Tages vor der Tür steht. Einfach so. Ich bin wieder da, erkennt ihr mich nicht, ich bin es doch, habe ich mich denn so verändert?

Sie werden sich melden. Sie werden uns finden.

Sobald man wieder nach Berlin fahren konnte, hatte Vater an die Trümmer des Hauses in der Großen Frankfurter unsere neue Adresse geschrieben, mit einem Nagel in Stein geritzt. Außerdem war Tante Berta da. Sie wohnte noch immer in der Stargarder Straße, ihre Wohnung war nicht zerstört worden.

Man müßte auch suchen.

In einem Amt zur Suche der Deportierten machten wir alle notwendigen Angaben. Von den Kindern gaben wir Bilder dazu. Einige Fotos hatten in meiner Tasche überdauert, einige, die uns fehlten, besaß Berta. Die Kinder zu finden würde schwer sein, das war uns klar. Manche waren zu klein, um selbst über sich Auskunft geben zu können, und es war ungewiß, ob sie mit Geschwistern oder mit Vater oder Mutter zusammengeblieben waren. Immer vorausgesetzt, daß sie überlebt hatten, daß die Befreier schneller waren als der würgende Hunger, das fallende Gas oder die Kugel. Wir setzten dies voraus. Selbstverständlich. Man denkt an das Leben, solange der Tod nicht unumstößliche Gewißheit ist.

Wir werden sie wiedersehen.

Sicher nicht alle. Kann sein, nur wenige.

Hoffnung besteht immer. Es wird wieder eine Familie geben. Sie werden gezeichnet sein, wenn sie wiederkommen. Nicht nur durch die Nummer auf dem Arm, die man ihnen in die Haut gebrannt hat. Man legte uns Bilder vor, alt wirkende Gesichter mit großen, schreckerfahrenen Augen. Mädchen und Jungen waren nicht zu unterscheiden. Die Kinder, die wir suchten, waren nicht dabei. Doch wie leicht konnten wir uns irren. Es fiel schwer, ein Foto zurückzugeben. „Nein, das nicht." Wenn du nun nicht richtig hingesehen hast? Denk nicht an die alten Bilder, stell dir vor, wie die Gesichter jetzt sein könnten. Immer neue Bilder und immer neue Namenslisten zeigte man uns. So viele Namen, da muß doch der unsere dabeisein.

Wenn einer der Unseren auf der Liste stehen wird, morgen oder übermorgen, wenn wir wieder Bilder und Listen durchforschen, wenn wir einen erkennen und wenn er wiederkommt – wird er Schaden genommen haben an Körper und Geist?

Erst nach vielen Monaten des Wartens begannen wir zu fragen: Ob sie wohl wiederkommen werden?

Und noch später: Wird je einer wiederkommen?

Wir warteten. Wir warteten trotz allem. Das war das einzige, was wir mit Ausdauer und Intensität zu tun vermochten.

Die in Stein geritzte Nachricht führte einige, mit denen wir nicht rechneten, nach Rüdersdorf. Sie kamen, um zu sehen, wie es uns ging. Zum Beispiel die junge Frau aus dem Vorderhaus, die uns Schuhe für Bella gegeben hatte, und der Junge mit dem griechischen Tagebuch, der inzwischen ein junger Mann geworden war. Wurls kamen nicht. Er konnte nicht fort von seiner Frau, die krank geworden war unter der dauernden Spannung während der Nazizeit. Sie neigte zu heftigen Ausbrüchen und konnte sich nicht mehr an den Gedanken gewöhnen, daß alles überstanden war. Nicht alle Besucher kamen als Gäste.

„Komm doch mal“, rief meine Mutter eines Tages. Im Zimmer saß ein ehemaliger Lehrer aus der Volksschule. Obwohl er sitzen blieb, während ich ihn begrüßte, lag etwas Unterwürfiges in der Art, wie er dort saß.

„Kannst du eine Erklärung unterschreiben, daß sich dein Lehrer dir gegenüber immer korrekt verhalten hat?“ fragte mich mein Vater. „Er möchte gern weiter seinen Beruf ausüben.“

„Und das dürfen Sie nicht?“ Mit dieser Frage wandte ich mich an den Mann, der mich einst unterrichtet hatte – wie lange war das schon her. Ich hätte in dem Augenblick nicht sagen können, was ich bei ihm gelernt und ob er mir irgend etwas Wichtiges mitgeteilt hatte. „Die meisten Lehrer dürfen nicht mehr in die Schule, aber ich muß doch leben.“

Das wollten Herberts Kinder auch und die kleine Gitta und die Kinder von Paul. Ich konnte diesem Lehrer nichts vorwerfen, außer daß er das Hakenkreuzabzeichen am Revers getragen hatte.

„Sie meinen, wenn ich eine Erklärung unterschreibe, dann dürfen Sie wieder in der Schule arbeiten?“

„Ich nehme es an“, sagte er. „Bin ich nicht immer freundlich zu dir ..., ach, ich muß wohl jetzt Sie sagen. Bin ich Ihnen gegenüber nicht immer freundlich gewesen?“

„Sie haben mir ganz ohne Grund den Rohrstock über die Finger gezogen, über beide Hände. Hier.“ Ich zeigte die Innenseite meiner Hände. Warum redete ich überhaupt davon? Das war doch gar nicht wichtig. Es war auch nicht meine Sache zu entscheiden, ob er wieder Lehrer sein durfte oder nicht.

Wirklich?“ Und zu meinen Eltern gewandt: „Was sollte man tun, wenn Kinder Dummheiten machten?“

Mein Vater, dem ich es verziehen hätte, hat mich nie geschlagen. Ja, meiner Mutter rutschte manchmal die Hand aus, das war aber etwas ganz anderes. Sie hatte immer einen Grund, meist regte sie sich über ein ungezogenes Wort auf und langte mir eine. Ich akzeptierte solche Antwort, damit waren wir dann wieder quitt. Es passierte nur in der Rage und äußerst selten.

Aber dieser Mann. Bei dem gehörte Schlagen zum Unterricht, sozusagen als disziplinarische Übung.

„Freundlich, sagen Sie?"

„Es könnte ja auch heißen – korrekt." Jetzt begann er auch noch zu feilschen.

Also korrekt soll es gewesen sein, Kinder mit einem Rohrstock zu schlagen. Wollte er weiter prügeln, dieser Nazi?

„Ich kann nichts unterschreiben, ich bin ja noch nicht volljährig."

Nachdem mir das eingefallen war, war die Sache für mich erledigt. Was ging mich dieser Mann an? Ich gab mir Mühe, ihn schnell wieder zu vergessen.

Ausgangs des Sommers, als die Reseda im Garten er blühte, kam Martin zu Besuch, der Engländer von den Ufern der Spree. Mit ihm kam ein Stückchen Familie zu uns. Er war immer noch der heitere, witzige Martin, obwohl er durch eine Verwundung, erlitten bei Dünkirchen, langsam erblindete. Um diese Zeit, wenn die Reseda blüht, wenn die Blätter sich färben und ein lauer Herbstduft unter den Bäumen liegt, standen wir früher ...

Früher.

Das war damals, als die Familie noch beisammen war. Da standen die Frauen und wir größeren Kinder in der Herbstsonne vor der Synagoge und erwarteten die Männer, die die Feiertage mit Gebetsstunden begannen. Am Jom Kippur, dem Versöhnungstag, gingen auch die gar nicht Frommen mit den anderen in die Synagoge. Manchmal dauerte es lange, bis sie aus der Tür traten, ruhigen Schrittes gewöhnlich, in das Licht blinzelnd. Es lag immer

Sonnenschein auf der Synagogentür, wenn die Männer heraustraten. Die Zeit der duftenden Reseden nannte Mutter es, Altweibersommer. „Wenn die Juden ihre Feiertage haben, ist immer schönes Wetter", behauptete sie. Sobald die Männer aus der Synagoge traten, überquerten wir die Straße, verließen den Schatten, gingen hinüber in die Sonne und begrüßten sie mit immer demselben Spruch: „Ich gratuliere dir und wünsche dir, daß du dir etwas Schönes ausgebeten hast."

Ich fand den Spruch schon damals unpassend, weil er einen drohenden Ton bekam, wenn man nicht genau aufpaßte beim Gratulieren: Das möchtest du dir aber ausgebeten haben! Aber genau dieser Spruch mußte es sein, wortgetreu. Ich durfte ihn nicht nach eigenem Gutdünken abwandeln. Auch Martin hatte ich ein paarmal so begrüßt.

Als ich Martin in den Septembertagen fünfundvierzig wiedersah, fiel mir dieser Spruch ein. Martin war in die Herbstsonne getreten, seine empfindlichen Augen mit einer dunklen Brille bedeckend. Ich war versucht, ihm zu gratulieren. Er hatte sich etwas Schönes ausgebeten. Er lebte. Er und Alice, die jetzt seine Frau war und nach fast siebenjähriger Ehe ein Baby erwartete. Erst nach sieben Jahren. Das Baby, als es eine junge Frau geworden war, sagte das mit Vorwurf: Erst nach sieben Jahren! Für sie waren Vater und Mutter immer ein Paar gewesen.

Feiertage der Juden, und noch keiner weiter als Martin war zurückgekehrt. Niemand war da, mit dem er das Gebetshaus hätte aufsuchen können. Und nur die Gemeinschaft, das gemeinsame Tun im ehrgebietenden Haus brachte Feiertagsatmosphäre.

Ich hätte so gern gefragt, was sie sich da so ausbitten hinter den Türen mit den strengen Ornamenten, deren Linien ich mit den Augen nachgezeichnet hatte, es verkürzte die Wartezeit. Ich hätte schon damals, früher, gern gefragt.

„Daß du dich unterstehst!" war ich gewarnt worden.

Ich glaube, Martin hätte ich trotzdem fragen können. Aber niemand tat so etwas, und so unterließ ich es auch. Ihre Sache, bedeutete man mir. Sag den Spruch und gut.

„Martin, was hast du dir am Versöhnungstag ausgebeten, früher?"

„Das weiß ich nicht mehr."

„Du mußt doch wissen, wofür du gebetet hast."

„Vielleicht habe ich nur daran gedacht, daß Feiertage sind, ach, was weiß ich."

„Aber du warst doch in der Synagoge."

Er sah mich verwundert an, weil er merkte, daß ich es wirklich wissen wollte.

„Warum, Martin?"

„Aus Tradition. Weißt du, das ist wie mit dem Rabbi, der den Wein zur Sabbatfeier trinkt, obwohl er keinen Wein mag."

„Bist du nicht gern in der Synagoge gewesen?"

„Mädchen, du stellst vielleicht Fragen! Gern oder nicht gern, was soll ich da sagen? Es ist schön, die Brüder und die Alten neben sich zu wissen und dann hinauszugehen und von den Frauen und Kindern feiertäglich empfangen zu werden. Solche Tage sind rar, man muß sie genießen."

„Martin, sei ehrlich: Bist du fromm?"

„Bist du Gretchen?"

Ich war ärgerlich und verzichtete auf die Antwort.

Lange konnte ich ihm nicht böse sein. Ich kenne keinen, der ihm jemals wirklich böse war. Also sprach ich ihn wieder an: „Du nimmst mich nicht ernst, Martin. Ich bin nicht mehr Verachen mit dem Pony. Wenn du mich nicht ernst nimmst, sage ich wieder Onkel zu dir."

Er wehrte ab, lachte, und ich versprach, den Onkel auch weiterhin wegzulassen.

Martin blieb einige Tage bei uns und längere Zeit bei seiner Mutter, die damals noch mit Zuversicht auf die Rückkehr der anderen drei Söhne mit ihren Familien hoffte.

Dann fuhr er nach England zurück. Er konnte sich nicht entschließen, in das verwüstete Deutschland zurückzukommen. Doch das Stückchen Familie, das er gebracht hatte, nahm er nicht mit sich fort. Es blieb. Ein Strahl warmer Resedasonne hatte mich berührt.

Die Zeit verging.

Aus Basel kam Post. Saly und Martha waren in Theresienstadt befreit und in ein Schweizer Sanatorium gebracht worden. Martha war sehr geschwächt und verstarb bald darauf. Saly schrieb regelmäßig lange Briefe. Von ihm erfuhren wir, was mit Großmutter geschehen war. Er fand in Basel eine neue, letzte Heimat. Auch Saly kam nicht nach Berlin zurück.

Ein Dritter meldete sich: Doras Sohn Bernhard. Er hatte Buchenwald überlebt, hatte am Kampf der Häftlinge gegen ihre SS-Bewacher teilgenommen.

Bernhard war, als ich ihn wiedersah, ruhig und selbstbewußt, ein Mann um die Fünfzig. Er würde wieder heiraten, erzählte er. Im Sanatorium, wohin man die ehemaligen Häftlinge gebracht hatte, habe er seine zukünftige Frau kennengelernt. Bernhard sprach von neuer Arbeit mit gutem Verdienst, von einer eben erhaltenen Wohnung, von Möbeln und Verpflegungspaketen. Er habe Pläne. Über das Vergangene sprach er nicht, als hätte es keine Spuren hinterlassen. Dabei war sein Rücken voller langer, tiefer Narben, wie sie entstehen, wenn Peitschen auf Menschenhaut geschlagen werden. Er ließ das Erlebte einfach hinter sich und wollte von neuem zu leben beginnen, wollte sich vom Leben nehmen, was es ihm zu bieten hatte. Von den vielen Möglichkeiten suchte er sich diese: Er beantragte, sobald es möglich wurde, Wiedergutmachung und ging dorthin, wo sie ihm gewährt wurde.

Aus Wochen wurden Monate, aus Monaten Jahre. Das Warten wurde sinnlos. Die Hoffnung zerrann.

Es blieb dabei: Saly, Martha und Bernhard.

Begreife es, wenn du kannst.

29

Das Manuskript

Die Geschichten von früher.

Das Manuskript liegt in unserem Gepäck. Die Männer vom Zoll waren hier und haben Kartons und Koffer beklebt, gestempelt, für die Ausreise aus Polen freigegeben. Morgen werden wir fahren.

Ich bin froh, daß ich das Manuskript abgeschlossen habe. Zu Hause wird viel Neues auf mich einstürmen. Da sind die Kinder und die alten Freunde, da wird mich eine neue Aufgabe beschäftigen das Haus muß in Ordnung gebracht wer den, und der Garten soll wieder blühen wie zu der Zeit, als wir ihn regelmäßig pflegten. Ich finde noch viele Gründe, die es mir wichtig erscheinen lassen, daß ich ein fertiges Manuskript mitnehme.

Am Sonntag haben wir einen letzten Spaziergang durch die Stadt gemacht, deren Gast wir lange waren. In der Altstadt haben wir entgegen unserem Vorsatz von einem der Maler, die dort ihre Bilder in die Sonne stellen, ein viel zu teures Aquarell gekauft. „Ein Andenken", entschuldigten wir uns voreinander. Von der Altstadt gingen wir noch einmal zum Ghetto-Gebiet. Begrenzt von der Zamenhof- und Anielewicza-Straße, ehemals Gesia-Straße, stehen auf Granitblöcken zwei Bronzereliefs: eine kämpfende Gruppe von Juden und eine, die zur Hinrichtung getrieben wird. Hier war das Zentrum des Ghetto-Aufstandes, hier tobten die schwersten Kämpfe. Man steht mitten in der Vergangenheit. Auf jedem Fleck dieses Bodens starb ein Mensch. Die betriebsame, wohnliche Stadt, die den Platz umgibt, mildert nichts. Von hier bis zu unserer Wohnung ist es nicht weit. Wir kamen am Jüdischen Theater vorbei, das einmalig ist in seiner Art: Die Akteure nehmen ihr Herz aus der

Brust und zeigen es dem Publikum: Seht, so sind wir, so waren wir, das ist unsere Geschichte. Wir warfen auf unserem Spaziergang auch einen Blick zu der alten Synagoge hinüber. Sie wird, wie es scheint, nicht wieder aufgebaut. Der Eingang ist fest verschlossen.

Schräg gegenüber dem Theater blieb Erwin vor einem Laden stehen, vor den Auslagen eines ..., mir fehlt eine Bezeichnung für diesen Laden. ‚Zyrandole' steht darüber, das trifft es: Kronleuchter, Lüster, metallene Leuchten für die Wand, für den Tisch, Kerzenhalter – der ganze Laden eine einzige Auslage. Die großen Fenster sind nicht zur Dekoration, sondern für den Blick in den Laden bestimmt. „Schau mal", sagte Erwin, „ein achtarmiger Leuchter."

„Frag nicht, was er kostet."

„Wer denkt denn ans Kaufen? Ich wundere mich nur, daß er acht Arme hat, nicht sieben."

„Ein Chanukka-Leuchter", sagte ich. „Das Fest dauert acht Tage, am ersten Abend wird eine Kerze angezündet, jeden folgenden Abend eine mehr. So ähnlich wie Adventskerzen. Übrigens auch in derselben Zeit, vor Weihnachten."

„Es wäre schön, so etwas mitzunehmen."

„Wir haben doch das Aquarell", erinnerte ich ihn.

„Merkwürdig, nicht wahr?"

„Was?" fragte ich.

„Daß wir von allem, was wir erleben, Andenken brauchen. Als reichten die Erlebnisse nicht."

Das war am Sonntag, und morgen fahren wir nach Hause, im Gepäck das Manuskript. Es soll weder Aquarell noch Leuchter sein. Die Menschen, die meine Familie waren, sind tot. Ich will ihrer nicht gedenken mit Blumen oder Steinchen. Mir widerstrebt der Gedanke an Kerzen vor schwarz umrahmten Bildern.

Ich erinnere mich an die Lebenden.

Damit die Erinnerung nicht vergeht, habe ich sie notiert. Es ist niemand mehr da, der es könnte und wollte, also schrieb ich die Notizen. Sie sind nicht Poesie, nur ein Bericht.

Ich übergebe sie meinen Kindern und bitte, sie zu bewahren. Man muß wissen, was war und wie es war.

Warschau, den 30. Juni 1980

30

Nachtrag zur 2. Auflage

Wer Geschichten zur Geschichte schreibt, muß es sich gefallen lassen, daß seine Darstellungen an historischen Fakten gemessen werden. Er muß damit rechnen, daß alles das ins Spiel gebracht wird, was an historischer Kenntnis aufgeboten werden kann. Wenn die Geschichten zudem die Geschichte seiner Zeitgenossen wiedergeben und, wie im Fall der „Späten Notizen", ein Ich erzählt, melden sich Leser mit ihrer eigenen Erfahrung zu Wort. Sie tun es, um zu ergänzen, zu berichtigen, zu bekräftigen. So ist es mir mit diesem Buch ergangen. Als ich meine autobiographischen Notizen der Öffentlichkeit übergab, ahnte ich nicht, was ein Buch bewirken kann.

Zum Beispiel haben sich Leser gemeldet, deren Lebenswege den meinen gekreuzt haben, ohne daß wir voneinander Kenntnis genommen haben. So konnte mir Frau B., an die ich mich so wenig erinnerte wie sie sich an mich, über gemeinsame Freunde und Erlebnisse der Zeit nach 1945 in Rüdersdorf berichten, und zwar viel mehr, als von jener Zeit in mein Gedächtnis gedrungen war. Sie hat außerdem meine Geschichten eigens für mich fortgesetzt, und ich erfuhr, was aus diesem und jenem von damals geworden ist.

In der Werkzeugmaschinenfabrik Marzahn, der respektablen Nachfolgerin von Kärger und anderen Berliner Betrieben, habe ich bei einer Lesung aus diesem Buch gehört, daß der Chef der Verkaufsabteilung, in der ich die jüngste Stenotypistin war, noch einige Jahre nach 1945 in dem wiederaufgebauten Betrieb arbeitete und einen guten Ruf besaß. Das war jener ältere Mann, von dem ich verlangte, er solle mich von der Arbeit beim Obmann der Nazipartei befreien, und der dies für mich tat, ohne nach meinem Grund zu fragen.

Und Überraschungen brachte mir das Buch.

Kurz nach seinem Erscheinen betrat eine Engländerin eine Berliner Buchhandlung, um sich umzusehen, was es Neues gebe. Ihr fielen die „Späten Notizen" auf, und sie kaufte sie für ihre Londoner Freundin Ilse, einer zu Beginn des Faschismus emigrierten und in England gebliebenen Jüdin. Der Name Friedländer ist Ilse vertraut, aber das wußte die Buchkäuferin nicht. Als Ilse die ersten Seiten gelesen hatte, rief sie aus: „Aber die kenne ich doch alle!" Ilse ist die Cousine von Alice, die mit Martin dem Engländer Deutschland verlassen hatte. Viele Jahre haben Martin und Alice und die nach dem Krieg geborene Tochter Judith genau wie Ilse in London gelebt. Ilse kannte einen Teil der gedruckten Familiengeschichten vom Erzählen. Sie schrieb mir sofort. Den Brief in der Hand haltend, sagte ich mir, daß wir über zehn Ecken miteinander verwandt sind.

Einige Zeit später klingelte mein Telefon. Ein Anruf aus der BRD. Eine aufgeregte, freudig bewegte Stimme redete auf mich ein, die Sätze purzelten nur so durchs Telefon, ich fand erst einmal keine Lücke für eigene Worte und hörte sehr glücklich zu. Es war Judith. Auch sie hatte das Buch gelesen. Inzwischen war Zeit genug, die Gedanken, die uns bewegen, in Ruhe auszutauschen. Viel Raum nahmen in unserer Korrespondenz die Geschichten von Martin und seinen Brüdern und von den acht Geschwistern der vorangegangenen Generation ein. Zwei von diesen acht waren Berta und Natalie, unsere Großmütter. Wieder ein bißchen Familie, nun etwas näher herangerückt.

Das erste, was Judith am Telefon sagte, war nicht „Guten Tag!" oder „Erinnerst du dich an mich?" oder etwas Ähnliches. Sie sagte: „Ich habe das Bild, das vom Rabbi, es hängt bei uns im Wohnzimmer." Während sie redete, überlegte ich: Warum hat sie das Bild? Nie habe ich daran gedacht, daß das Gemälde des Rabbi, der vier Generationen vor mir gelebt hat, noch irgendwo existiert. Das Foto des Gemäldes hängt in meiner kleinen Familiengalerie, meist wird es übersehen, denn es wurde aufgenommen vor einem halben Jahrhundert, als die Technik noch unvollkommen war. Ich kann den Rabbi darauf kaum erkennen. Nun stellte sich also heraus, daß es das Gemälde gibt. Ich erhielt ein neues Foto davon, farbig und klar, und ich war, als ich es betrachten konnte, eigenartig berührt. Mit dem Abbild des Menschen entstand der Mensch selbst vor meinen Augen. Es ging mir mit diesem Rabbi wie mit meinem Großvater, den ich auch nie gesehen habe und von dem ich eines Tages ein Foto in der Hand hielt.

Ich hatte also ein gutes Foto und konnte meinen Ururahn richtig anschauen: Nathan, von dem es in der Familie hieß, er sei Rabbi in Kairo gewesen. Er sitzt in einem glänzenden schwarzen Kaftan an einem Tisch, einen Federkiel in der Hand, Papier vor sich. Er trägt ein schwarzes Käppchen, Haar und Bart sind schlohweiß, die Augen blicken ein wenig traurig. Ich denke, es kommt von dem Leid, das sie gesehen haben, von der Not seiner Leute, von der Ungerechtigkeit, gegen die er wenig auszurichten vermochte, obwohl er es mit ganzer Kraft versuchte. Um dies zu bekunden, schrieb er auf das Gemälde seinen Namen und auf englisch die Worte: „Mein halbes Leben habe ich für ein neues Land in Palästina gelebt."

Ich nahm Besitz von meinem Vorvater. Er hatte jetzt ein klares Gesicht und Umrisse und konnte in ein Leben gestellt werden, das zu meinem eine Beziehung hat.

Ein Leben ist eine Geschichte. Welche gehört zu diesem Rabbi? Wenn man von ihm ein Bild in Öl malte, wenn er darauf als schreibender Mann dargestellt wurde und wenn er selbst etwas auf das Bild schrieb, was auf einen tätigen Menschen hinweist, würde ich ihn vielleicht in Bibliotheken wiederfinden, dachte ich mir. Und ich fand ihn und erfuhr über ihn dies:

Er wurde im Jahr 1808 in der litauischen Kreisstadt Tauroggen geboren, war ein gebildeter Mann, hat an verschiedenen Orten Litauens studiert und gilt als ein Vorläufer der Bewegung für ein

Land der Juden, wo sie ohne Ghetto, ohne Diskriminierung, ohne Angst vor Pogromen leben könnten. Ein Gelobtes Land suchte dieser Nathan, in dem sich das in die Welt zerstreute Volk der Juden eine Wohnstatt bauen könnte. Es sollte in Palästina liegen, im "Land der Väter". Harte Arbeit wäre dazu nötig, aber die sollte niemand für ein lohnendes Ziel scheuen. Die Erlösung der Juden, im sozialen Sinn, werde allmählich verwirklicht werden, meinte er. Das sei ein natürlicher Prozeß, und er brauche, um in Gang zu kommen und zu bleiben, Perioden des Liberalismus und des Fortschritts. Die Zeit seines Wirkens schien jenem Nathan reif und günstig für solche Bestrebungen.

Wohin auch man sah in der ersten Hälfte des vorigen Jahrhunderts, überall gab es Bewegung, Erhebungen, Reformen. In Frankreich, Preußen, Griechenland, Rußland, Polen und anderswo wurde um bürgerliche Rechte, um Unabhängigkeit von fremden Mächten, um nationale Selbständigkeit gekämpft. Viele Völker formierten sich zu Nationen, warum nicht auch das jüdische? Wo die Juden auch lebten, sie wurden überall erniedrigt und verhöhnt und trugen die Last bitterer Armut, besonders in Osteuropa, besonders in Litauen. Der Gedanke lag nahe, sich zu erheben und zu einer Nation zu vereinen. Nathan meinte, das sei ein Weg, vielleicht der einzige, zur Rettung der Juden.

Das litauische Tauroggen gehörte seit der dritten Teilung Polens 1795 zum Zarenreich, lag dicht an der Grenze zu Preußen, hatte enge Bindungen zum dreimal geteilten Polen, war also konfrontiert mit aktuellen Fragen der Zeit. Die Heimatstadt Nathans war selbst Schauplatz historischer Ereignisse gewesen. Durch Tauroggen waren napoleonische, russische und preußische Truppen gezogen, hier hatte General Yorck mit dem russischen General Diebitsch eine Konvention abgeschlossen, durch die das von York befehligte preußische Korps zur Neutralität im Kampf zwischen zaristischen und napoleonischen Truppen verpflichtet wurde. Das hat den Kriegsverlauf erheblich beeinflußt, denn die Preußen waren nach Litauen gekommen, um die Armee Napoleons I. im Feldzug gegen Rußland zu unterstützen. Die Konvention wurde im Dezember 1812 unterzeichnet, und die Mühle, in der dies vor sich ging, wird Nathan vermutlich gekannt haben; zu seinen frühen Eindrücken gehörten ohne Zweifel auch die polnischen Erhebungen von 1830/31, die auch Litauen erfaßten; im hundert Kilometer entfernten Kowno (Kaunas) siegten die Russen über polnische Aufständische.

Da der junge Mann über die Grenzen seiner Stadt, über Ghettogrenzen hinausgesehen hat, wird er gewußt haben, daß es vielerorts Menschen gab, die sich zu Gruppen zusammenschlossen und gewillt waren, die schlechten Zustände zu ändern, bessere soziale und nationale Bedingungen herbeizuführen; denn nicht nur die Juden litten Not.

Seine Kenntnisse prägten seine Haltung.

Die orthodoxen Juden sagten: „Wir sind in der Welt, um über die Gebote Gottes zu wachen, und nicht, um die Früchte dieser Erde zu ernten. Es ist unsere Aufgabe, auf den Messias zu warten, er wird uns in das Land unserer Väter führen, wenn die Zeit gekommen ist."

Auch Nathan war ein orthodoxer Rabbi, so weisen es die Bücher in den Bibliotheken aus. Natürlich, so glaubte er, würde sich die wunderbare Erlösung des auserwählten, jüdischen Volkes letztlich mit der Ankunft des Messias vollziehen. Aber es behagte ihm nicht, die irdische Not geduldig zu ertragen und alles Unrecht, das den Juden zugefügt wurde, widerspruchslos hinzunehmen. Es schien ihm besser, ja unerläßlich, das „Haus Israel" neu zu erbauen, tätig zu werden, zu handeln.

Den letzten Anstoß für seine lebenslangen Aktivitäten gab die Damaskus-Affäre im Jahr 1840. Auf dem Hintergrund der Machtkämpfe europäischer Staaten um den Einfluß im Nahen Osten führten antisemitische Stimmungen zu folgenschweren Verleumdungen. Ein italienischer Kapuzinermönch und sein moslemischer Diener verschwanden. Der Mönch war in dunkle Geschäfte verwickelt gewesen und wurde mit seinem Diener von den Händlern, mit denen er in Streit geraten war, umgebracht Die Kapuziner erklärten sofort, die Juden hätten die Männer getötet, weil sie deren Blut für die religiösen Riten zum Passahfest brauchten. Die Katholiken erwirkten von den einflußreichen Franzosen – Frankreich unterstützte den syrischen Herrscher Mohammed Ali aus Ägypten gegen die Türken –, daß die Anklage in judenfeindliche Hände kam. Die Methoden der Untersuchung waren barbarisch. Willkürlich beschuldigte Juden wurden arretiert und machten unter der Folter Geständnisse. Zwei von ihnen überlebten es nicht. Sogar dreiundsechzig jüdische Kinder wurden ergriffen, um von ihnen Aussagen zu erzwingen. Dann fand man im jüdischen Viertel von Damaskus Knochen und behauptete, es seien Überreste der Verschwundenen, obwohl ein angesehener Arzt der Stadt sich weigerte zu bestätigen, daß es menschliche Knochen seien. Jedoch die Ankläger behaupteten, das seien Mordbeweise, und die Schuld der Juden stehe außer Zweifel. Die Knochen wurden als die Gebeine des Mönchs beigesetzt, der Grabstein erhielt die Inschrift, daß hier ein Heiliger ruhe, gemartert von Juden. Erst energische internationale Interventionen stoppten die Vorgänge. Die Juden Europas waren schockiert. Sie sahen in der Affäre ein Zeichen der Rückkehr zum finsteren Mittelalter.

Auf Nathan machten diese Ereignisse einen tiefen Eindruck. Sie bestärkten ihn in der Meinung, daß nirgends die Juden bei ihren sogenannten Wirtsvölkern friedlich und geachtet leben könnten. Eine Assimilation, nach der aufklärerische Denker wie Moses Mendelssohn gestrebt hatten, hielt Nathan nicht für realisierbar, obwohl er manchen Aufklärungsideen anhing. Aus der Sicht eines osteuropäischen Juden zeigte sich die Welt düsterer als von Preußen oder Frankreich aus. So wurde Nathan ein früher, außerordentlich rühriger Vertreter der Idee, im Land Israel zu siedeln. Er wurde ein Agitator und Organisator einer Bewegung, die sich am Ende seines Jahrhunderts als Zionismus darstellte. Zu Nathans Zeit war die Entwicklung noch nicht so weit gediehen.

Nathan reiste durch viele Länder, um einflußreichen Leuten seine Ideen vorzutragen. Er hielt sich in Belorußland und in Deutschland auf. In Thorn (Torun) fand er einen Gleichgesinnten, Zevi Hirsch Kalischer, mit dem er sich auf Dauer verband. In Paris traf er unter anderem Adolphe Cremieux, der sich um die Beendigung der Damaskus-Affäre verdient gemacht hatte. Napoleon III. gewährte Nathan eine Audienz und gab ihm Gelegenheit, eine von ihm und von Kalischer verfaßte Petition zu überreichen. Bei Moses Montefiore dagegen, in London, stieß er auf strikte Ablehnung; Montefiore war mit Cremieux in der Damaskus-Affäre aktiv gewesen. In Holland wandte sich Nathan an die holländische Regierung mit der Bitte um Hilfe bei der Wiederherstellung des Landes Israel für die Juden. Gemeinsam mit Kalischer gründete er in Deutschland die „Gesellschaft für die Besiedlung Erez Israels“ und sammelte für einen Fonds dieser Gesellschaft.

In der Familie wurde erzählt, der Rabbi Nathan habe Bücher geschrieben. Das war eine der Überlieferungen, die damals nie bewiesen wurden. Der Federkiel in Nathans Hand schien es zu belegen. Und es stimmt, wie ich jetzt weiß. Sein größtes Werk, in dem er seine Ansichten zum Judentum darlegt, trägt den Titel „Joseph Heu“; eine gekürzte Fassung wurde 1879 veröffentlicht. Mehr konnte ich nicht in Erfahrung bringen. Das Buch habe ich noch nicht gefunden, aber die Suche setze ich fort. Nun, da ich erfahren habe, daß mein Vorfahr ein Mensch war, der etwas bewegt hat, möchte ich ihn genauer kennenlernen.

Am Ende seines Wirkens und Lebens beteiligte sich Nathan an der ersten Einwanderung nach Palästina. Er bezeugte damit die Ernsthaftigkeit seines Jahrzehnte währenden Strebens, so wie er es auf dem Gemälde dokumentierte. Er ging 1882 nach Palästina. Da die erste Siedlung unweit von Jaffa errichtet wurde, muß er dort gelebt haben. Aber nur kurze Zeit. Er starb noch im selben Jahr in Jerusalem, wo die meisten der 25 000 in Palästina lebenden Juden konzentriert waren.

Judith berichtete mir, Martin habe wiederholt erzählt, Nathan sei von Arabern getötet worden. Das ist durchaus denkbar, denn willkommene Gäste waren die Juden nicht. In den Augen der arabischen Bevölkerung waren sie Eindringlinge und Landräuber, und Nathan war einer der Führenden unter ihnen. In Rechnung zu stellen sind außerdem religiöse Intoleranz, Aberglaube und Unwissenheit.

Wie dem auch sei, mein Urahn hat kurze Zeit in Palästina gelebt und ist in Jerusalem gestorben. Nach Kairo ist er kaum gekommen. In der Familie hieß es aber, er sei Rabbiner in Kairo gewesen. Da ich fast alles, was in der Familie gesagt wurde, bestätigt fand, muß es für die lokale Differenz eine Erklärung geben. Im Augenblick kann ich nur vermuten, daß mit dem Rabbi in Kairo nicht Nathan, sondern sein Sohn Michael gemeint war, denn auch er war Rabbi und begleitete, sehr wahrscheinlich, seinen alten Vater nach Palästina. Die Sache wird noch zu klären sein. Immerhin weiß ich, daß Michaels Söhne nach Deutschland kamen.

Dieser Nathan, der Weißbärtige mit dem Federkiel, gab mir ein Rätsel auf. Er hat auf das Gemälde mit dickem Pinselstrich geschrieben: Rabbi N. Friedland. Warum Friedland? Von allen Nachfolgenden ist verbürgt, daß sie Tawrigowski genannt Friedländer hießen oder den Namen auf Friedländer gekürzt haben. Mein Großvater trug den gekoppelten Namen, und er wurde nach seinem Vater, jenem Rabbi Michael in Kairo, benannt. Der Wechsel von Friedland zu Friedländer ist nicht ungewöhnlich im vorigen Jahrhundert, zumal bei wechselnden Wohnsitzen und sprachlichen Umgebungen.

Warum steht nur Friedland auf dem Gemälde? Ist der Nathan aus Tauroggen, der Nathan auf dem Gemälde, überhaupt mein Urahn?

Unter der Post zu meinem Buch ist ein Brief von Frau Professor S., in dem sie Zweifel anmeldet. Sie schreibt: „Vermutlich ist diese Überlieferung unsicher. Es gab kaum mitteleuropäische = aschkenasische Juden in dem sephardischen Kairo, aber sehr wohl die Tendenz (allgemein), die Familie ‚feiner' zu machen, indem man sephardische Traditionen anstatt der dezidiert ostjüdischen behauptete." Ob meine Großmutter und ihre Geschwister sich mit einem Kairoer Rabbi mehr Ansehen verschaffen wollten, als sie ihrer litauischen Herkunft wegen besaßen?

Die Sephardim, das sind die Juden, die im 14. und 15. Jahrhundert aus Spanien vertrieben wurden und in Nordafrika, im Vorderen Orient und auf dem Balken Asyl fanden. Sie hatten geistig und kulturell ein höheres Niveau als die Aschkenasim, die in Mittel und Osteuropa lebenden Juden. Stets waren die Sephardim darauf bedacht, sich von den Aschkenasim abzugrenzen. Die litauischen Juden, also meine Vorfahren, kamen nach allgemeiner Auffassung aus dem letzten Hinterhof Europas. Vielleicht haben sie wirklich ein bißchen hochgestapelt? Wenn ich das von den acht Geschwistern meiner Großmuttergeneration genau wüßte, würde ich lächeln und denken: Warum eigentlich nicht, wenn es ihnen half, ihr Leben zu erleichtern. Jedoch sie hatten einen Großvater zum Vorweisen, angesehen und Achtung verdienend. Sie brauchten sich keinen solchen zu erfinden. Und auch sein Sohn, der Vater der acht Geschwister, war ein geachteter Mann. Nathan und Michael sind schon als Rabbiner nach Palästina gekommen, sie haben das Ansehen in die neue Wohnstatt mitgebracht, und Nathans Ruf in der jüdischen Welt war gut begründet und erlaubte ihm, sich mit sephardischen Rabbis gleichzustellen. Von diesem Ansehen zehrte wohl auch der Sohn Michael.

Dies zum Wirken des Nathan und seines Sohnes Michael als Rabbi im sephardischen Raum.

Es bleibt noch zu klären, ob ein Mann namens Friedland tatsächlich der Vorfahr einer Familie mit einem ungewöhnlich gekoppelten Namen ist. Die Lösung dieses Rätsels flog mir aus heiterem Himmel zu. Ich war beim Schreiben dieses Nachtrags, dachte über den Lebenslauf des Nathan nach und formulierte: „Dieser Rabbi aus Taurog..." Den Namen der Stadt hatte ich noch nicht zu Ende geschrieben, da sah ich den Zusammenhang: Wenn man u als w liest und für o einen helleren Vokal einsetzt, hat man den Grundstock des Namens Tawrigowski. Als ich auf diese Spur gekommen war, ließ sich alles Weitere leicht ermitteln. Die Stadt Tauroggen, litauisch Taurage, heißt jiddisch Tawrig. Die Endung -owski ist nach polnischem Muster gebildet und kennzeichnet die Herkunft, wie etwa der Berliner ein Mann aus Berlin ist. Bedenkt man ferner, daß es üblich war, einen Rabbi nach seinem Herkunftsort zu bezeichnen, dann ist mein Vorfahr der Rabbi Nathan aus Tawrig oder, was dasselbe bedeutet, Nathan Tawrigowski, der Friedländer genannt wird. Damit war mir klar, daß dieser Mann schon den gekoppelten Namen getragen haben muß, auch wenn er nur Friedland auf das Gemälde schrieb, denn er war es, der aus Tauroggen stammte und von dem man auch fern von dieser Stadt sprach.

Ich erinnere daran, daß Judith meine Gedanken auf den Rabbi Nathan lenkte und damit meine Nachforschungen auslöste. Auf Judith will ich noch einmal zurückkommen. Sie hat nachgerechnet, daß am 15. Dezember 1941, als die Familie sich zum letztenmal im Berliner Zimmer meiner Großmutter traf, Chanukka begann. Es war der erste Tag der acht Festtage, der 25. Kislew 5702 nach jüdischem Kalender. Meine Ahnung hatte mich nicht getäuscht.

Judith schrieb mir, daß sich ihre Eltern anders kennengelernt hätten, als ich es schildere. Dasselbe teilte mir Ilse aus London mit.

Trotzdem bin ich davon überzeugt, daß meine Version die richtige ist. Ich muß es vorsichtiger ausdrücken: Wahrscheinlich kommt meine Schilderung der Wahrheit am nächsten. Die Unsicherheit entsteht dadurch, daß es um Martin geht. Er war ein Meister im Erfinden von Geschichten. Genaugenommen hat er nicht viel erfunden, sondern nur zu tatsächlichen kleinen, oft belanglosen Begebenheiten etwas hinzugetan. Doch das war so geartet, daß eine kleine Schnurre daraus wurde. Und wenn er die Geschichte wiederholte, wurde etwas anderes daraus, weil ihm ein anderer Witz dazu einfiel. Am besten erklärt man Martins Erzählweise mit einer seiner Geschichten.

„Es war in der britischen Armee", erzählte Martin, „da verlangte der Major, ich solle mir einen englischen Namen zulegen. bevor wir auf die Deutschen träfen. Das war vor der Invasion über den Kanal nach Nordfrankreich.

Wie wollen Sie heißen? fragte der Major.

Ich weiß es nicht.

Gut, überlegen Sie es sich, und melden Sie sich in einer Stunde bei mir.

Nach einer Stunde wußte ich es noch immer nicht.

Welchen Namen wollen Sie tragen?

Ich überlegte krampfhaft, was ich antworten sollte. Da las ich in der Zeitung, die auf dem Schreibtisch lag, dick gedruckt: Franklin Delano Roosevelt. Ich sagte kurz entschlossen: Sir, Franklin.

Zugegeben, die Pause für das Komma war etwas kurz, aber mußte er mich deshalb gleich rauswerfen und mir lautstark nachrufen, daß ich ‚Franklin, Sir!' zu sagen hätte? Nu, nach ihrer Ordnung hatte er recht, aber war es denn ordentlich, den Namen Friedländer wegzuwerfen?"

Ich müßte mich in meiner Erinnerung sehr täuschen, wenn Martin diese Geschichte nicht auch in einer anderen Version erzählt hat, sie spielte in einer Londoner Behörde, und er als armer jüdischer

Emigrant sprach mit einem Beamten. Der reagierte zwar nicht heftig, aber ebenso zurechtweisend, und Martin mußte nicht in einer Stunde, sondern am nächsten Tag wiederkommen. Ansonsten war es dieselbe Geschichte.

In dieser Art hat Martin auch über die Wahl seiner Partnerin für die Auswanderung gesprochen. Das Ungewöhnliche der Verbindung mit Alice zwang ihn geradezu, eine Geschichte daraus zu machen. Ich habe sie so wiedergegeben, wie sie mir bekannt war. So erzählte man sie an der Geburtstagstafel meiner Großmutter oder beim Skat oder wann sonst man zusammenkam: Martin mußte sich von einem Tag auf den anderen entscheiden und hat einem Mädchen, das er kannte, mit dem er aber nicht, noch nicht, verbunden war, angeboten, ihn zu heiraten und mit ihm nach England zu gehen.

In Ilses Brief liest es sich so:

„Martin annoncierte in der Jüdischen Zeitung: ‚Junger Engländer sucht Mädchen zur Heirat und gemeinsamen Auswanderung kennenzulernen.' Daraufhin erhielt er 300 Zuschriften. Er war Lastwagenfahrer. Väter fuhren bei ihm vor und boten ihm ganze Lastwagenketten an, wenn er nur die Tochter aus Deutschland herausbringen würde. Alices Mutter sandte das Bild ihrer Tochter ein. Martin suchte zwölf Mädchen aus und verliebte sich dann in Alice. Ich fragte Martin: ‚Warum hast du nicht ein reiches Mädchen geheiratet?' Seine Antwort war: Wat soll ick denn mit so 'ne Reiche?"

Nach Judiths Auskunft ist die Geschichte so:

„Paul, Herbert und Benno (Martins Brüder) hatten 1938 in der Jüdischen Zeitung eine Annonce aufgegeben, ohne Martin etwas zu sagen. ‚Blonder englischer Jude sucht Mädchen zwecks Heirat.' Meine Großmutter (Alices Mutter) antwortete darauf. Martin bekam, wie er sagte, säckeweise Antworten, und seine Wirtin, bei der er zur Untermiete wohnte, mußte die Auswahl treffen. Alice und Martin haben sich dann zum erstenmal an der Ecke, beim Stürmerkasten, getroffen."

Es gibt keinen Zweifel, daß alle drei Versionen von Martin stammen.

Der blonde Jude (Martin war dunkelhaarig), der Treffpunkt am Stürmerkasten, einem öffentlichen Anschlagkasten für die SA-Zeitung, und die Auswahl durch die Wirtin sind so dick aufgetragen, daß Martin viel Talent aufgeboten haben muß, um diese Version seiner Tochter glaubhaft zu machen.

Soweit ich ermitteln konnte, gibt es keine Jüdische Zeitung von 1938 mehr, in der man nachlesen kann, daß Martin, falls er annonciert hat, eine Heirat und die Rettung aus dem faschistischen Deutschland anbieten konnte. Es ist möglich, daß es die Heiratsanzeige gegeben hat. Dagegen spricht die Eile, mit der Martin die Heirat betrieben hat. Er erfuhr ja erst in dem Augenblick, als er einen britischen Paß beantragte, daß er eine Frau mitnehmen konnte. Gegen die Annoncenversion spricht der Ernst der damaligen Situation. Wer völlig mittellos ins Ausland geht und sich entschließt, jemanden mitzunehmen, wählt dafür nicht eine eilige Annoncenbekanntschaft, sondern einen Menschen, den er kenn. Und gern hat. Außerdem spricht dagegen, daß Martin gut aussah, liebenswürdig war und keine Mühe hatte, Kontakt zu Menschen zu finden. Ich meine, er hatte keine Annonce nötig.

Daß uns Martin das vielleicht wichtigste Ereignis seines Ldiens so variantenreich hinterlassen hat, ist sein bester Witz.

Die „Späten Notizen" haben bewirkt, daß verschiedene Menschen, die sich angesprochen fühlten, nachgedacht und mein Wissen ergänzt haben und daß ich selbst aufs neue nachzuforschen begann. Sie haben ferner geholfen, den kleinen Rest der Familie wieder zu verbinden, soweit das über Entfernungen und Zeiträume hinweg möglich ist. Neben Judith ist hier Netty zu nennen, die ihren Mann verleugnete, um ihren Sohn und sich selbst zu retten.

Außer diesen beiden gibt es möglicherweise noch einen zur Familie gehörenden Menschen, jedoch die entstandene Hoffnung ist sehr schwach. Ich habe von jemandem, der mein Buch kennt, erfahren, daß es einen Bürger Israels gibt, der mit Herberts Sohn identisch sein könnte. Name, Alter und Umstände stimmen überein. Ich weiß, daß er in Lörrach sowohl von seinem Vater als auch von seiner Mutter und seiner kleinen Schwester Bella getrennt wurde. Er ist nicht im Berliner Polizeipräsidium angekommen. Ruth, die über die Mutter und Bella Auskunft geschickt hat, wußte von dem Jungen nichts. Ich habe versucht, mit dem Mann, von dem ich hörte, in Kontakt zu kommen, und müßte mich weiter in dieser Sache bemühen. Doch ich zögere. Was, wenn ich erfahre, daß es nicht jener Junge ist? Seit vier Jahrzehnten denken alle Überlebenden an ihn als einen Toten. Plötzlich ist ein Schimmer von Hoffnung sichtbar, und ich scheue mich, ihn zu zerstören.

Zum Schluß dieses Nachtrags möchte ich Netty um Verzeihung bitten. Ich habe über ihre Mutter geschrieben, wie ich sie damals gesehen habe. Es gehörte zur Ehrlichkeit des Erzählens, aber es hat Netty weh getan. Weil es mir leid tut, habe ich einen Satz aus dem Buch gestrichen.

Sich mit der Vergangenheit zu befassen ist ein Suchen ohne Ende und ein ständiges Entdecken. Allen, die sich um meine Geschichte bemühten und mir Hinweise gaben, möchte ich danken.

Vera Friedländer

Inhaltsverzeichnis

Vorwort 5

Teil I

1 Bestandsaufnahme 10
2 Die große Familie 22
3 Fromme und unfromme Gedanken 34
4 Vater Jakob 43
5 Die Galerie im Winkel 50
6 Am Strausberger Platz 58
7 Zwei sondern sich ab 63

Teil II

8 Abschied von den Alten 68
9 Lörrach 77
10 Debora 99
11 Die große Welle 110
12 Notlügen 124
13 Nachrichten aus Theresienstadt 127

Teil III

14 Zwei illegale Schuljahre 134
15 G. Kärger AG 144
16 Sonnentage 151
17 Unsere Namen 160
18 Die Leinendecke 169

Teil IV

19 Ein Güterzug voller Freiwilliger 178
20 Mutter und ich 183
21 Risiken 194

22 Salamander 201
23 Zwischen Trümmern und Flammen 216
24 Im Bunker am Alex 226
25 Der 1. Mai und später 236

Teil V

26 Der Major und die anderen 248
27 Sascha 254
28 Warten und hoffen 259
29 Das Manuskript 266
30 Nachtrag zur 2. Auflage 269

Solidarität – Politische Erinnerungen einer Hamburger Arbeiterin

„Ich begann meine Unterlagen zu sichten und Notizen zu machen, aber immer wieder zweifelte ich: Lohnte es sich? Wird das, was du im Familienkreis oder unter Freunden erzählt hast, auch andere Menschen interessieren? Ich habe ein einfaches Leben geführt, und Sensationelles habe ich nicht zu berichten. Politisch habe ich fast immer an der Basis gearbeitet und hatte überwiegend mit täglicher Kleinarbeit zu tun, so wie Tausende meiner Gefährten auch. Aber gerade der Gedanke daran, daß ich eine der vielen aus meiner Generation bin, die einen solchen Lebensweg gegangen sind, und die Überlegung, daß ich dazu beitragen kann, unbekanntes Geschehen und unbekannte Kampfgefährten vor dem Vergessen zu bewahren, bestärken mich, das Vorhaben weiterzuführen."

Lucie Suhling, Jahrgang 1905, hat dieses Vorhaben zu Ende geführt, Ergebnis ist das vorliegende Buch: Erinnerungen einer Arbeiterfrau aus den ersten vier Jahrzehnten ihres Lebens. Der Niedergang der Weimarer Republik, die Jahre des Faschismus und die Hoffnungen des Mai 1945 stehen im Mittelpunkt dieser Aufzeichnungen.

Es ist der antifaschistische „Widerstand von unten", wie es Günther Weisenborn formuliert hat, der proletarische Widerstand, der hier auf anschauliche, persönliche Art geschildert wird.

Die Erinnerungen Lucie Suhlings an den weitgehend unbekannten Widerstand berichten auch über bekannte Persönlichkeiten und enthalten zugleich charakteristische Episoden aus dem faschistischen Alltag. Nicht zuletzt ist dieser Bericht auch ein Beispiel für die Emanzipation einer Frau in der deutschen Arbeiterbewegung.

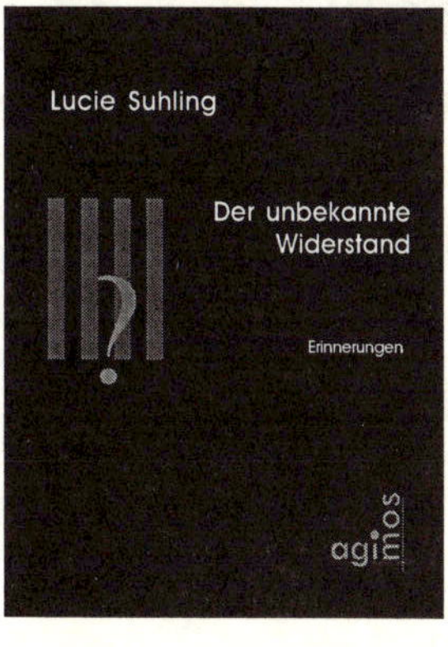

Lucie Suhling
Der unbekannte Widerstand

Broschur, 14,2 x 19,7 cm, ca. 204 Seiten
ca. DM 19,90; öSch 145,-; sFr 52.50

ISBN 3-931903-13-3

Von Pablo Neruda verehrt, von Edward Weston geliebt,

Christiane Barckhausen
Auf den Spuren von Tina Modotti
Broschur, 14 x 20 cm, 448 S.
DM 38; öSch 277,-; sFr 35.-

ISBN 3-931903-01-X

„Über diese Frau wird nicht geforscht. Sie führte ein unmoralisches Leben."
(Bürgermeister von Udine)

2. in der Druckqualität verbesserte Auflage!

Tina Modotti wurde in Udine/Italien in armen Verhältnissen geboren, folgte ihrem Vater in die USA und lernte dort Edward Weston kennen. Lange Zeit lebte sie in Mexiko. Dort entstanden viele ihrer weltbekannten Photographien. In den 30er Jahren hielt sie sich auch längere Zeit in Berlin und Moskau auf. Pablo Neruda berichtet: *„Eines Tages warf sie ihre Kamera in die Moskwa: Das Leben als Künstlerin und als Revolutionärin schien ihr unvereinbar."* Sie engagierte sich in der Internationalen Roten Hilfe u.a. im spanischen Bürgerkrieg, bevor sie nach Mexiko zurückkehrte. Im Alter von 45 Jahren erlag sie einem Herzanfall.

Elfriede Brüning erzählt die authentische Geschichte der Schulze-Boysen-Harnack-Gruppe (von den Nazis „Rote Kapelle" genannt), die den Widerstand gegen das NS-Regime aufgenommen hat. Sie wird von der Gestapo zerschlagen. Doch die Mitglieder bewahren sich auch in den Gefängniszellen ihre menschliche Würde - wie Hans Steffen und seine Frau Hilde, die im Gefängnis ihr Kind zur Welt bringt. Elfriede Brüning gelingt es meisterhaft, ein Stück Historie aus der anonymen Abstraktheit herauszuholen und in unmittelbar erfahrbare Realität zu verwandeln.

Elfriede Brüning
Damit Du weiterlebst

Broschur, 13 x 20 cm, 204 Seiten
DM 19,90; öSch 145,-; sFr 52.50

ISBN 3-931903-05-2

Wieland Herzfelde - Zum Klagen hatt' ich nie Talent
Hrsg. Elisabeth Trepte

Halbleinen,
mit Lesebändchen
13 x 21 cm, 320 Seiten
DM 44,-; öSch 321,-; sFr 41.-

ISBN 3-931903-00-1

Wieland Herzfelde – Verleger des legendären MALIK-Verlages. Kurze, präzise und längere Notizen wechseln mit Aphorismen und Erinnerungen. Ob Brecht, Grosz oder Heartfield, Gorki, Piscator, Heinrich Mann oder Käthe Kollwitz: was Rang und Namen hat im Spektrum fortschrittlicher Kulturlandschaft der Moderne kommt vor in diesem sehr persönlichen Buch.
Zusammengestellt hat dieses bibliophil ausgestattete Buch Elisabeth Trepte, Herzfeldes langjährige Vertraute und engste Mitarbeiterin. Elisabeth Trepte schrieb schon in den 70er Jahren, und zunächst ohne Wissen Wieland Herzfeldes, Dinge auf, die nur ihr aus seinen Erzählungen bekannt waren.